纯电动汽车结构与控制技术

主 编 吕 坚

华东师范大学出版社

图书在版编目（CIP）数据

纯电动汽车结构与控制技术 / 吕坚主编. —上海：
华东师范大学出版社，2019
ISBN 978-7-5675-9237-7

Ⅰ. ①纯… Ⅱ. ①吕… Ⅲ. ①电动汽车—结构—高等
职业教育—教材 ②电动汽车—控制系统—高等职业教育—

教材 Ⅳ. ①U469.72

中国版本图书馆CIP数据核字（2019）第095831号

纯电动汽车结构与控制技术

主　　编	吕　坚
项目编辑	张　婧
特约审读	朱　鑫
封面设计	兰　楠
责任印制	张久荣

出版发行	华东师范大学出版社
社　　址	上海市中山北路3663号　邮编 200062
网　　址	www.ecnupress.com.cn
电　　话	021-60821666　行政传真 021-62572105
客服电话	021-62865537　门市（邮购）电话 021-62869887
地　　址	上海市中山北路3663号华东师范大学校内先锋路口
网　　店	http://hdsdcbs.tmall.com

印 刷 者	江阴市华力印务有限公司
开　　本	787×1092　16开
印　　张	14.5
字　　数	302千字
版　　次	2019年8月第一版
印　　次	2019年8月第一次
书　　号	ISBN 978-7-5675-9237-7/TH.129
定　　价	49.80元

出版人　王　焰

总　序

我国汽车产销量全球第一，保有量仅次于美国。随着汽车工业的快速发展，汽车界提出了产品全生命周期管理（Product Lifecycle Management，PLM）的开发理念，加大了对人才，特别是高端技能型专门人才质量与数量的需求。2011年8月教育部出台的《关于推进高等职业教育改革，创新引领职业教育科学发展的若干意见》（教职成〔2011〕12号）明确指出，高等职业教育具有高等教育和职业教育双重属性，以培养生产、建设、服务、管理第一线的高端技能型专门人才为主要任务，并要求高等职业学校改革培养模式，增强学生的可持续发展能力。这无疑对高职高专院校教学理念与教学模式的创新调整提出了更高的要求。

发达国家的高等职业教育和高等专科教育模式不尽相同，包括国际劳工组织的"模块式技能培训"（Modules of Employable Skills，MES）、德国的"双元制"（Dual Education System，DES）职业培训模式、美国社区学院的"合作教育"（Cooperative Education，CE）、英国的"工读交替制"（Sandwich Courses，SC）及澳大利亚的"技术与继续教育"（Technical and Further Education，TAFE）人才培养模式等。这些模式反映了国际上高职高专人才培养的发展趋势，同时也为我国高职高专院校建立科学的人才培养模式提供了借鉴。

为适应新形势下高职高专汽车专业课教学的需要，推动教学模式与教学理念的发展，我们组织上海十多所院校的骨干教师召开了"汽车类专业技能型教育规划教材研讨会"，确定了本套教材的编写指导思想和编写计划。本套教材充分考虑高职高专学生的特点和企业的需求，借鉴"DES"模式，紧紧围绕职业岗位的需求，以技能训练为中心设计教材结构与大纲；借鉴"MES"模式，采用任务驱动、项目导向的模式构建课程体系，使理论教学与技能训练有机结合、系统性与模块化有机结合；借鉴"CE"模式，结合远程化和网络化的先进教学手段，并配备教学课件、实训仿真软件与题库学习包等，使教学形式多样化。

该系列教材涵盖目前全国高等职业院校开设的大部分汽车类专业的基础课程和技能课程，体系完整，形式新颖，便于教学。经过各分册编者和主审的辛勤劳动，本系列教材即将陆续面世。我们希望通过本套教材的编写与推广，进一步提高高端技能型专门人才的培养水平，推动高职高专人才培养模式的改革，同时，也希望业内专家和同仁对本套教材提出指导性和建设性意见，以便在教学实践中不断完善和提高。

在本套教材编写过程中，得到了行业专家、各高职高专院校和企业家的支持与配合，在此表示诚挚的谢意！

同济大学汽车学院　吴光强教授、博士生导师

前 言

近年来，我国已经进入汽车产业迅速发展时期，今后较长一段时期汽车产销量仍将保持快速增长势头，全球性的能源紧张和环境污染问题也将在我国越来越突出。因此，加快培育和发展节能与新能源汽车，既能有效缓解能源和环境压力，又能推动汽车产业可持续发展，必将成为我国汽车产业的战略方向。

国务院2012年制定了《节能与新能源汽车产业发展规划（2012—2020年）》，提出加快培育和发展节能汽车与新能源汽车，作为我国汽车产业在节能减排方面转型升级、培育新的经济增长点和国际竞争优势的战略举措。新能源汽车是指采用新型动力系统，完全或主要依靠新型能源驱动的汽车。纯电动汽车、混合动力汽车、气体燃料汽车等新能源汽车的迅速发展，中心环节是增强技术研发和创新能力。

按照《国家中长期人才发展规划纲要（2010—2020年）》的有关要求，推进建立多层次的人才培养体系，重视发展职业教育和岗位技能提升培训。在节能与新能源汽车关键核心技术领域，加大工程技术人员和专业技能人才的培养力度，为我国新能源汽车的发展培养技术应用型和技能型人才。

《纯电动汽车结构与控制技术》为高职高专"新能源汽车技术专业"和"汽车运用技术专业"核心教材，知识、技术、技能紧密结合是教材的特点。教材以新能源汽车的"电池、电机、电控"三电技术为核心，以国内典型的北汽EV160和上汽荣威E50纯电动汽车技术为案例，详细阐述其结构特点和控制原理，突出新能源汽车理论和实践相结合的内容体系。

本教材主要内容包括：纯电动汽车概述、纯电动汽车的电能源及管理技术、纯电动汽车电动机及控制技术、纯电动汽车典型结构与控制技术。教材特点是将"三电"基础知识与新能源汽车的具体应用结合起来，编者以对于新能源汽车知识和技术的深刻理解，结合高职高专新能源汽车专业教学要点，编写教材内容；特别是实车案例的系统描述，可以新能源汽车专业知识和技术教学内容显得具体而充实，在一定程度上弥补了目前新能源教材内容较为空洞的不足。

本教材由上海交通职业技术学院吕坚副教授编写，在编写过程中借鉴了许多信息和资料，在此对各位编者一并表示感谢。由于新能源汽车技术发展迅速，并且限于编者的水平，本教材还有很多不足，希望在选用本教材实施新能源汽车课程教学的过程中，及时提出意见和建议，以便在修订时改正和完善。

编　者

目　录

第一章　纯电动汽车概述

第一节　新能源汽车基础知识

一、新能源汽车定义

1. 何为新能源汽车

2017年7月1日，我国更新了2009年开始实施的《新能源汽车生产企业及产品准入管理规则》，明确指出：新能源汽车是指采用非常规的车用燃料作为动力来源（或使用常规的车用燃料、采用新型车载动力装置），综合车辆的动力控制和驱动方面的先进技术，形成的技术原理先进，具有新技术、新结构的汽车。新能源汽车包括混合动力汽车、纯电动汽车（BEV，包括太阳能汽车）、燃料电池电动汽车（FCEV）、氢发动机汽车、其他新能源（如高效储能器、二甲醚）汽车等各类别产品。

2. 电动汽车的定义

电动汽车是电动车辆的一种，也是汽车的一种，即指全部或部分用车载电源为动力，用电动车驱动车轮行驶，符合道路交通、安全法规等各项要求的汽车。电动汽车应具有汽车的性能和属性，但动力线路与原内燃机动力线路不同，又具有电力车辆的基本特征。其车载电源一般采用高效充电电池或燃烧电池，其驱动电动机相当于传统汽车的发动机，蓄电池或燃料电池相当于原来的油箱。电动车通常被分为蓄电池电动汽车、混合动力电动汽车和燃料电池电动汽车三大类。

纯电动汽车是完全由可充电电池(如铅酸电池、镍镉电池、镍氢电池或锂离子电池等)提供动力源的汽车。

混合动力电动汽车是指使用电动机和传统内燃机联合驱动的汽车，按动力耦合方式的不同可以分为串联式混合动力、并联式混合动力和混联式混合动力。

燃料电池电动汽车是利用氢气和空气中的氧在催化剂的作用下在燃料电池中经电化学反应产生的电能，并作为主要动力源驱动的汽车。

其中蓄电池电动汽车也叫二次电池电动汽车或纯电动汽车。车辆直接采用电动机驱动，有一部分车辆把电动机装在发动机舱内，也有一部分直接以车轮作为2/4台电动机的转子。其难点在于电力储存技术，即蓄电池是最大难点。

二、电动汽车特点

由于电动汽车的动力驱动装置较传统意义上的汽车发生了根本的变化，因此其动力驱动特性、结构布局及其组成等方面也将会有相应变化。由此引起的性能特点的变化，与内燃机汽车相比有一些不同点。

1. 提高能源综合利用和效率

（1）可用能源范围广。这主要是指纯电动汽车。由于它通过"蓄电池"这一媒介将电能变为可移动电源，因此除了利用常规的水利、燃煤、核能发电，也可利用前述的各种替代新能源。并且蓄电池又可充分利用晚间用电低谷时富余的电力充电，即可通过削峰填谷的手段来解决电力盈缺现象，使电能得到充分利用。其技术的发展也将为太阳能、风能电动汽车等建立必要的技术储备。而燃料电池以氢、甲醇等非化石燃料为能源，既解决了汽车的替代能源问题，也改善了能源结构，解除了人们对石油资源日渐枯竭的担心。

（2）能源利用率高。传统内燃机汽车使用汽油、柴油做燃料，将其原油炼成汽油、柴油，并经过运输分配等环节，大概要消耗掉30%原油具有的能量。内燃机的效率一般为30%，机械效率为75%，因此其动力输出轴最终只能获得22.5%的可利用能量。而内燃机在低负荷及部分负荷（如城市汽车经常趋于走走停停的运行状态）时，其效率由于混合气雾化质量差，燃烧不完全，可利用的能量就低，所以实际平均能量利用率只有15%左右。对于电动汽车，经过火力场发电、输配电、充电、电机等设备使用能量损失，最终约可获得20%原始燃料的有用能量。即使利用原油发电，也有研究表明同样的原油经过粗炼后就送电厂发电，经充入电池，再由电池驱动汽车，其能量利用率比经过精炼变为汽油，再经汽油机驱动汽车的效率更高。如果利用太阳能、水能、风能、原子能等发电，则能源的利用率就更高了。而对于采用将化学能转变为电能的燃料电池，其电池能量利用率可高达50%。所以三类电动汽车中燃料电池的电动汽车的能源利用率将会最高。

（3）可实现能量回收。可以在汽车降速或下坡时，利用电机发电回馈把电能储入蓄电池，实现能量回收，从而增加电动汽车的续驶里程，提高经济性。较好的能量回收系统可使电动汽车的续驶里程增加10%—20%。传统内燃机是无法做到这一点的，特别是在市区行驶时汽车常趋于走走停停的运行状态，汽车在降速制动或下坡时不但不能回收能量，而且还要继续消耗能源。即使在下长坡时，为确保安全和避免制动器产生热衰退现象，还需要正确利用发动机牵制转动的制动功能，即利用发动机牵制力来阻止车轮在重力加速度下飞速行驶。

2. 良好的环境保护效果

（1）排污量小。纯电动汽车无废气排出，达到零排放要求。对于燃料电池电动汽车，汽车在运行中只生成水，不排放任何有害气体。实现有害气体零排放。

上述说法仅就汽车使用时而言。严格来说，其电能的产生或燃料的来源过程，按其方法不同也有可能产生不同的污染。但可把该类生产基地设在远郊或人烟稀少的地区，减少对人类的直接伤害。而且该类生产基地固定不动，易做到集中排放，通过相关技术的控制，处理有害排放物更有效。当然如采用对环境无害的太阳能、风能、水能等发电就不存在该问题。

（2）噪声低。电动汽车产生的噪声远比发动机小。燃料电池按电化学原理工作，运动部件很少，所产生的噪声也比较低。而对于采用压力供气的燃料电池，由于所用的空气压缩机将产生相当的噪声需采取相应的隔音措施来减小。所以三类电动汽车中纯电动汽车的噪音最低。

（3）排放的废热少。传统汽车运行时内燃机排出的气体温度明显高于环境大气，排气携带的热量将导致环境大气温度升高，进而对城市的"热岛效应"产生一定影响。燃料电池汽车由于有较高的热效率，单位里程排出的热量少，而纯电动汽车不存在废热气体排放，故普及电动汽车可以明显减轻城市的"热岛效应"。

3. 提高汽车性能与结构布局

（1）可利用电动机的快速响应性提高汽车性能。由于电动汽车是采用电动机来驱动车轮行驶的，而电动机实现转矩的快速响应性指标一般要比发动机高出两个数量级，因此通过微电子等控制方式可极大地提高对车轮控制的动态响应性，从而便可较容易地实现在传统轿车上较难实施的一些高性能控制功能，以此来改善电动汽车的操控性和行驶安全性。

（2）机构与总体布局的不同。传统汽车的内燃机，由于能高效产生转矩时的转速被限制在一个较窄的范围内，为此需要利用庞大而复杂的变速机构来适应这一特性。而电动机可以在相当宽广的速度范围内高效的产生转矩，可大大简化甚至省去变速机构，从而极大地简化电动汽车的机械传动机构，减轻整车自重，缩小其传动和附加损耗，既能降低成本又能节能、减噪。特别是纯电动汽车省去了发动机等诸多机械装置和油箱，其空间可由蓄电池占用，其结构与总体布局会发生脱胎换骨的变化。

（3）能量不富裕特点。由于蓄电池能量受限的因素，如何有效利用车载可用能量显得极为重要。汽车重量是影响能量消耗的重要参数。它包括汽车自重及其负载。对于减轻汽车自重可通过简化机械传动机构、采用轻型高强度材料和提高蓄电池能量密度等途径来实现。对于车载重量，为了安全起见，生产厂家应在出厂时规定其最大允许值。另外还有通过改进车身外形、缩小迎风面积和提高轮胎性能，来降低空气阻力和滚动阻力，以减少能量消耗。也正是由于能量少的特点，使得纯电动汽车特别适合于制作成微型车。

4. 制造成本与售后服务的变化

（1）制造成本与其使用寿命。目前蓄电池单位重量储存的能量太少，电动车的电池成本高、价格贵，需解决电池、电动机、电控三个技术问题；另外，没有形成经济规模，故电动汽车的制造成本目前普遍比传统汽车高。其中，纯电动汽车由于省去了发动机和部分传动件，其成本主要由蓄电池和电动机驱动部分决定。目前，被看好的蓄电池主要有磷酸铁锂电池、锂离子、锂聚合物电池和镍氢电池等，但其价格都还较高。随着制造工艺的成熟和生产批量的增加，此问题定会有较大的改观。所以随着蓄电池和电动机驱动部分的较大改进，电动汽车的价格有望接近并且低于传统汽车。

（2）能量的添加特点。与传统汽车的加油站一样，电动汽车能源补充的配套设施建设是电动汽车普及应用的关键。对于纯电动汽车，根据蓄电池充电特点，需配备刷卡或投币方式的自动快速充电站；蓄电池快速充电固定服务点；住宅社区、家庭或单位可采用电网谷时充电方式，并配备自动控制谷时充电装置。

（3）维护与维修特点。由于电动汽车工作原理与结构的不同，其维修特点也与传统汽车不同。如蓄电池需定期维护，以延长使用寿命。相应的配件供应和专业维修等服务也应随电动汽车的普及及时跟上。

5. 电动汽车性能指标

（1）最高车速。电动汽车的最高车速主要取决于驱动电动机所能输出的最大功率和所配蓄电池的能量，由于电动机功率及所配蓄电池的能量均与其重量、体积有关，即直接决定了车身车载质量以及其制造成本。根据现有电动汽车及其配套部件的技术水平，可粗略估算，如将纯电动汽车的最高车速分别定为60km/h、80km/h、100km/h、120km/h等不同级别，其制造成本将按指数级上升。可以说如定在60km/h，其售价即可低于传统汽车价格，如定在80km/h，其售价即会高于传统汽车，如定在100km/h、120km/h，其价格将会是传统汽车的数倍甚至十几倍。一般电动轿车要求最高时速≥120km/h。而就传统汽车对环境污染来讲，主要是指在市区行驶的车辆，而电动汽车的节能效果在城区行驶也最为明显。并且目前电动轿车销量大、销售面广的地区也是在城市。所以在现阶段对电动轿车最高车速要求过高，实际上正好是对电动汽车技术发展瓶颈的一种封固，按技术以经济互促的良性循环发展规律，只能在电动汽车相关技术（包括蓄电池及驱动电动机技术）进一步发展的前提下再相应提高其最高车速指标。

（2）加速性能。汽车加速性能通常用从静止加速到60km/h或100km/h，以及从40km/h加速到100km/h所需的时间来表示，其单位为s。其加速性能除了由汽车惯性力矩及传递到驱动轴上的转矩决定外，还受其传动链形式、变速形式（手动、自动、无级变速）、换挡程序及时间、车轮滑行量等因素的影响。对于电动汽车，如采用轮毂电机直接驱动车轮方式，由于省去换挡时间等因素，有望较大地缩短加速时间。另外还可利用驱动电动机一般具有的短时过载能量来提高电动汽车的加速性能。

（3）爬坡能力。爬坡能力是指汽车在良好的路面上，以最大驱动力行驶所能爬行的最大坡度。电动汽车一般要求最大爬坡度大于20%。通常坡长不大时也可利用电动机的短时过载能力爬坡。

（4）能量利用率。电动汽车的能量利用率是指汽车以某一特定速度行驶一定距离所消耗的总能量，通常用每千瓦时所能行驶的公里数（km/kWh）来表示。电动汽车的能量利用效率一般要比传统内燃机汽车高30%～40%。

（5）续驶里程。续驶里程表示电动汽车一次充满电（或储能）能够行驶的最大里程数，通常用≥×××　km来表示。这是考核电动汽车性能的一个重要指标，它主要决定于所配蓄电池的容量及其性能，并与驱动轮的电机发电回馈效率有关。

车载电源系统里程寿命，主要指纯电动汽车所配蓄电池的使用寿命，即指所配蓄电池最多能行驶的累计里程数，通常用≥×××××　km来表示。

三、电动汽车应用

美国能源部下属的阿贡国家实验室(Argonne National Labortory)的评估报告显示：电动汽车的生产成本，与普通汽车相同部分占46%、电机占4%、电机控制器占10%、变速器占2%、电池及控制器占37%、冷却占1%。

报告显示，包括纯电动汽车(EV)、混合动力电动汽车(HEV)、充电式混合动力电动汽车(PHEV)、燃料电池电动汽车(FEV)在内，2015年约为200万辆，2019年约为425万辆，2010年～2015年、2015年～2019年的复合增长率分别约为14%和15%。

1. 电动汽车发展现状

当前的发展状况主要表现为：纯电动汽车技术成熟，在特定区域推广应用；混合动力电动汽车技术渐趋完善，进入商业化推广阶段；燃料电池电动汽车技术处于新的突破前期，正在成为新的研发重点。

（1）纯电动汽车在区域内应用。经历了长期发展，纯电动汽车技术逐步成熟，并得到商业化的推广应用，主要用在公共交通系统，如公交客车、公共出租车、公务用车等；并且由于理念的改变，私家车用户群体也越来越大。

（2）混合动力电动汽车商业化进程加速。混合动力汽车因兼顾了纯电动汽车和传统汽车的优点以及可保证适当低廉的成本，从而受到各国、各大公司的高度重视，并随着技术的日趋成熟，已经进入商业化推广应用阶段。

（3）燃料电池汽车研发更加深入并开始示范运行。在燃料电池电动汽车方面，国外企业纷纷组成强大的跨国联盟，以期达到优势互补的目的，如日本丰田公司与美国通用公司、日本东芝公司与美国国际燃料电池公司、雷诺汽车公司与意大利De Nora公司分别组成联盟开发燃料电池电动汽车。目前几乎所有的国外大型汽车企业集团都介入了燃料电池汽车的研发，资金投入总额近100亿美元，示范运行车辆总数已超过100辆。

2. 国外电动汽车应用

在1990年美国加州大气资源局颁发了对汽车的排放标准后，一些国家和地区也开始实行严格的排放法规，在燃油汽车和电动汽车同时出现在人们身边的时候，人们认为电动汽车是符合零排放标准的唯一可用的技术，使得电动汽车在世界范围内都得到了全面发展。

美国通用汽车公司于1990年生产出第一辆定型的电动汽车Impact，Impact的道路试验证明电力驱动技术对于生产实用化的电动汽车是切实可行的，其性能能够与当时的燃油汽车相媲美；美国通用汽车公司还成功推出双轴驱动混合动力汽车Precept和液态氢燃料电池汽车Zafira。2002年，通用汽车公司成功推出了代表未来燃料电池汽车的"氢动三号"，"氢动三号"已经达到了通用汽车和欧宝品牌的商业化生产指标，它不仅率先实现了氢燃料电池汽车在普通道路上便捷地行驶，更使未来汽车向着批量生产的目标进一步靠近。

法国雪铁龙汽车公司在1990开发了Peugeot J5和Citroen C25公用型电动汽车，并投入市场；1995年推出了Peugeot 106和Citroen AX电动汽车并投放市场；此后推出的Tulip电动汽车被认为代表了新概念的市区电动汽车，可用于市区的出租运营。

日产汽车公司于1994年开始在国内销售四座Credric EV电动汽车供政府机构使用，2013年展示的混合动力汽车Tino已经开始在日本销售。日本本田公司于2000年推出发动机主动型的混合动力汽车Insight，并投入市场，被认为是燃油经济性最好的混合动力汽车，截至2011年全球销量突破80万辆。日本丰田汽车公司于1995年成功开发了实用的混合动力汽车普锐斯，并于1997年投入市场销售，截至2004年底，普锐斯系列混合动力汽车销售已突破12万辆，到2011年底，全球销量突破200万辆，走在了混合动力汽车领域的前列。

3. 国内电动汽车应用

与国外的电动汽车发展相比较，我国的电动汽车发展起步较晚，但起点高，特别是20世纪90年代以来，随着国家对电动汽车产业的大力扶持，我国的电动汽车得到长足发展和进步。

1987年我国成立了中国电工技术学会电动车辆专业委员会，统筹规划了我国电动车辆单元技术的研究、开发，组织单元器件的分工配套生产和电动车辆整车的试制和试验工作，并试制出我国第一批电动车辆。1994年清华大学成功研制出轻型电动厢式客货车，最高车速达80km/h，续驶里程达到160km。国防科工委研制的YW6120DD型大客车，最高车速为90km/h，续驶里程150km，其样车在香港公交巴士公司运行。1993年香港大学研制出U2001电动汽车，最高车速达到110km/h，续驶里程为176km。

"十五"期间，在国家科技部863电动汽车重大项目支持下，我国汽车生产企业纷纷研发成功各种电动汽车样车。奇瑞汽车有限公司在奇瑞轿车平台上，于2003年推出QR和ZC5050A两款电动轿车，纯电动轿车ZC7050A采用高速和低速两种CAN通信网络系统，高低速CAN网络之间采用网关交换，续驶里程达到308km。

上海燃料电池汽车动力系统有限公司联合上海汽车集团、同济大学共同承担国家燃料电池轿车项目，已研制出超越系列燃料电池轿车、春晖系列四轮驱动轿车、登峰系列混合动力轿车等三种系列化车型；其中，"春晖一号"采用四轮驱动技术，配备锂离子电池和氢燃料电池发动机两种动力，续驶里程达到150km，最高车速超过50km/h。"春晖三号"（参见图1-1）属于线控转向四轮驱动的微型概念车，由四个无刷直流轮毂电机独立驱动，采用了由锂离子动力电池和小功率燃料电池构成的电电混合动力系统和自主开发的单片机控制的四轮电子差速控制策略，纯电动模式续驶里程可以达到80km。

图1-1 春晖三号电电混合动力概念车

2006年开始，在国家科技部863节能与新能源汽车重大专项的持续支持和国家多重利好政策的影响下，以主要汽车企业为代表，我国电动汽车开始全面发展。

上汽集团以混合动力汽车为重点，兼顾纯电动汽车和燃料电池汽车发展。2011年起，上汽独立自主研发新能源车的核心技术，在软硬件方面创新设计，荣威E50纯电动轿车、E550混合动力轿车等先后上市（参见图1-2、1-3），随后我国新能源首款B级车E950混合动力汽车上市（参见图1-4），2016年、2017年纯电动和混合动力SUV相继快速投放市场（参见图1-5），标志着上汽新能源汽车的全面发展。

图1-2 上汽荣威E50纯电动轿车　　图1-3 上汽荣威E550混合动力轿车

图1-4 上汽荣威E950混合动力B级轿车　　图1-5 上汽荣威SUV纯电动和混合动力汽车

第二节   纯电动汽车结构特点

纯电动汽车是以电池为储能单元，以电动机为驱动系统的车辆。通常容量型动力电池即可满足使用要求。

一、纯电动汽车基本结构

1. 纯电动汽车基本组成

电动汽车主要由电力驱动系统、电能源系统和辅助控制系统三部分组成。

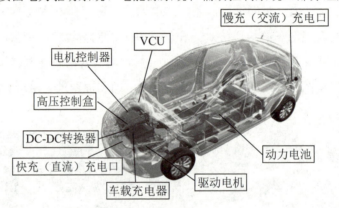

图1-6 纯电动汽车基本组成示意图

当汽车行驶时，由蓄电池输出电能（电流）通过控制器驱动电动机运转，电动机输出的转矩经传动系统带动车轮前进或后退。电动汽车续驶里程与蓄电池容量有关，蓄电池容量受诸多因素限制。要提高一次充电续驶里程，必须尽可能地节省蓄电池的能量。

（1）电力驱动系统。电力驱动系统主要包括电子控制器、功率转换器、电动机、机械传动装置和车轮等。它的功用是将储存在蓄电池中的电能高效地转换为车轮的动能，并能够在汽车减速制动时，将车轮的动能转换为电能充入蓄电池。

电动汽车应用较多的电动机有直流电动机和交流电动机两大类。电动汽车的驱动系统采用直流电动机时，虽然在结构上有许多独到之处，如不需要离合器、变速器，并具有起步加速牵引力大，控制系统较简单等优点，但它的整个动力传动系统效率低，所以逐渐被其他驱动类型的电动机替代。电动汽车使用的交流电动机驱动系统，突出的优点是体积小、质量轻、效率高、调速范围宽和基本免维护等；但其制造成本较高。随着电力电子技术的进一步发展，成本将随之降低，采用这类驱动系统的电动汽车将具有强大的生命力。

电动汽车的控制系统的性能直接影响着汽车的性能指标。该控制系统控制汽车在各类工况下的行驶速度、加速度和能源转换情况。它类似于燃油汽车的加速踏板和变速器，包括电驱动电机、控制器和各种传感器，其中最关键的是电动机控制器。

电动机不同，控制器也有所不同。控制器将蓄电池直流电逆变成交流电后驱动交流驱动电机，电动机输出的转矩经传动系统驱动车轮，使电动汽车行驶。

（2）电能源系统。电能源系统主要包括电源、能量管理系统和充电设备等。它的功用是向电动机提供驱动电能、监测电源使用情况以及控制充电机向蓄电池充电。

纯电动汽车的常用电源有铅酸电池、镍氢电池、锂离子电池等。

纯电动汽车和混合动力电动汽车的能量管理不同，纯电动汽车主要是指电池管理系统，它的主要功用是对电动汽车电池单体及模块进行实时监控、充放电、巡检和温度监测等。

（3）辅助控制系统。辅助控制系统主要包括辅助动力源、空调系统、动力转向系统、制动系统以及所有汽车都具备的安全、照明、信号等其他辅助设施。辅助系统除辅助动力源外，其余的依据车型不同而不同。

辅助动力源主要由辅助电源和DC-DC转换器组成。它的功用是向动力转向系统、空调系统及其他辅助设施提供动力。

2. 纯电动汽车基本原理

纯电动汽车是一种采用单一蓄电池作为储能动力源的汽车，通过电池向电动机提供电能，驱动电动机运转，从而推动汽车前进。电动汽车与普通汽车的区别主要在于动力源及其驱动系统，即纯电动汽车的电动机相当于传统汽车的发动机，蓄电池相当于原来的油箱及燃油。

电力驱动子系统由电子控制器、功率转换器、电动机、机械传动装置和驱动车轮组成；电能源子系统由主电源、能量管理系统和充电系统构成；辅助控制子系统具有助力转向、温度控制和辅助动力供给等功能。

根据制动踏板和加速踏板输入的信号，整车控制器发出相应的控制指令来控制功率转换器的功率装置的通断，功率转换器的功能是调节电动机和电源之间的功率流。当电动汽车制动时，再生制动的动能被电源吸收，此时功率流的方向要反向。能量管理系统和电控系统一起控制再生制动及其能量的回收，能量管理系统和充电系统一同控制充电并监测电源的使用情况。辅助动力源供给电动汽车辅助系统不同等级电压并提供必要的动力，它主要给动力转向、空调、制动及其他辅助装置提供动力。除了从制动踏板和加速踏板给电动汽车输入信号外，转向盘也是一个很重要的输入信号，动力转向系统根据转向盘的角位置来决定汽车灵活地转向。

3. 纯电动汽车典型结构

以电动机代替消耗燃油的内燃机，电力驱动的优点是不使用燃料、零排放且噪声低；同时因使用了单一的电能源，纯电动汽车的电控系统相比混合动力汽车大为简化，既降低了成本，又可补偿电池的部分价格。纯电动汽车与现有燃油汽车在结构上无很大区别，一般由电力驱动系统、底盘、车身和辅助设施等部分组成。

关于车身，由于纯电动汽车使用蓄电池作为其动力源，蓄电池本身的重量形成了纯电动汽车在重量上的缺陷，所以轻量化设计是纯电动汽车车身设计时需要重点考虑的因素。在造型上，近年来，由于电动汽车法规和使用要求等原因，不同地区、不同公司有着不同的发展模式。

纯电动汽车的动力源是电动机。替代传统内燃机的电动机有直流电动机和交流电动机之分。替代汽油、柴油等石化燃料的蓄电池，除了需要向纯电动汽车安全行驶装备和舒适行驶装备提供所需电力外，还需要向替代发动机的电动机提供电力。所以其容量要大，在瞬间也要能产生大电流，以便使电动机产生大扭矩而驱动电动汽车。

底盘方面，纯电动汽车因为使用电动机替代了发动机，所以原来发动机的位置可以装置电动机、控制器和传动系统，这样就可以利用原来传统车辆的驱动方式。对于纯电动汽车的动力源（蓄电池和电动机），它们在底盘上的布置有多种配置方式，所以在驱动方式的选择上比较灵活。对于制动系统，纯电动汽车不像汽油、柴油汽车利用进气歧管的真空产生负压进行制动助力，而是使用电动机驱动真空泵产生负压或者使用电动油压泵产生油压提供制动助力作用；另外，纯电动汽车的制动系统还有制动能量回收作用，当车辆制动或减速时，电动机转换为发电机进行发电，电流逆向流向蓄电池予以充电。此外，纯电动汽车通常使用电动力转向系统，直接利用电动机旋转力来助力转向机构，能量效率比较高，且没有液动力转向系统的复杂结构和易漏油的不足。

2012年11月5日，上汽集团宣布旗下荣威品牌E50纯电动车正式上市。从E1概念车到如今上市的荣威E50，这款车型在外观上保留了大部分的概念元素，厂家将新车的外观设计称为"海豚式短吻两厢车身"，利用这样的设计能够有效地降低风阻系数，也能够使车内空间的利用率更大，如图1-7所示。

图1-7 纯电动汽车外形与结构图

荣威E50前轮采用带制动能量回收系统的盘式刹车，当车在减速时，通过车辆的运动惯性带动电机反转，进而对动力电池进行充电，减少了制动时能量的损耗，这样对增大续航里程也有帮助。后轮则是普通鼓式刹车。

如图1-8所示，E50采用新颖3D效果显示的多功能数字化仪表盘，专为电动汽车设计的布局信息大而不乱，整体效果出众。

图1-8 荣威E50纯电动汽车仪表盘

荣威E50搭载了一键启动系统和SMART HOLD电子手刹。一键启动按键是集成于钥匙上的，只需插入钥匙，即可启动。SMART HOLD电子手刹在国内微型车领域尚属首次出现，具备自动释放、熄火拔出钥匙后自动驻车以及上坡辅助等功能，手刹系统可以在脚刹系统失灵时作为紧急制动使用，紧急制动时可以通过接收CAN信号调节拉线力大小，避免抱死滑移。空调系统也经过了重新设计，采用漩涡式电动压缩变频技术，特点是效率高、体积小，适用于完全靠电力驱动的纯电动汽车，将开启空调对电池的续航里程影响降至最低。

荣威E50采用完全自主研发的高性能永磁同步驱动电机，如图1-9所示。额定功率28kW/3000rpm，最大功率52kW/8000rpm，峰值扭矩155N·m。整体防水防尘设计，保障产品可靠性及高压安全；相比同类产品，重量更轻，能效更高，稳定性更优良；厂方给出的0—50km/h的加速时间为5.3s，这也是这款电动车最为经济的适航速度。

作为纯电动车最关键组件的电池组方面，荣威E50自主开发了稳定性更高的磷酸铁锂电池，如图1-10所示。总容量为18kWh，60km/h匀速工况下续航里程为180公里。整套电池组循环寿命在2000次以上（如图1-11所示为电池组的快速、慢速充电示意），而这仅仅是保守的数据，而在零下20℃的测试条件下，电池组的能源损耗也能够被控制在10%以下。厂方为电池组提供五年或10万公里免费质保，并承诺凡保质期内电池组损耗超过20%，均可无条件更换全新的电池组。

图1-9 永磁同步驱动电机

电池组还采用了轻量化设计，总重量还不到230公斤，仅占整车重量的1/5，单位重量的能源转化率比竞争对手普遍700公斤以上的电池组更高，成本控制方面也做得更加出色。

图1-10 荣威E50汽车电池组和车载充电机

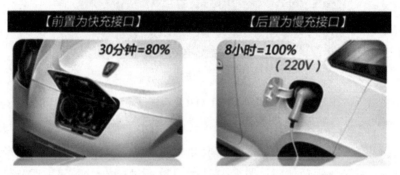

图1-11 荣威E50纯电动汽车充电口示意图

荣威E50的电力电子箱（PEB）集成全球资源，与国际一流品牌共享平台；集成式的电力电子箱将原来体积较大的逆变器与高低压直流转换器集成在一起，实现电动机的驱动以及减速时的能量回收，使整个电力电子箱体积明显缩小，重量大幅减轻。并有微电脑管理系统与三层防护系统，确保电动车行车安全。

第三节 纯电动汽车关键技术

一、 纯电动汽车技术特点

1. 电动机及控制技术

电动汽车的驱动电机属于特种电动机，是电动汽车的关键部件。要使电动汽车有良好的使用性能，驱动电机应具有较宽的调速范围及较高的转速、足够大的启动转矩，体积小、质量轻、效率高且有动态制动强和能量回馈的性能。电动汽车所用的电动机正在向大功率、高转速、高效率和小型化方向发展。

随着电动机及驱动系统技术的发展，控制系统趋于智能化和数字化。变结构控制、模糊控制、神经网络控制、自适应控制，以及专家系统、遗传算法等非线性智能控制技术，都将应用于电动汽车的电动机控制系统。它们的应用将使系统结构简单、响应迅速、抗干扰能力强，可大大提高整个系统的综合性能。

电动汽车再生制动控制系统可以节约能源、提高续驶里程，具有显著的经济价值和社会效益。再生制动还可以减少汽车制动片的磨损，降低车辆故障率及使用成本。

2. 电池及管理技术

电池是电动汽车的动力源泉，也是一直制约电动汽车发展的关键因素。电动汽车用电池比能量高、比功率大、使用寿命长，但目前的电池能量密度低，电池组过重，续驶里程短，价格高，循环寿命有限。

电动汽车车用动力蓄电池经过三代的发展，已取得了突破性的进展。第一代是铅酸电池，由于其比能量较高、价格低和能高倍率放电，因此是目前唯一能大批量生产的电动汽车用电池。第二代是碱性电池，主要有镍镉、镍氢、锂离子等多种电池，其比能量和比功率都比铅酸电池高，因此大大提高了电动汽车的动力性能和续驶里程，但其价格却比铅酸电池高。只要能采用廉价材料，电动汽车用锂离子电池将获得长足的发展，目前关键是要降低批量化生产的成本，提高电池的可靠性、一致性及寿命。第三代是以燃料电池为主的电池。燃料电池能量转变效率、比能量和比功率都高，并且可以控制反应过程，能量转化过程可以连续进行，因此是理想的汽车用电池。

电池组性能直接影响整车的加速性能、续驶里程以及制动能量回收的效率等。电池的成本和循环寿命直接影响车辆的成本和可靠性，所有影响电池性能的参数必须得到优化。

电动汽车的电池在使用中发热量很大，电池温度影响电池的电化学系统的运行、循环寿命和充电可接受性、功率和能量、安全性和可靠性。所以，为了达到最佳的性能和寿命，需将电池包的温度控制在一定范围内。减小包内不均匀的温度分布以避免模块间的不平衡，以此避免电池性能下降，且可以消除相关的潜在危险。由于电池包的设计既要密封、防水、防尘、绝缘等，又要考虑空气流流畅分布、均匀散热，所以电池包的散热通风设计，成为电动汽车研究的一个重要领域。

3. 整车控制技术

新型的电动汽车整车控制系统是两条总线的网络结构，即驱动系统的高速CAN总线和车身系统的低速总线。高速CAN总线每个节点为各个子系统的控制模块（ECU）；低速总线按物理位置设置节点，基本原则是基于空间位置的区域自治。

实现整车网络化控制，其意义不只是解决汽车电子化中出现的线路复杂和线束增加问题，网络化实现的通信和资源共享能力成为新的电子与计算机技术在汽车上应用的一个基础，同时也为X-by-Wire技术提供了有力的支撑。

二、纯电动汽车安全特点

1. 纯电动汽车安全设计

纯电动汽车由于采用直流高压电和交流高压电进行储存和驱动，其高压安全一直是人们关心和担心的。事实上，正因为纯电动汽车使用高压为电能源，对车辆驱动提供大电流，汽车工程师们提出了更高的理念和标准。如：特斯拉Model S是2014年唯一一款同时获得欧洲新车安全协会（Euro NCAP）和美国高速公路安全管理局（NHTSA）颁发的五星安全认证的车型。美国和欧洲作为全球两大最成熟的汽车市场，对于汽车安全的标准是行业内最高的，因此能够同时获得欧洲和美国"双五星"安全殊荣的汽车非常少，而特斯拉却能在包括正面碰撞、侧面碰撞、翻滚测试、儿童保护测试、行人保护测试等诸多评比项目中脱颖而出，用实际行动回应了人们对纯电动汽车的担心和质疑。

其实，纯电动汽车最不为人知的优点就是"安全性"。诞生于电气工程师之手的纯电动汽车生来就带着独特的安全基因——比传统汽车更强大的安全基因！而这种基因正是来自于人类不断进步、不断创新的技术革命。"安全基因"打造最安全的产品——车身安全。由于全车最重的部件——电池组位于底盘正下方，这为车身安全带来了两方面助益：第一，沉重的电池组所带来的低重心让纯电动汽车几乎不会发生侧翻；第二，纯电动汽车电池组本身就设计得非常牢固，这无形中又为车辆乘员舱增加了一层保护。

安全的"芯"为了安全的心——电池安全。事实上，纯电动汽车电池真正的安全技术是高效的电池管理系统，纯电动汽车的电池管理系统的特点在于能够准确估测电池单体的荷电状态（SOC），保证SOC维持在合理的范围内，防止由于过充电或过放电对电池造成损伤。此外，电池组中的每一个电池单体通常都连接着热敏电阻和保险丝，同时将热敏电阻连接到电池管理系统。当某个电池单体温度超过安全标准时，热敏电阻将产生一个电信号传达至电池管理系统以便启动电池冷却系统工作，使电池保持在最佳工作温度区间，避免电芯过热。

2. 纯电动汽车高压安全措施

纯电动汽车对高压安全采取了多方位的防范措施，如：导线采用特殊颜色、电隔离、碰撞保护、高压互锁等。

现代电动汽车上采用了很多完善的安全措施，主要有以下一些：

（1）用带有不同颜色的线索代表不同电压。所以一定要高度重视高压部件上的橙色高压线路和上面的警示通知。

（2）带高压电零件的防接触保护。采用多层(三层)绝缘防止意外直接或间接接触带高压电零件。

（3）采用电隔离方法。即高压电的正负极与车辆搭铁绝缘。发生简单故障时，这种保护可以防止电击。

（4）在高压电路与车辆之间采用绝缘电阻监测，检测整个高压系统有无绝缘不良故障，即具有漏电保护作用，并在仪表中用声音或指示灯表现故障。

电动汽车的绝缘状况以高压直流正负母线对地的绝缘电阻来衡量。电动汽车的国际标准规定：绝缘电阻值除以电动汽车直流系统标称电压U，结果应大于$100\,\Omega/V$，才符合安全要求，注意标准中推荐的动力蓄电池绝缘电阻测量方法适用于静态测试。

（5）高压互锁。是指对整个高压系统设置一个低压电路导通环，如果导通环传送的信号中断，整车控制单元（VCM）立即切断高压电路并对高压系统的电容进行放电。高压互锁包括结构互锁和功能互锁两种。

结构互锁：电动汽车的主要高压电气接插件上都带有互锁回路，当接插件在电路接通状态下被断开时，车辆控制系统（VCU）或动力电池管理系统（BMS）会检测到高压电路出现断路现象，为保护人员安全，将立即进行报警并会断开主高压电路电气连接，同时激活主动泄放。

功能互锁：当车辆在进行充电或插上充电枪时，车辆控制系统（VCU）或动力电池管理系统（BMS）会限制车辆不能通过其驱动系统驱动车轮，以防止可能发生的充电线束拖拽或安全事故。

（6）车辆碰撞保护。当车辆发生碰撞时，高压电池管理系统（BMS）检测到碰撞信号大于一定阈值时，会立即切断高压系统主电路的电气连接。

驱动电机控制器（MCU）中含有主动泄放电路，当检测到车辆发生较大碰撞、或高压回路中某处接插件处于拔开状态、或含有高压的高压器件存在开盖情况，电机控制器（MCU）可在很短时间（约5s）内将高压回路直流母线高电压泄放到60V以下，迅速释放危险电能，最大限度保证人员安全。车辆在主动泄放的同时，驱动电机控制器（MCU）、空调控制器等高压控制器内部含有高压的器件同时设计有被动泄放回路，可在约2min内将高压回路中直流母线电压泄放到60V以下，被动泄放作为主动泄放失效的二重保护。

三、纯电动汽车充电技术

纯电动汽车的充电技术和设备是维持纯电动汽车持续运行的能源补给设施，充电技术和设备是学习和使用纯电动汽车和插电式混合动力汽车的动力电池以及电源管理的不可缺少的一部分。

电动汽车充电站的充电系统是电动汽车的电能补给装置。充电系统是整个充电站的核心部分，它必须满足锂离子电池、镍氢电池或铅酸电池等多种电池中的一种或多种电池充电需求，提供方便、安全和快捷的补充电能服务。

1. 电动汽车电能补给方式

电动汽车的种类和运行特点决定了其电能补给方式。根据电池是否与车体分离，可分为整车充电方式和电池更换方式两种。

（1）整车充电方式。当车辆进行补充充电时，充电机与充电车辆通过充电插头进行连接，电池无需从车辆上卸下，可直接进行充电，如图1-12所示。整车充电方式的优点是充电操作过程简单，不涉及电池存储、电池更换等过程。但车辆充电时间占用了车辆的使用时间，车辆利用率较低，不利于保持电池组的均衡性以及延长电池组的使用寿命。

（2）电池更换方式。当车辆进行补充充电时，将需要充电的电池从车辆上卸下，安装已充满电的电池，车辆即离开继续运行，对卸载下的电池采用地面充电系统进行补充充电，如图1-13所示。采用电池地面充电方式有利于提高车辆使用效率，提高电池使用寿命，但对车辆及电池更换设备提出了更高的要求。

图1-12 电动汽车整车充电方式　　　图1-13 电动汽车电池更换充电方式

2. 电动汽车充电模式

电动汽车充电模式有交流充电模式和直流充电模式两种。

（1）交流充电模式。交流充电用于对具有车载充电机的小型电动乘用车辆进行充电。

根据车载充电机功率的不同，一般充电时间为3h～5h，甚至长达8h～9h。交流充电一般采用交流充电桩（或交流充电器）进行充电，充电电流相对较小，输出功率一般不超过5kW。交流充电桩一般建在停车场、住宅小区等场所，可充分利用晚间或停车时间进行充电。

交流充电模式的优点是充电桩成本较低，安装比较简单；可充分利用负荷低谷时段进行充电，充电成本较低。其缺点是充电时间较长，难以满足车辆紧急充电需求。

（2）直流充电模式。直流充电用于对电动汽车进行快速充电，或者对无车载充电机的电动汽车进行充电。根据电动汽车动力电池性能的不同，充电电流一般在0.2C～1C（C为充电速率），少数动力电池的充电电流可达到3C。根据电动汽车蓄电池剩余容量和充电电流大小的不同，一般充电时间在20min～1h。直流充电主要是在充电站进行，需要专门的直流充电机，采用较大电流进行充电。目前进行直流充电的电动汽车一般是大型公共汽车，所用动力电池的容量比较大，一般为200Ah～500Ah。

直流充电模式的优点是充电时间短，可满足目前电动汽车的紧急充电需求，现阶段对推动电动汽车的发展有积极意义。其缺点是充电电流较大，充电时会对配电网产生一定的冲击；充电设施成本较高，安装较复杂；大电流充电对电池寿命有影响；对充电的可靠性和安全性要求较高。

综上所述，电动汽车的充电还是采用交流（慢充）充电模式为主，直流（快充）充电为辅的充电方式。

3. 电动汽车充电机

电动汽车的充电可以由地面充电机（桩）完成，也可以由车载充电机完成。电动汽车充电机从供电电源提取能量，以合适的方式传递给电池，从而建立了供电电源与电池之间的功率转换接口。

（1）车载充电机。车载充电机安装在电动汽车上，当需要充电时通过电缆与地面交流电源连接完成充电，车载充电机又称交流充电机，如图1-14所示。车载充电机的优点是不管车载蓄电池在任何时候、任何地方需要充电，只要有充电机额定电压和电流的交流插座，就可以对电动汽车进行充电。车载充电机的缺点是受电动汽车的空间所限，功率较小，输出充电电流小，蓄电池充电时间较长。

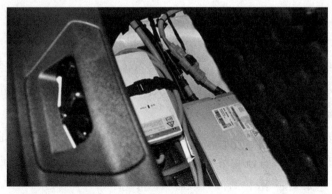

图1-14 安装在行李箱的车载充电机

（2）地面充电机。地面充电机安装于固定的地点，采用直流充电模式为电动汽车蓄电池进行充电。充电机的交流输入电源已事先连接完成。直流充电模式是以充电机输出的可控直流电源直接对车上的高压电池组进行充电。地面充电机的功率较大，可以提供几百千瓦的充电功率，可以为电动汽车进行快速充电，如图1-15所示。

图1-15 安装在地面的直流充电机

知识拓展

汽车的气体代用燃料

汽车的气体代用燃料种类很多，常见的有天然气和液化石油气。专用气体燃料汽车是以液化石油气、天然气或煤气等气体作为发动机燃料的汽车。

两用燃料汽车是指具有两套相对独立的供给系统，一套供给天然气或液化石油气，另一套供给天然气或液化石油气之外的燃料，两套燃料供给系统可分别但不可同时向汽缸供给燃料，如汽油/压缩天然气两用燃料汽车等。

双燃料汽车是指具有两套燃料供给系统，一套供给天然气或液化石油气，另一套供给天然气或液化石油气之外的燃料，两套燃料供给系统按预定的配比向汽缸供给燃料，在汽缸混合燃烧的汽车，如柴油-液化石油气双燃料汽车等。

　　生物燃料汽车是指燃用生物燃料或燃用掺有生物燃料之燃油的汽车，与传统汽车相比，其结构上无重大改动，排放总体上较低，包括乙醇燃料汽车和生物柴油汽车等。

　　氢燃料汽车是以氢为主要能量驱动的汽车。一般的内燃机，通常注入柴油或汽油，氢燃料汽车则改用气体氢。氢内燃机在汽车上的应用方式有三种：纯氢内燃机、氢/汽油双燃料内燃机、氢-汽油混合燃料内燃机。

练习题

一、判断题

1. 电动汽车包括纯电动汽车、混合动力（电动+石油燃料）汽车和燃料电池电动汽车。（　　）

2. 电动汽车主要由电力驱动系统、电能源系统和辅助控制系统三部分组成。（　　）

3. 电动汽车高压互锁安全措施包括结构互锁和功能互锁两种。（　　）

4. 充电系统必须满足锂离子电池、镍氢电池或铅酸电池等多种电池中的一种或多种电池充电需求。（　　）

5. 直流充电用于对具有车载充电机的小型电动乘用车辆进行充电。（　　）

二、选择题

1. 电动汽车的能量利用效率一般要比传统内燃机汽车高（　　）。

　　A. 10%～20%　　　　　　　　　　　B. 20%～30%

　　C. 30%～40%　　　　　　　　　　　D. 40%～50%

2. 以下不是电动汽车良好环境保护效果的是（　　）。

　　A. 排污量小　　　　　　　　　　　B. 噪声低

　　C. 能量添加特点　　　　　　　　　D. 排放废热少

3. 机动车能源利用率最高的是（　　）。

　　A. 内燃机汽车　　　　　　　　　　B. 纯电动汽车

　　C. 油电混合动力汽车　　　　　　　D. 燃料电池汽车

4. 以下不是纯电动汽车技术特点的是（　　）。

　　A. 电动机及控制技术　　　　　　　B. 电池及管理技术

　　C. 车身及控制技术　　　　　　　　D. 整车控制技术

5. 电动汽车的高压互锁包括（　　）。

　　A. 系统互锁和控制互锁　　　　　　B. 控制互锁和结构互锁

　　C. 系统互锁和功能互锁　　　　　　D. 结构互锁和功能互锁

三、简答题

1. 何为电动汽车？

2. 电动汽车的特点主要有哪些？

3. 现代电动汽车上的安全措施主要有哪些？

4. 何为电动汽车高压互锁安全措施？

5. 何为电动汽车的快速充电模式？其主要特点有哪些？

第二章　纯电动汽车的电能源及管理技术

第一节　电动汽车对电能源的基本要求

电动汽车的电能源是动力电池。对于动力电池，目前仍无统一的定义。动力电池的名称来源于动力机械应用领域，一直沿袭下来，目前习惯于将用于电动汽车的电池称为"动力电池"。在CB/T 19596—2004中动力蓄电池（Traction Battery）的定义为：为电动汽车动力系统提供能量的蓄电池。

国内汽车行业2006年颁布的标准中将动力电池按照其应用分为：能量型电池和功率型电池。能量型电池指以高能量密度为特点，主要用于高能量输出的蓄电池。功率型电池指以高功率密度为特点，主要用于瞬间高功率输出、输入的蓄电池。这两种电池分别适应于纯电动汽车应用和混合动力电动汽车应用的蓄电池。

无论何种类型的蓄电池，表征其性能的参数是相同的，根据其主要性能参数的特点划分是比较科学的。

一、电动汽车动力电池性能参数

动力电池的品种很多，性能各异。电池的技术参数关系到整车的续驶里程、加速和爬坡等主要性能。表征动力电池性能的参数，主要包括电压、容量、比能量、比功率、内阻及循环寿命等。

1. 电池电压

电池两个电极之间的电位差，称为电池的电压。

电池电压的常用名称有理论电压、开路电压、放电电压、标称电压、终止电压、初始电压、平均电压、负载电压或工作电压等。在定义和数值上有较大差异。

（1）理论电压。即电池的电动势，电池正极理论电动势与负极理论电动势之差。

（2）开路电压。电池开路时，正负极之间的电位差，开路电压受电池荷电状态（SOC）影响。

（3）负载电压。指电池输出电流时两个电极间的电位差，负载电压亦可称为放电电压或工作电压。在电池开始放电的初始瞬间达到稳定时刻的负载电压，称为初始电压。

（4）标称电压。有时也称公称电压，用来鉴别电池类型适当的电压近似值。或者说，在规定条件下电池工作的标准电压。镍氢（Ni-MH）电池的标称电压为1.2V，磷酸铁锂离子电池的标称电压为3.2V，锰酸锂和钴酸锂电池及三元材料锂离子电池的标称电压为3.6V。

（5）终止电压。通常指放电终止电压，即认为电池放电终止时的规定电压。放电电流、环境温度等影响放电的终止电压，低于此电压电池就会出现过放电。

2. 电池容量

电池在一定放电条件下所能放出的电量，称为电池的容量。最常用的单位为安培·小时，简称安时，符号为Ah。与电池容量相关的一个参数是蓄电池的充电电流。蓄电池的充电电流通常用充电速率XC表示，C为蓄电池的额定容量，X为倍数。例如，用2A电流对1Ah电池充电，充电速率就是2C；同样地，用2A电流对500mAh电池充电，充电速率就是4C。

电池的容量可分为理论容量、标称容量和额定容量，实际应用中，也提出了实际容量的概念。

（1）理论容量。指活性物质全部参加电化学反应所放出的电量，按法拉第定律计算出的最高理论值，一般用质量容量[Ah/kg]或体积容量[Ah/L]来表示。理论容量是计算值而不是实验值。在实际的电池中，放出容量只是理论容量的一部分。

（2）额定容量。指在规定条件下，电池所能提供的电量。额定容量的数值是由生产厂标明的，是一种在规定条件下的保证容量或法定容量。额定容量可视为法定容量，测试条件如充电方法、放电电流、测试环境温度、终止电压等受到严格限制。

（3）标称容量或公称容量。只是用来鉴别电池适当的近似容量。因此，标称容量只标明了电池容量范围的一般值，而没有标明电池容量的确切值。这是因为放电容量受到放电条件的限制。

（4）实际容量。就是电池在实际负载条件下所能放出的电量，等于放电电流与放电时间的乘积。

（5）充电状态（SOC）。电池荷电状态（SOC）指参加反应电池容量的变化。SOC=1即表示电池为充满状态。随着电池放电，电池的电荷逐渐减少，此时电池的充电状态，可以用SOC的百分数的相对量来表示电池中电荷的变化状态。一般电池放电高效率区为50%～80% SOC。对SOC精确的实时辨识，是电池管理系统的一个关键技术。

3. 能量

电池的能量是指电池在一定的放电条件下，对外做功所能输出的电能，用W表示，单位为瓦时（Wh）。电池的能量决定电动汽车的行驶距离。

（1）标称能量。按一定标准所规定的放电条件下，电池所输出的能量。电池的标称能量是电池的额定容量与额定电压的乘积。

（2）实际能量。在一定条件下电池所能输出的能量。电池的实际能量是电池的实际容量与平均工作电压的乘积。

（3）比能量（Wh/kg）。指动力电池组单位质量中所能输出的能量。

（4）能量密度（Ah/L）。指动力电池组单位体积中所能输出的能量。

4. 功率

功率指在一定放电条件下，电池在单位时间内电池所输出的能量，单位为W或kW，电池的功率决定电动汽车的加速性能。

（1）比功率（W/kg）。电池的比功率是指电池单位质量中所具有电能的功率。比功率的大小表征电池所能承受的工作电流的大小，是体现电池性能的一项重要指标。

（2）功率密度（W/L）。电池的功率密度是指电池单位体积中所具有电能的功率。

5. 电池内阻

电流通过电池时所受到的阻力，使电池的电压降低，此阻力称为电池的内阻。内阻不是一个固定的数值。电池处于不同的电量状态时，它的内阻值不一样；电池处于不同的使用寿命状态下，它的内阻值也不同。从技术的角度出发，一般把电池的内阻分为两种状态：充电态内阻和放电态内阻。

由于电池的内阻作用，使得电池在放电时端电压低于电动势和开路电压。在充电时充电的端电压高于电动势和开路电压。

6. 循环次数

电池的工作是一个不断充放电的循环过程，按一定标准的规定放电，当电池的容量降到某一个规定值前，就要停止继续放电，然后就需要充电才能继续使用。在每一次循环中，电池中的化学活性物质，要发生一次可逆性的化学反应。随着充电和放电次数的增加，电池中的化学活性物质会发生老化变质，逐渐削弱其化学反应，使得电池的充电和放电的效率逐渐降低，最后电池损失全部功能而报废。

电池充电和放电的循环次数与电池的充电和放电的形式、电池的温度和放电深度有关，放电深度较浅时，有利于延长电池的寿命。特别是电池在电动汽车上的使用环境，包括电池组中各个电池的均衡性、安装、固定方式、所受的振动和线路的安装等，都会影响电池的工作循环次数，最后完全丧失其充电和放电的功能而报废。

7. 使用年限

电池除了以循环次数表示使用时间外，通常还要用电池的使用年限来表示使用寿命。

8. 放电速率（放电率）

电池在放电时的时间或放电电流与额定电流的比例通常称为放电率，以放电时率和放电倍率来表示。

（1）时率电池以某种电流强度放电直到电池的电压降到终止电压时，所经过的放电时间。

（2）倍率电池以某种电流强度放电的数值为额定容量数值的倍数。

9. 自放电率

自放电率指电池存放时间内，在没有负荷的条件下自身放电，使得电池容量损失的速度，自放电率用单位时间（月、年）内电池容量下降的百分数来表示。

自放电导致电池使用时间缩短，电池寿命的提前终止，电池组内部各电池荷电量不等，对电池组的使用寿命极为不利。

一般由于自放电引起的电池容量损失，可以通过电池的充放电恢复。

10. 电池失效与记忆效应

在规定条件下当电池达不到预定特性时，称为电池失效。可分为可逆失效（暂时失效）和不可逆失效（永久失效）。电池失效后可用一般的恢复性措施重新恢复其性能时，称为可逆失效。若不能恢复，称为不可逆失效。

电池长时间经受特定的工作循环后，自动保持这一特定的电性能倾向，称为记忆效应。此时电池出现明显的容量损失、放电电压下降。通常是由长时间的浅充浅放循环引起的，经过数次恢复性的全充全放循环后，电池性能得到恢复，记忆效应可以消除。

镍氢电池有记忆效应，但表现得不明显，可以忽略。锂离子电池不存在记忆效应。

二、电动汽车对动力电池要求

一般情况下，电动汽车的电能源为动力电池，动力电池在工作中进行的是频繁、浅度的充放电循环。在充放电过程中，电压、电流可能有较大的变化。针对这种使用特点，电动汽车的动力系统对电池特别要求是：纯电动汽车要求动力电池具有更高的比能量、更高的充放电效率，以及在快速充放电和充放电过程中变工况的条件下保持性能的稳定性；而混合动力汽车的动力电池则要求有较高的比功率。

近年来，由于电动汽车对电能源要求的提高，动力电池越来越多地采用既具有高能量，同时也具有高功率输入、输出特性的能量功率型。

1. 比能量

比能量是保证电动汽车能够达到基本合理的行驶里程的重要性能，连续2h放电率的比能量不低于44Wh/kg。美国先进电池联合会(US ABC)制定的电动汽车电池中长期目标，比能量要达到80~100Wh/kg（中期）和200Wh/kg（长期）；我国制定的电动汽车动力电池目标是2015年达到120Wh/kg, 2020年要达到200Wh/kg。

2. 充电时间短

电池应对充电技术没有特殊要求，能够实现感应充电。电池的正常充电时间应小于6h~

8h，电池能够适应快速充电的要求，电池快速充电达到额定容量50%的时间也在20min左右。

3. 连续放电率高，自放电率低

电池能够适应快速放电的要求，连续1h放电率可以达到额定容量的70%左右。自放电率要低，电池能够长期存放。

4. 不需要复杂的运行环境

电池能够在常温下正常稳定地工作，工作温度范围宽（$-30℃\sim65℃$），不受环境的影响，不需要特殊加热。保温热管理系统能够适应电动汽车使用要求。

5. 安全可靠

电池应干燥、洁净，电解质不会渗漏腐蚀接线柱和外壳。不会引起自燃或燃烧，在发生碰撞等事故时，不会对乘员造成伤害。废电池能够进行回收和再生处理，电池中有害重金属能够进行集中回收处理。电池组可以采用机械装置进行整体快速更换，线路连接方便。

6. 寿命长、免维修、制造成本低

电池使用寿命长，要求5年～10年。循环寿命不低于1000次充放电，并且在使用寿命限定期间内，不需要进行维护和修理。

第二节　纯电动汽车电能源类型及特点

目前可以作为车载动力的电池类型很多，主要有阀控式铅酸电池、镍镉（Ni-Cd）电池、镍氢（Ni-MH）电池、锂离子（Li-ion）电池、聚合物（Li-Polymer）电池、超级电容器、质子交换膜燃料电池（PEMFC）、直接甲醇燃料电池（DMFC）等，这些电池均有车载试验，其中有的已经商业化应用，有的离商业化应用还比较长的距离，各类动力电池的性能比较列于表2-1。

表2-1 各类动力电池的性能比较

电池类别	电池名称	电压/V	质量比能量(Wh/kg)	体积比能量(Wh/L)	比功率(W/kg)	记忆效应	循环寿命(80%DOD/次)
铅酸电池	VRLA蓄电池	2.0	30～45	60～90	150～220	有	400～600
碱性电池	镍镉Ni-Cd	1.2	40～60	80～110	200～250	有	600～1200
	镍氢Ni-MH	1.2	60～70	130～170	200～300	有	600～1200
	锂离子Li-ion	3.6	90～130	140～200	250～450	无	800～1200
	聚合物Li-Polymer	3.6	200	300	300	无	800～1200

一、铅酸电池结构与性能特点

以酸性水溶液为电解质的蓄电池称为酸蓄电池。铅酸蓄电池电极是以铅及其氧化物为材料，又称为铅酸蓄电池。铅酸蓄电池于1859年由法国科学家普兰特（G.Plante）发明。1881年法国人发明的电动汽车就是以铅酸蓄电池作为动力的，铅酸蓄电池广泛用于燃油汽车发动机的起动。

电动汽车的牵引用动力铅酸蓄电池性能与起动用铅酸蓄电池的要求不同。动力铅酸蓄电池要求有高的比能量和比功率，高的循环次数和使用寿命，以及快速充电性能等。

早期电动车采用的开口式铅酸蓄电池的成功经验是积累了控制好充电方式、放电深度、及时补水等一套系统匹配的工作经验和精心维护的经验。近年来四轮微型电动车（包括游览车、巡逻车、高尔夫球车、短距离道路车等）发展很快，车上采用的大多是开口式铅蓄电池。

近期电动车采用的是阀控式密封铅酸蓄电池新产品，其性能为：3h率容量55Ah；3h率下比能量为33Wh/kg和84Wh/L；75%放电深度的循环寿命达到400次以上。电动自行车用的阀控式铅酸蓄电池已推广到电动汽车用阀控式铅酸蓄电池，性能进一步提高。

近十年来，国内外的第一代电动汽车广泛使用了铅酸蓄电池。

1. 阀控式铅酸蓄电池的构造

电动汽车牵引用动力电池采用阀控式密封铅酸蓄电池（VRLA，Valve Regulated Lead Acid Battery）。由于VRLA电池从结构上来看，不但是全密封的，而且还有一个可以控制电池内部气体压力的阀，所以VRLA铅酸蓄电池的全称便成了"阀控式密闭铅酸蓄电池"。阀控式密闭铅酸蓄电池的结构如图2-1所示。

阀控式铅酸蓄电池是一种免维护蓄电池，其结构特点是：

（1）免维护蓄电池的正极栅板架一般采用铅钙合金或低锑合金制作，而负极栅架均用铅钙合金制作，减小极板短路和活性物质脱落；

（2）隔板大多采用超细玻璃微纤维制作，或将其正极板装在袋式隔板内；

（3）极板组都采用紧装配结构；

（4）各单格极板组之间采用内连式接法，露在密封式壳体外面的只有正、负极桩；

（5）壳体上部设有收集水蒸气和硫酸蒸气的集气室，待其冷却后变成液体重新流回电解槽内。

由于免维护铅酸蓄电池在使用中不会出现极板短路、活性物质脱落、水分损失等问题，从而提高了使用寿命。

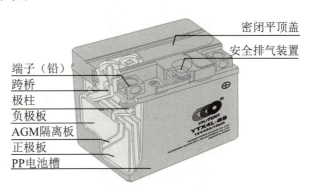

图2-1 阀控式密封铅酸蓄电池结构

虽然VRLA电池的质量比能量、体积比能量不能和镍氢（Ni-MH）电池、锂离子（Li-ion）电池和聚合物（Li-Polymer）电池等相比，但它的性价比仍有很大优势，VRLA电池容量大，无记忆效应，价格便宜，目前它的销售额仍居化学电源产品的首位。

2. 阀控式铅酸蓄电池的工作原理

阀控式密封铅酸蓄电池的工作原理，基本上仍沿袭传统的铅酸蓄电池。

阀控式密封铅酸蓄电池在结构、材料上作了重要的改进，如图2-2所示，正极板采用铅钙合金或铅镉合金、低锑合金，负极板采用铅钙合金，隔板采用超细玻纤隔板，并使用紧装配和贫液设计工艺技术，整个电池反应密封在塑料电池壳内，出气孔上加上单向的安全阀。这种电池结构，在规定充电电压下进行充电时，正极析出的氧（O_2），可通过隔板通道传送到负极板表面，还原为水（H_2O）。

阀控式密封铅酸蓄电池的电化学反应机理如下：

（1）正极反应（产生氧气）

① $2H_2O \longrightarrow O_2 + 4H^+ + 4e$

    通过隔板异响移向负极板表面

（2）负极反应（吸收氧气）

② $2Pb + O_2 \longrightarrow 2PbO$ （氧气与海绵状负极板表面）

③ $2PbO + 2H_2SO_4 \longrightarrow 2PbSO_4 + 2H_2O$ （PbO与电解液发生反应）

④ $2PbSO_4 + 4H^+ + 4e \longrightarrow 2Pb + 2H_2SO_4$ （$PbSO_4$的还原）

（3）负极总反应为②+③+④：$O_4 + 4H^+ + 4e = 2H_2O$

又返回至①，如此循环往复，如图2-3所示。

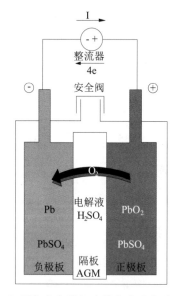

图2-2 阀控式密封铅酸蓄电池反应原理图解

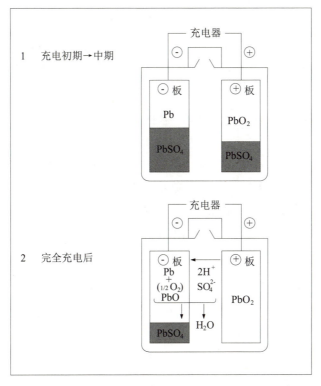

图2-3　阀控式密封铅酸蓄电池充电过程循环反应图解

这是阀控式密封铅酸蓄电池特有的内部氧循环反应机理，这种充电过程，电解液中的水几乎不损失，使电池在使用过程中达到不需要加水的目的，因此电池可以实现密封。

阀控式密封铅酸蓄电池在充放电过程中的化学反应如下：

$$PbO_2 \ + \ 2H_2SO_4 + \ Pb \ \underset{充电}{\overset{放电}{\rightleftharpoons}} \ PbSO_4 \ + \ 2H_2O \ + \ PbSO_4$$

| （二氧化铅） | （硫酸） | （海绵状铅） | （硫酸铅） | （水） | （硫酸铅） |
| 正极活物质 | 电解液 | 负极活物质 | 正极 | | 负极 |

二、镍氢电池结构与性能特点

碱性蓄电池是以氢氧化钾等碱性水溶液为电解液的二次电池的总称，动力碱性蓄电池按其正、负极活性物质的种类主要有镍镉（Ni-Cd）电池、镍氢（Ni-MH）电池、镍锌（Ni-Zn）等二次电池。电池的电解液中的KOH不直接参与电极反应，这也是碱性蓄电池有别于铅酸蓄电池的一大特征，这正是碱性蓄电池倍率特性、低温特性及循环寿命优异的主要原因。相对铅酸蓄电池，碱性蓄电池具有比能量高、耐过充电、密封性好等优点，缺点是价格较高。

1. 镍氢（Ni-MH）电池的构造

镍氢（Ni-MH）电池是在镍镉（Ni-Cd）电池基础上发展起来的一种密封碱性动力电池，正极与镍镉（Ni-Cd）电池相同，采用氢氧化镍电极，负极则用储氢合金取代镉电极。在结构设计、生产工艺及电性能方面镍氢（Ni-MH）电池继承了镍镉（Ni-Cd）电池的特点，但消除了镉的污染。目前动力型的镍氢（Ni-MH）电池正成功用于电动工具、电动自行车和电动汽车。

镍氢（Ni-MH）电池由正极、负极、隔膜、碱性电解质、外壳等组成。电池正极的活性物质为氢氧化亚镍（$Ni(OH)_2$）充电后变为羟基氧化镍（$NiOOH$）；负极的活性物质为贮氢合金（M），充电后变为金属氢化物（MH）；采用聚丙烯接枝隔膜，用于储存电解液、导通离子并阻断电池内部正负电极间电子传递；使用以KOH为主并少量添加NaOH、LiOH组成的水溶液为电解液。

镍氢（Ni-MH）电池一般有圆柱形和方形两种结构。方形包括塑料壳和金属壳两种。方形电池的结构如图2-4所示。

镍氢（Ni-MH）电池的结构或包装有些不同，但是其基本结构大同小异，主要由以下几个部分组成：

① 正、负极柱：分别用于连接正、负极板，是电池与外电路的连接点。

② 正、负电极：电池反应的主体，电池的能量储存在正、负电极。

③ 安全阀：用于完成电池的密封，当电池内部压力过大时安全阀开启，释放气体，降低电池内部压力，提高电池安全性。

④ 绝缘垫：实现电池极柱与电池壳体之间的绝缘。

⑤ 隔膜：隔离正、负电极，储存电解液，提供离子通道，阻隔电池内部正负电极之间电子的通道。

⑥ 电池壳：电池反应的容器，同时完成电池的密封。

方形电池极组由多片负极、多片正极和隔膜叠片组成。通常负极比正极要多一片，极组的最外侧两片电极均为负极片。

图2-4 镍氢（Ni-MH）方形电池结构示意图

圆柱形镍氢（Ni-MH）电池同样包括电池壳体、正极、负极、隔膜、安全阀等。圆柱形电池极组一般由单个正极片、负极片、隔膜卷绕形成，结构如图2-5所示。

在应用过程中，由于活性物质的结构变化，电极会发生膨胀，圆柱形电池的耐压程度要远高于方形电池，所以一般圆柱形电池的安全阀开启压力要比方形电池高得多。方形电池在应用中容易发生膨胀，组合应用时需要采取防膨胀措施。

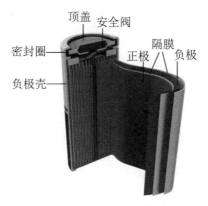

图2-5 圆柱形Ni-MH电池结构示意图

2. 镍氢（Ni-MH）电池的工作原理

镍氢（Ni-MH）电池和同体积的镍镉电池相比，容量增加1倍，充放电循环寿命也较长，并且无记忆效应。镍氢电池正极的活性物质为NiOOH（放电时）和Ni(OH)$_2$（充电时），负极板的活性物质为H$_2$（放电时）和H$_2$O（充电时），电解液采用30%的氢氧化钾溶液。

（1）电极反应

镍氢（Ni-MH）电池以金属氢化物（MH）为负极，氢氧化镍为正极，氢氧化钾溶液为电解液。正、负极的充放电反应见表2-2。

表2-2 Ni-MH电池正、负极的充放电反应

反应过程	正极	电极电位
充电	$Ni(OH)_2 + OH^- - e^- \longrightarrow NiOOH + H_2O$	约0.390V
过充电	$4OH^- - 4e^- \longrightarrow 2H_2O + O_2 \uparrow$	
放电	$NiOOH + H_2O + e^- \longrightarrow Ni(OH)_2 + OH^-$	
过放电	$2H_2O + 2e^- \longrightarrow 2OH^- + H_2 \uparrow$	

反应过程	负极	电极电位
充电	$M + H_2O + e^- \longrightarrow MH + OH^-$	约-0.928V
过充电	$2H_2O + O_2 + 4e^- \longrightarrow 4OH^-$	
放电	$MH + OH^- - e^- \longrightarrow M + H_2O$	
过放电	$H_2 + 2OH^- - 2e \longrightarrow 2H_2o$	

镍氢（Ni-MH）电池的总反应是：

$$M+Ni(OH)_2 \rightarrow MH+NiOOH$$

理论电压：$U=\varphi(+)-\varphi(-)$，即 $U = 0.390-(-0.928)= 1.318(V)$。

其中，U——理论电压，$\varphi(+)$——正极电位，$\varphi(-)$——负极电位。

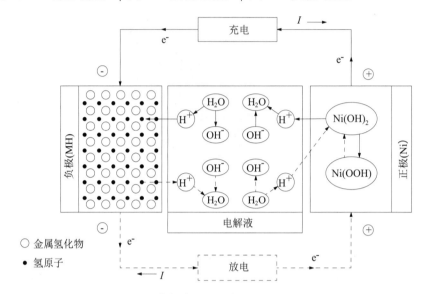

图2-6 镍氢（Ni-MH）电池反应原理

镍氢（Ni-MH）电池在正常工作条件下的电压为1.2V左右，所以其标称电压一般按1.2V来计算。一般由于电池本身各部分存在电阻以及极化内阻的存在，在充电过程中，电池电压要高于理论电压，放电过程中，电池电压要低于理论电压。

图2-6所示的镍氢（Ni-MH）电池充放电机理有助于了解电池通过质子转移所发生的化学反应。

从反应式可以看出，在反应过程中，只有质子在正极、负极间转移，水参与正负极的单电极反应，但在整个反应过程中，不存在水的消耗，所以可以使电池实现免维护。

镍氢（Ni-MH）电池的充电反应是放热反应，即在充电过程中会产生热量，使电池温度逐渐上升。

（2）工作原理

镍氢（Ni-MH）电池充电时，正极上的$Ni(OH)_2$转变为NiOOH，由于质子在NiOOH/$Ni(OH)_2$中的扩散系数小，是氢氧化镍电极充电过程的控制步骤。在负极，析出的氢原子吸附在储氢合金表面，形成吸附态MHab，然后再扩散到储氢合金内部，形成金属氢化物MH。原子氢在储氢合金中的扩散速率较慢，因此，氢原子扩散是储氢合金负极充电过程的控制步骤。过充电时，由于镍氢（Ni-MH）电池是正极限容，正极会产生O_2，并通过隔膜扩散到负极，由于负极电势负，在储氢合金的催化作用下又生成OH，总反应为零。因此过充电时，KOH浓度和水的总量保持不变。

镍氢（Ni-MH）电池放电时，NiOOH得到电子转变为$Ni(OH)_2$，金属氢化物内部的氢原子扩散到表面形成吸附态的氢原子，再发生电化学氧化反应生成水。正极质子和负极氢原子的扩散迁程仍然是负极放电过程的控制步骤。过放电时，正极上的NiOOH已经全部转变成Ni(OH)$_2$，这时H$_2$O便在镍电极上还原生成H$_2$，而在负极上会发生H$_2$的电化学氧化，又成H$_2$O。这时电池总反应的净结果仍为零。但是过放电时，镍电极出了反极现象，镍电极电势反而比氢电极电势更低。

在镍氢（Ni-MH）电池充放电反应中，储氢合金担负着储氢和在其表面进行电化学催化反应的双重任务。在过充电和过放电过程中，由于储氢合金的催化作用，可以消除产生的O$_2$和H$_2$，从而使镍氢（Ni-MH）电池具有耐过充电、过放电的能力。但随着充放电循环的进行，储氢合金会逐渐失去催化能力，电池的内压会逐渐升高。

（3）气体的产生与消耗

水溶液电解质蓄电池在充电过程中都会或多或少地析出气体。对于排气式电池，产生的气体会通过排气阀逸出，电池内部的气体几乎没有压力。对于密封式电池，镍氢（Ni-MH）电池在充电期间产生的气体仅部分会在电池内部消耗掉，另一部分气体会在电池中积累，导致电池的内部压力上升。

镍氢（Ni-MH）电池中的析氢、析氧反应是由与电极电势有关的热力学参数决定的，镍氢（Ni-MH）电池中气体析出和消除与电极电势的关系如图2-7所示。

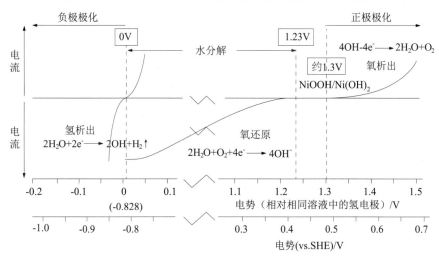

图2-7 镍氢（Ni-MH）电池中气体析出和消除与电极电势关系示意图

3. 镍氢（Ni-MH）电池的特点

（1）结构特点

①功率性能好。镍氢（Ni-MH）电池内部使用了大量的金属材料，导电性能良好，可以适应大功率放电，目前比功率达到1500W/kg以上。

②低温性能好，采用无机电解液体系，低温性能相对比锂系列电池好。

③无污染，耐过充过放，循环寿命高。

④管理系统相对简单，电池耐过充电和过放电能力比较强，不必监测到每只单体电池的电压。电池在充电过程中，可以通过和消耗气体（氧气）的副反应来实现自均衡，不必

采用特别的均衡电路。

⑤电池的热效应明显。镍氢（Ni-MH）电池在电动车应用中遇到的主要问题为热问题。主要原因有两个，一是镍氢（Ni-MH）电池本身的充电反应是一个放热反应，充电过程中产生的热量达到949J/Ah；二是充电效率低，镍氢（Ni-MH）电池即使在空态下，充电效率也达不到100%，充电量超过80%后，副反应速度很快增加，产热速度迅速上升。严重时会带来热失控问题。充电电流越大，充电效率越低，产生的热量就越多。

⑥电池比能量较低。一般在50～70Wh/kg。虽然是铅酸电池的2～3倍，但与锂系列电池相比较，相差较大。

⑦标称电压低。1.2V的标称电压，组合成数百伏的车用动力电源系统，就需要更多的电池串联，对电池的一致性、可靠性要求更高。

⑧高温充电性能差。高温下充电效率降低，反应效率的降低推动电池温度的进一步升高，最终可能会出现热失控，而出现安全问题。

⑨自放电大。在常用的铅酸、镍氢（Ni-MH）、锂（Li）系列动力电池当中，镍氢（Ni-MH）电池的自放电比较大。一般充满电常温搁置28天自放电达到10%～30%。

⑩材料成本高。镍氢（Ni-MH）电池中使用了大量较贵重的金属如镍、钴等，电池原材料成本比较高，但是具有较高的回收价值。

（2）充电特点

镍氢（Ni-MH）电池的充电问题主要指高温充电效率问题，在常温状态下充电，高温放电，对电池的容量和性能基本无影响。随着温度的升高，镍氢（Ni-MH）蓄电池的充电接受能力逐渐下降，在室温下充放电容量可达100%，而45℃下充放电容量仅有常温的70%，60℃为45%。过充量越大，产生的热量越多，电池温度也就越高。过热会损坏电池，电池长期在高温环境下工作，循环寿命会迅速降低；高温下充电效率降低，推动电池温度的进一步升高，恶性循环的结果是导致热失控，出现安全问题。

镍氢（Ni-MH）电池充电过程中的热量来自几个方面，一是充电过程中反应放热，二是各种电阻产生的热量，三是过充产生的热量。充电的目标是使电池充满电，所用时间短，产生的热量少。

1）影响因素

充电是使放电态电池恢复到其初始容量的步骤。为了更好的使用镍氢（Ni-MH）电池、保证电池有最优的性能，必须了解电池的充电特性，选择合适的充电策略和方法。

① 影响镍氢（Ni-MH）电池充电接受能力的因素。电池的充电接受能力即电池的充电效率，指用于电池反应的电量占电池充电电量的比例。对镍氢（Ni-MH）电池影响其充电接受能力的主要因素有环境温度和电池充电倍率。

② 温度对充电接受能力的影响。Ni-MH电池的充电接受能力在10℃～30℃附近达到最高值，在10℃以下随着温度的降低电池的充电接受能力逐渐下降，当温度低于-10℃以后充电接受能力迅速下降；在30℃以上，随着温度的上升电池充电接受能力逐渐降低，当电池

温度大于40℃以后电池的充电接受能力迅速下降。

③ 充电倍率对充电接受能力的影响。由于电池的型号不同，电池充电倍率对其充电接受能力的影响也不尽相同，但大致趋势是一致的。任何电池都有一个最优的充电倍率，电池的充电接受能力随充电电流偏离这个充电倍率的程度而降低。

2）充电方法

一个成功的充电方式是快速充电且过充量最小情况下的完全充电，同时必须保证所选用的充电方式是最经济且最可靠的。镍氢（Ni-MH）电池的充电通常为恒流充电，包括恒定电流、阶梯式电流脉冲充电等。

① 恒流充电。在整个充电过程中充电电流始终保持在一个特定值的充电形式称为恒流充电。恒流充电一般采用时间作为充电限制条件，为防止出现过充电，需要用户了解电池充满电所需的时间。

充电过程中，电池电压逐渐上升，但在充电后期，由于电池温度的上升，电压上升速度下降。当电池充电完成后，继续充电，电池电压会下降，此时出现-△V（电压降低值）。环境温度对充电电压有较大影响。

根据电池类别和型号的不同，充电电流从C/10到1C不等。对于高功率电池，充电电流可以达到1C。对于其他类型的电池，一般不超过C/3，通常为C/10恒流充电。充电过程通过检则充电时间、电压以及电池的温度等进行控制。

② 阶梯式充电。为提高充电效率，降低充电时间，可以采用阶梯式充电。在初始阶段，电池处于放电状态，电池充电接受能力高，采用较大的电流进行充电；当充电时间、电压或电池温度达到设定值时，电池的大电流充电接受能力降低，转向下阶段充电，此时的充电电流较低，当控制参数达到设定值时，转向第三阶段充电或根据设定情况终止充电。通常两步充电即能达到满充要求。在常规条件下，电池在第一步充电时就能达到90%以上的荷电状态，第二步充电目的是使电池能够完全充满电，同时不会对电池产生较大的过充电。

③ 脉冲充电。脉冲充电是采用脉冲电流的方法对电池进行充电。包括无负脉冲（放电）和有负脉冲两种充电方法。其目的是消除恒流充电过程中电池内部的电化学极化，提高充电电流，达到快速充电的目的。可以根据电池的特性选择合适的脉冲电流及占空比。

3）充电截止条件

为防止电池出现非正常的过充电，并保证电池能够完全充电，必须指定合理的电池充电截止条件。主要有时间、电压、温度及较严格控制条件下的内阻、内压等。

①充电时间控制充电截止。时间控制是最常用的方法，也是必须采取的充电截止控制条件。在特定的充电步骤中，电池的充电电流是稳定的，通过结合电池的充电时间和充电接受能力可以准确地计算电池的充电量。通常时间截止在其他截止条件没有达到时起作用。

②充电电压控制充电截止。用电压来控制充电截止通常作为控制方式的辅助手段。

镍氢（Ni-MH）电池在充电过程中会出现一个峰值电压，即最高电压，此时电池已经完全充满，若继续充电，电池进入过充电阶段，充电电压变化如图2-8所示。所以，通过设定充电电压最高值，并实时将检测值与设定值对比，当检测电压与设定电压相等时充电终止。最高电压是进行过充控制的重要手段。

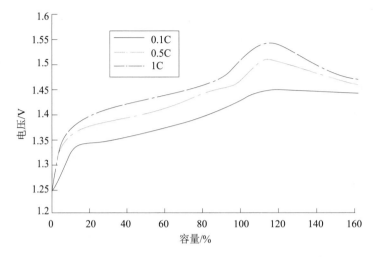

图2-8 镍氢（Ni-MH）电池的充电电压变化曲线图

4）充电温度对充电截止控制

镍氢（Ni-MH）电池在充电的不同阶段其温度特性是不同的。这就为使用温度来控制电池充电成为可能。但由于温度受外界环境影响较大，且温度控制引入的成本相对较高，所以一般将温度控制列为辅助充电控制参数。

① 温度变化率（dT/dt）。充电过程的不同阶段电池温度变化是不同的，也就是在温度-时间曲线的斜率变化是不同的。充电前期此斜率变化不大，但充电后期尤其是过充电开始后此斜率变化增大。具体的控制方法是通过对比实时斜率值与设定斜率值，当实时斜率值大于等于设定斜率值时就终止充电，如图2-9所示。

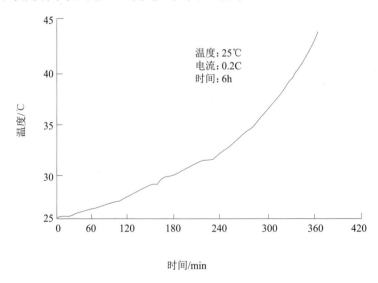

图2-9 镍氢（Ni-MH）电池的充电温度变化曲线图

② 正常充电最高温度。根据电池的温度特性，可以确定电池完全充电时的温度，此温度是正常充电过程中的最高温度值。实时检测电池充电温度与此最高温度对比，当实时温度大于等于此最高温度时就终止充电。电池组充电过程中的温度变化更明显，由于温度是引发安全性事故的重要原因，必须将其作为限制充电的判断依据。

另外，为保护电池，每种电池一般都规定了最高使用温度，当电池温度达到这个最高使用温度时也终止对电池的充电。

为保障充电的正常进行以及避免过充，通常将温度、电压、时间等以及其衍生值联合作为充电终止的判断条件。

5）温度对充电性能的影响

在恒流充电条件下，电压随着环境温度的变化而变化，温度越低，充电电压越高。在0℃～30℃时电池具有最好的充电性能和最高的充电效率。如果充电环境温度很高（如超过40℃），电池必须进行强制冷却，否则不能进行正常有效的充电，严重会造成热失控。如果温度非常低（如20℃），电压会非常高，充电效率也会降低。

图2-10为不同温度下采用两阶段阶梯式充电的24V20Ah镍氢（Ni-MH）电池组的电压变化曲线。在高温情况下进行充电，由于温度升高，电化学反应极化阻抗降低，抵消了由于电池荷电量上升引起电池电压上升效果，使电池在充电后期电压无明显上升。

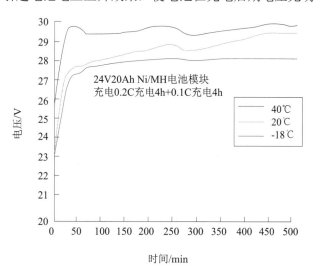

图2-10 温度对镍氢（Ni-MH）电池充电影响曲线图

6）充电过程中内压的变化

镍氢（Ni-MH）电池充电末期会出现负反应，产生氧气，理论上氧气会被贮氢电极复合。但由于复合速度有限，并且在充电后期产气速度会加快，更来不及复合。电池内压会迅速上升。充电期间电池内压变化如图2-11所示（1psi=6.895kPa）。

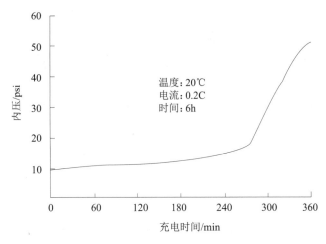

图2-11 镍氢（Ni-MH）电池充电过程中的内压变化图

通常镍氢（Ni-MH）电池在充电量达到80%以后开始产气，越到后期，充电效率降低，产气量越大，所以Ni-MH电池的快速充电也只是在80%SOC前进行，在后期是不适合大电流充电的（电流越大，产生的极化越大，引起产气量和速度电越大，电池温升加快，引起连锁反应，严重会引发热失控）。充电电流越大，电化学极化增大，会很快达到析氧电位，析气反应提前。所以，对于混合电动车应用，一般SOC的控制上限不超过80%。对于纯电动车应用的充电，一般采用大电流转小电流的分阶段充电的方式，并且采用多种方法避免过充电。充电期间的副反应是导致在电动汽车的应用中能量效率低的原因之一。

由于密封镍氢（Ni-MH）电池内压的测试比较复杂，因此很少用内压作为充电的限制条件。

（3）放电特点

1）放电截止电压

当镍氢（Ni-MH）电池放电截止条件达到时，终止对电池的放电称为放电截止。放电截止可以有效保护电池，防止电池出现过放电。

放电截止电压为电池在负载状态下，同时保证电池不出现过放电情况下，可以达到的最低电压。放电截止电压受电池的放电倍率和环境温度、电池数量影响。不同倍率下的单体电池放电截止电压见表2-3。

表2-3镍氢（Ni-MH）电池放电截止电压

放电电流/A	放电截止电压/V	放电电流/A	放电截至电压/V
0.2～1C	1.0	5～10C	0.8
2～4C	0.9	>10C	0.7

注：放电截止电压受环境温度影响很大。在环境温度很低的情况下，如-20℃放电截止电压比常温的要低0.1～0.2V。但高温下的放电截止电压和常温一致。

2）环境对放电性能的影响

电池所处的环境对电池放电性能有一定的影响。20℃时倍率容量为100%。温度升高或下降电池容量均会下降。低温情况下对电池的放电功率影响比较大，放电电压平台和放电容量明显下降，如图2-12所示。

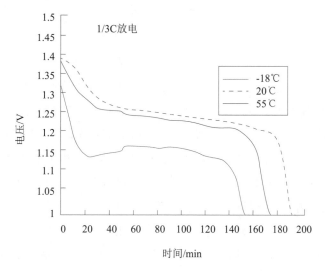

图2-12 温度对镍氢（Ni-MH）电池放电性能影响曲线图

3）放电倍率对放电性能的影响

镍氢（Ni-MH）电池的放电倍率对电池放电电压平台（放电电压）、放电容量等都有很大的影响。

一般来说在电池放电倍率较小（小于1C）时，放电性能随放电倍率变化不大，但当放电倍率较大时（大于1C），随放电倍率的增加电池的放电性能衰降的速率增大，而且放电倍率越大衰降速度越快，包括放电容量和平均放电电压，如图2-13所示。

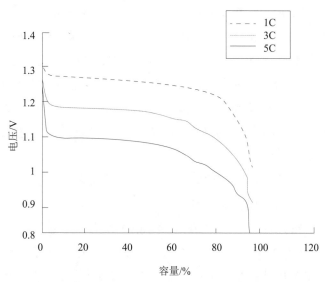

图2-13 倍率对镍氢（Ni-MH）电池放电影响曲线图

镍氢（Ni-MH）电池的放电电压相对比较平稳，一般在80%DOD以下电压才会逐渐下降，此时电池放电极化增大，电池内阻上升，也会引起电池温度上升。所以混合电动车SOC下限通常控制在20%以上。SOC低于10%后，电压迅速下降，在数百只电池串联应用中，此时电压差异会变得很大，很容易有电池出现过放电，从而影响整组的性能和寿命，所以纯电动车应用一般应保持10%左右的剩余容量，避免过放电。

（4）电池特性

1）储存特性

在实际应用中，动力电池经仓储、运输，到安装到电动汽车上，再到电动汽车的销售，需要经过较长时间，甚至长达几个月，这就存在电池长期储存的问题。在这种情况下，原荷电状态50% SOC出厂的镍氢（Ni-MH）电池3个月左右即会有部分电池的开路电压低于1.0V，而这时如果再对上述电池组充电，就会出现容量降低20%左右、内阻增加以及充电电压升高等一系列问题，严重影响动力镍氢（Ni-MH）电池的正常使用。

镍氢（Ni-MH）电池储存性能衰减可归于正、负极性能下降。有人认为储存期间负极合金中的锰元素氧化溶解后迁移到正极，会影响正极中CoOOH作用的发挥。还有人认为镍氢（Ni-MH）电池储存出现不可逆容量衰减是正极性能下降的结果。目前镍氢（Ni-MH）电池正极绝大部分使用泡沫镍基体，把Co粉、CoO或Co(OH)$_2$与球镍混合在一起可以大大提高正极活性物质的利用率。上述Co的添加剂在电池充放电过程中转化为CoOOH导电网络，正常情况下CoOOH是稳定的，不会被还原。但电池经过长期储存后，开路电压会下降到1.0V以下，而在封闭体系中会充盈着储氢合金平台压力下的氢气，会促使CoOOH与氢气发生还原反应，从而造成正极导电网络的破坏。

另外，隔膜对镍氢（Ni-MH）电池的储存性能也有影响，有文献报道，采用纯聚丙烯接枝隔膜制作的电池，荷电保持率可高出10%。

2）自放电率

镍氢（Ni-MH）电池的自放电率较高，大约为镍镉（Ni-Cd）电池的两倍，它与正、负极材料及电解液的组成、隔膜材料及电池的化成方法等有关。镍正极中的活性物质与负极储氢合金中的氢气发生反应是电池自放电率较高的主要原因，在密封充好电的镍氢（Ni-MH）电池内存在与MH电极平衡的氢压，在搁置期间，氢气会扩散到正极附近与正极中的NiOOH发生反应，直到电池电压为零。用酰胺（PA）比用亲水聚丙烯（HPP）作为隔膜的电池自放电率高很多。此外，合金热处理和合金组分对电池自放电率电有影响。

3）功率特性

镍氢（Ni-MH）电池在使用时经常高倍率充放电，其功率特性是最重要的指标，混合动力汽车用动力镍氢（Ni-MH）电池的输出比功率可达1500kW/kg。在输入功率方面，动力镍氢（Ni-MH）电池显示出独特的优势，可按输出功率的等值进行充电，并且保持很高的充电效率。这也是目前混合动力汽车基本上以动力镍氢（Ni-MH）电池为配套电池的原因。

提高镍氢（Ni-MH）电池的功率特性根本方法是降低电池的内阻。泡沫镍电镀Co及其合金，可以降低界面内阻，但钴量多容易导致电极膨胀；通过改进泡沫镍基板上的板耳焊接工艺、增加正极板上极耳的数量，以及采用薄型电极等方法也能够提高镍氢（Ni-MH）电池的比功率。

4）循环寿命

动力电池寿命影响电动汽车的成本和市场开拓，目前高质量的动力镍氢（Ni-MH）电池可满足电动汽车$2×10^5$km和混合动力汽车10^5km的累计行驶里程要求。影响动力镍氢（Ni-MH）电池寿命的因素主要有材料（正负极活性物质、隔膜、电解液）、电池制作工艺、电池单体一致性和电池使用条件规范化等。

镍氢（Ni-MH）电池中，正、负极材料的性能会大大影响电池的循环寿命，有时是决定性影响因素。正、负极活性物质的粉化失效是动力电池寿命终止的主要原因，选择高密度的加锌氢氧化镍可以降低正极膨胀，提高镍氢（Ni-MH）电池的循环寿命。储氢合金中钴含量高也有利于提高其循环寿命。

隔膜是电池的重要组成材料之一。目前在镍氢（Ni-MH）电池中使用的隔膜主要有聚酰胺和聚烯烃（聚丙烯）。聚酰胺结构中含有酰胺基团，易与水形成氢键，所以亲水性好，吸碱量大，但化学稳定性差，在循环过程中易降解，造成电池自放电严重，影响电池寿命。聚烯烃隔膜是非织造织物，在KOH溶液中耐热，力学性能和化学稳定性较高，已迅速成为镍氢（Ni-MH）电池的标准隔膜。但由于其碳氧结构缺少极性基因，吸水性差，造成电池内阻大，影响电池容量和循环寿命，因此作为电池隔膜时必须经过表面处理提高其亲水性。

动力镍氢（Ni-MH）电池工作时的温度过高容易损坏极板，也易产生过充电现象，严重影响其使用寿命。镍氢（Ni-MH）电池在45℃条件下工作时，循环次数减少近60%。在高倍率充电时，每5℃的温升会导致电池寿命减半。

5）安全特性

由于电动汽车在行驶过程中经常会处于大幅度振荡的状态中，导致动力镍氢（Ni-MH）电池处于不稳定的工作状态中，容易出现以下安全问题。

① 漏液。电解液泄漏影响电池的使用性能和汽车的正常行驶。一旦电解液泄漏到汽车零部件表面上，就会造成汽车零部件腐蚀损坏，使其不能正常工作。

② 氢气渗漏。由于动力镍氢（Ni-MH）电池在工作过程中有大量的氢气析出，氢气很容易渗漏到电池容器外，当氢气在汽车内部所占体积在其爆炸极限体积之内时，就容易导致爆炸。而且汽车在行驶过程中很容易发生轻度的碰撞、摩擦、漏电和短路等现象，从而导致点火源的产生，给汽车带来严重的安全问题。

③ 氢氧爆炸性混合性气体。镍氢（Ni-MH）电池在工作过程中有大量的氢气和氧气析出，电池内部就存在大量的氢氧爆炸性混合性气体。电池在正常工作时有大量的热放出，过充电时其温度可能急剧升高，而电池壳是个高压容器，这些氢氧混合性气体就容易发生爆炸。

6）内压特性

镍氢（Ni-MH）电池的内压过高会导致安全阀的多次开启，致使电池内部电解液逐渐干涸，容量下降，寿命迅速衰减。产生内压的原因有两个，即充电后期正极的析氧和负极的析氢。因此，任何抑制正极过充电时氧气析出，加快氧在负极表面复合以及提高合金储氢速度的措施都有助于降低电池内压。在镍电极的制作过程中加入一些能降低镍电极充电电势，提高氧气析出过电势的正极添加剂如 Co、$Ca(OH)_2$、$Ba(OH)_2$ 等，能抑制电池充电后期氧气的过早析出。对于促进负极合金储氢速度，则通过改进储氢合金的制备工艺和调整合金成分来达到目的。在储氢合金中添加少量 v、In、Tl、Ga 等元素对降低内压有利；研究表明，储氢合金经镀 Cu 或镀 Ni 后，电池的内压会大大降低；此外，储氢合金通过酸碱处理及化学还原处理，可以提高合金表面的电催化活性，也能降低电池内压。

7）快速充电条件

镍氢（Ni-MH）电池要满足快速充电要求就必须解决电池内压和发热问题。实现快速充电必须满足以下几个条件：

① 充电电流加大，正极析氧提前，氧气大量析出，将导致电池内压增高。因此，要提高析氧过电势、提高正极充电效率、减少氧气的析出，可以通过在正极中添加钴类添加剂，在电解液中加入提高正极充电效率的物质；同时提高负极预留容量和对负极进行表面处理，使负极在正极过充电时保持良好的吸附氢能力，都是降低电池内压的有效途径。

② 正、负极要有足够小的极化内阻，能够快速释放和吸收电子，避免极化电势升高。

③ 负极表面要有足够好的活性，能够快速复合正极析出的氧气。

④ 隔膜要有良好的透气性，使正极产生的氧气能够快速地向负极方向转移。

⑤ 控制合适的电解液量，以提供良好的三相氛围，易于氧气的复合。

8）高温性能

动力镍氢（Ni-MH）电池经常在高倍率条件下充放电，如混合动力汽车（HEV）使用的电池一般为 3C～8C 的电流充电，10C～30C 的电流放电，导致电池温度极易升高。而高温下氧的析出更加容易，使电池充电的库仑效率大大降低。正极析出的氧气在负极上复合，放出大量的热，电池内温度会进一步上升，结果形成恶性循环，导致热失控（thermal runaway）。动力镍氢（Ni-MH）电池发生热失控，一方面会导致电池内压升高，有爆炸的危险；另一方面，氧气的析出和电池温度的升高都会导致负极储氢合金的氧化腐蚀加剧，隔膜老化，缩短电池的寿命。因此，提高电池组的高温充电效率，减少氧气的析出，避免热失控现象的发生，是解决问题的关键。目前国内外对镍氢（Ni-MH）电池在高温下性能改善的研究仅限于对正、负极的添加剂和电解液的组成改进。一般都是在正、负极中加入一定的添加剂来改善电池的高温充放电性能。

① 正极的改进。在对正极的改善过程中，通过对正极引入添加剂，来提高正极的析氧电势，进而将电池在高温充电过程中的活性物质的充电电势与氧的析出电势分开，从而提高充电效率和电池的高温性能。

如：掺杂钇 1% 的球形 $Ni(OH)_2$ 具有良好的高温充放电性能，在 60℃ 时，它的放电容量比普通的球形 $Ni(OH)_2$ 高出近 30%。球形 $Ni(OH)_2$ 经 CoO、Y_2O_3、CaF_2 表面包覆处理，可以提高镍氢（Ni-MH）电池的高温充电性能，但会使电池的低温放电性能有所下降。使用

Yb、Lu的氧化物进行掺杂时，可以使电池在70℃的条件下放出该电池常温容量的70%。

② 负极的改进。在富镧系储氢合金中加入金属（如铝）可以明显地提高电池的常温性能和高温条件下的放电容量，同时也可以降低电池往循环过程中容量的衰减和减少电池的自放电；锌的加入可以明显提高电池循环寿命和提高合金的比容量，但是也会使合金的放电容量有较大的降低。钛的加入提高了负极的高倍率性能，但是大大降低了负极的放电容量。含有铝添加剂的合金有较好的稳定性，这要归功于含有铝的合金单体晶胞和晶体参数的扩大作用。

9）电池热管理

动力镍氢（Ni-MH）电池的充放电性能及寿命很大程度上受电池运行实际温度的影响。电池内阻的存在和充电后期正极析出的氧气在负极上复合，放出大量的热，是促使动力镍氢（Ni-MH）电池温度升高的最主要原因，充电电流越大，温度上升的速度越快。电池内部温度升高，会降低析氧过电势，结果形成恶性循环。解决问题的方法之一是改善动力镍氢（Ni-MH）电池或电池组的结构（纵横比、形状、热导率、空间热流密度、电池连接方式等）和散热环境（强迫对流风冷、强迫对流水冷、相变蓄热、热管、热电冷却、空调冷却及冷板散热），提高电池的散热速率，此方法适合所有动力电池。另一方法是提高镍氢（Ni-MH）电池本身在高温下的充电效率，从而抑制电池内的温度升高，如采用正极添加剂、改进电解液的组成等。有研究表明，对电源系统采用合理的热管理措施，可以使电池组的性能提高30%～40%。

动力镍氢（Ni-MH）电池的最佳工作温度在20℃左右，但由于环境温度过高、导热条件不佳等原因，电池的工作温度可能超出该范围，比如混合动力汽车运行时，环境温度的变化范围可达-30℃～60℃。电池组内模块温度的均匀性也是影响电池组性能的重要因素。由于动力镍氢（Ni-MH）电池使用时通常是由多个单体电池组成电池组，不同单体电池所处的位置和散热条件也不同，工作时温度不均匀，导致各电池充放电性能不平衡，在整组电池充电时，温度高的电池充电效率低，充电不足；在以后的放电过程中，这一部分电池很容易过放电，在经过若干次充放电之后，电池的性能差异会越来越大，导致整组电池充电时，容量低的电池先被充满，这一部分电池很容易产生过充电；相应地，在放电过程中，这一部分电池容易过放电。结果表现出可充入的电量减少，发热更加严重，安全性能下降和寿命降低。由于电池组中单体电池是互相串联的，任何一只电池性能下降都会影响电池组的整体表现，因此当部分电池的最大充电量衰减到额定容量的80%时，就不能再用了。

（5）应用特点

从动力电池的历史来看，发展最早、使用最多的是铅酸蓄电池。其次是碱性镍氢（Ni-MH）等电池，尽管面临着锂离子电池的竞争，碱性系列电池仍然是动力电池大家族中的重要成员。

从各类电池的综合性能来看，对于混合动力汽车（HEV和PHEV）较为合适的动力电池应该是镍氢（Ni-MH）电池和锂离子电池。从大电流放电性能、材料成本和安全性等方面考虑，镍氢（Ni-MH）电池具有优势。据分析，混合动力汽车（HEV）在2005年以前以镍氢（Ni-MH）电池为主（占95%），锂离子电池为辅（占5%）；而在2006～2020年期间，锂离子电池所占的市场比例会逐渐增加至40%。可见在一段时间内，动力电池离不开镍氢（Ni-MH）电池。

国际上制造混合动力汽车（HEV）的六大汽车集团，如：日本丰田、尼桑、本田，美国通用、福特，德国大众中，有五家公司选用镍氢（Ni-MH）动力电池系统，表明大功率镍氢（Ni-MH）动力电池技术已完全成熟。特别是已经上市的混合动力汽车（HEV）轿车中，多数使用镍氢（Ni-MH）电池且以圆柱形电池为主。

松下电动力汽车（EV）电池公司早在1997年就开始生产混合动力汽车（HEV）用的圆柱(D)形6.5Ah的镍氢（Ni-MH）电池组，其质量比功率达600W/kg。早期丰田的Prius、本田的Insight和Civic采用的就是这种型号的电池。

松下电动力汽车（EV）电池公司7.2V/6.5Ah方形镍氢（Ni-MH）模块已经被全球多种批量生产的油电混合动力汽车所应用，到2007年松下提供镍氢（Ni-MH）电池累计超过1000万只，如全球市场占有率达到30%的丰田Prius混合电动汽车，采用松下镍氢（Ni-MH）电池7.2V/6.5Ah(1kg)×28，即201V/6.5Ah(C/3)，其重量轻、寿命长，具有世界最高水平的输入输出密度540W/kg，如图2-14所示。

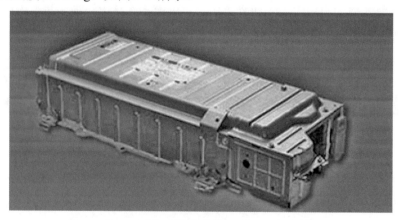

图2-14 Prius混合电动汽车的镍氢（Ni-MH）电池组

三洋电机株式会社是第二家实现混合动力汽车（HEV）商品化生产的公司，其圆柱形5.5Ah的镍氢（Ni-MH）电池组，质量比功率为1000W/kg。2001年起为福特的Escape配备，后来为本田的Accord采用。

美国的Cobasys公司采用Ovonic公司的镍氢（Ni-MH）电池技术，开发了容量为12Ah～60Ah的一系列高功率镍氢（Ni-MH）电池，质量比功率达到550～600W/kg，体积比功率达到1200～1400W/L，峰值比功率可达1000W/kg，质量比能量为50～70Wh/kg，使用温度在60℃时能量效率仍保持在80%～90%，充电比功率也超过500W/kg。该电池为方形塑胶壳，一些电池组采用水冷方式冷却，现在也实现了商品化。

在发展新能源汽车上，镍氢（Ni-MH）电池最为成熟，在今后一段时期，仍将是新能源车的主流，之后将与锂离子电池、燃料电池等三分天下。锂离子动力电池不可能很快取代镍氢（Ni-MH）动力电池，主要原因是镍氢（Ni-MH）动力电池安全、便宜，已经达到规模化生产。锂离子电池还有课题急需攻关，如安全性等，大规模商业化尚需时日。

三、锂电池结构与性能特点

锂离子电池出现在20世纪90年代初期，在短短十几年的时间里，锂离子电池技术得到了空前的发展。许多国家和一些厂家对锂离子电池在电动车和航天等领域都表现出浓厚的兴趣和关注。

目前用于电动汽车和混合电动汽车的主要有镍氢（Ni-MH）电池和锂离子电池，而锂离子电池的质量比能量可达120～150Wh/kg，不仅比能量高于镍氢（Ni-MH）电池，而且短时间内（10s内）的质量比功率可达1000W/kg以上，明显优于镍氢（Ni-MH）电池。因此，锂离子电池成为人们研究的热点。

1. 锂离子电池的构造

根据包装材料的不同，锂离子主要结构形式有三种，方形、圆柱形、软包装结构。其中方形有塑料外壳和金属外壳两种。

圆柱形锂离子电池壳体与镍氢（Ni-MH）电池基本一样，但安全阀有所不同，主要由正极、负极、隔板、盖帽、电解液、和安全阀等组成，如图2-15所示。

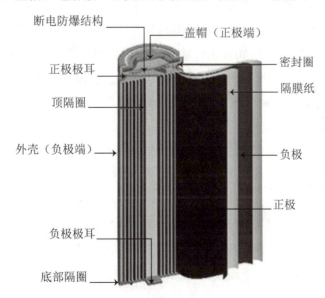

图2-15 圆柱形锂离子电池结构示意图

正极物质在锰酸锂离子电池中以锰酸锂为主要原料，在磷酸铁锂离子电池中以磷酸铁锂为主要原料，在钴酸锂离子电池中以钴酸锂为主要材料，在镍钴锰酸锂离子电池（三元聚合物锂电池）中以镍钴锰酸锂为主要材料。在正极活性物质中再加入导电剂、树脂黏合剂，并涂覆在铝基体上，呈细薄分布。

负极活性物质是由碳材料与黏合剂的混合物再加上有机溶剂调制成糊状，并涂覆在铜基上，呈薄层状分布。

隔板的功能是关闭或阻断通道的作用，一般使用聚乙烯或聚丙烯材料的微多孔膜。关闭或阻断功能是电池出现异常温度上升，阻塞或阻断作为离子通道的细孔，使蓄电池停止充放电反应。隔板可以有效防止因外部短路等引起的过大电流使电池产生异常发热现象。这种现象即使只产生一次，电池就不能正常使用。

电解液是以混合溶剂为主体的有机电解液。必须具有高电容率，并且具有与锂离子相容性好的溶剂，以不阻碍离子移动的低黏度的有机溶液为宜，而且在锂离子蓄电池的工作温度范围内，必须呈液体状态，凝固点低，沸点高。电解液对应活性物质具有化学稳定性，必须能良好适应充放电反应过程中发生的剧烈的氧化还原反应。又由于使用单一，很难满足上述严酷条件，因此电解液一般混合不同性质的几种溶剂使用。

安全阀是为了保证锂离子电池的使用安全性。一般通过对外部电路的控制或者在蓄电池内部设有异常电流切断的安全装置。即使这样，在使用过程中也有可能有其他原因引起蓄电池内压异常上升，这时，安全阀释放气体，以防止蓄电池破裂。安全阀实际上是一次性非修复式的破裂膜，用以保护蓄电池使其停止工作，是蓄电池的最后保护手段。

安全阀主要由上盖帽、PTC过流保护片、防爆半球面铝膜、下底板等组成，结构如图2-16所示。下底板与电池正极极耳焊接连接，是正极片与外部连接的过渡，与防爆半球面铝膜点焊连接。防爆半球面铝膜有两大功能，一是当电池内压增大到一定值后，向内凹曲面受力后变成向外凸出，使防爆半球面铝膜与极耳的焊接点拉裂断开，与电池外界形成开路，电池的过充电保护功能开始作用；二是电池内压增大超过防爆铝膜刻痕处受力极限时，防爆铝膜破裂，电池开启，内部气体从破裂处泄出。圆柱形锂离子电池的外壳一般为镀镍钢，同时作为负极的集流体，正极盖帽一般为铝。

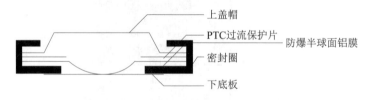

图2-16 锂离子电池安全阀（盖帽）结构图

PTC过流保护片主要为高温保护装置，在温度较高的情况下，其内阻迅速增大，使电池与外电路保持为断路状态，当温度降低到一定值后，其电阻又迅速降低，电池保持通路。装配PTC虽然增加了一道保护功能，但电池内阻会明显增大。在电动汽年应用中，通常将多只电池并联使用，在这种情况下去掉PTC过流保护片是比较合适的。因为多个电池并联应用，每只电池所处的微观环境不同，在使用过程中某些电池温度过高，保护后使其他电池上的电流分布更不均匀，使电池的不一致性加大，电流过大可能还会造成部分电池的损坏。安装PTC也增大了电池应用过程中热量的产生。

方形电池结构与镍氢（Ni-MH）电池结构基本相同。根据电池的大小及制作工艺，方形电池和软包装电池的极组结构可以是卷绕式或叠片式的，软包装锂离子电池的结构如图2-17所示。由于锂离子电池活性物质与镍氢（Ni-MH）电池的活性物质相比导电性相对较差，为提高电池性能，锂离子电池电极很薄，通常在100～200μm。

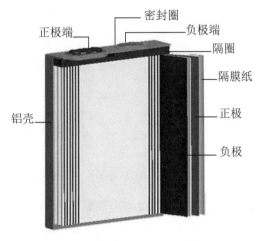

图2-17 软包装锂离子电池结构图

2. 锂离子电池的工作原理

锂离子电池是Li$^+$在正、负极之间反复进行脱出和嵌入的一种高能二次电池。为提高电池的输出电流，采用薄电极设计，通常正极基体材料（正极集流体）为铝箔，负极基体材料（负极集流体）为铜箔。

无论何种形式的锂离子电池，其基本工作原理是一样的，如图2-18所示。锂离子电池实际上是一种浓差电池，充电时，Li$^+$从正极脱嵌经过电解质嵌入到负极，负极处于富锂态，正极处于贫锂态，同时电子的补偿电荷从外电路供给到碳负极，保持负极的电平衡。放电时则相反，Li$^+$从负极脱嵌，经过电解质嵌入到正极，正极处于富锂态。如图2-19所示。

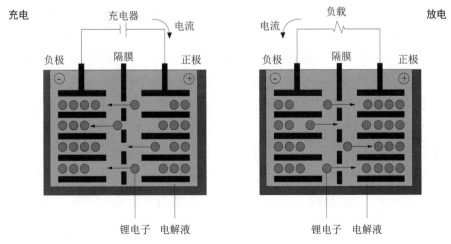

图2-18 锂离子电池工作原理示意图

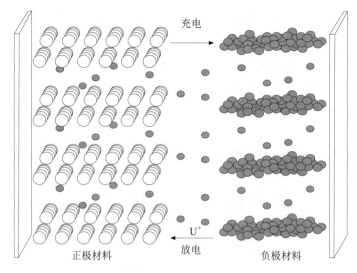

图2-19 典型的锂离子电池充放电示意图

充电时，正极中的锂离子从钴酸锂等过渡金属氧化物的晶格中脱出，经过电解液这一桥梁嵌入碳素材料负极的层状结构中，在充电过程中，过渡金属被氧化，释放出电子。正极料的体积因锂离子的移出而发生变化，但本身的骨架结构维持不变，负极材料与锂离子发生嵌入反应或合金化反应。放电时，锂离子从碳素材料层间脱出，经过电解液到达正极并嵌入正极材料的晶格中，电极材料的结构得以复原。在放电过程中，负极中的锂被氧化，释放出电子。在循环过程中，正极材料是提供锂离子的源泉。下列反应式描述了$LiCoO_2/C$电池充电时锂离子从$LiCoO_2$脱出，嵌入石墨层间的反应过程，放电时与之相反。

上述反应表明，锂离子电池是以可嵌脱锂的化合物或材料为正、负极材料的。正极是锂的过渡金属化合物，负极材料主要是碳素材料，如石墨等，这些材料本身提供晶格空位，锂可以嵌入晶格也可以脱嵌出来。充电时，外界电流从负极流向正极，相应地锂离子从正极材料中脱出，经过电解液，透过隔膜，到达负极，嵌入碳材料中；放电时，锂离子从碳材料脱出，经电解液和隔膜，嵌入正极材料中，相应地电流从正极经外界负载流向负极。在正常充放电情况下，锂离子在层状结构的碳树材料和金属氧化物的层间嵌入与脱出，一般只引起层间距的变化，而不会引起晶体结构的破坏，伴随充放电的进行，正、负极材料的化学结构基本保持不变，故锂离子电池也常称为摇椅式电池（rocking-chair battery）；而且充放电过程中不存在金属锂的沉积和溶解过程，避免了锂结晶的生成，极大地改善了电池的安全性和循环寿命，这也是锂离子电池比锂金属二次电池优越并取而代之的根本之处。

电池反应过程中无电解液的消耗，也无气体等产生，仅为锂在正负极之间移动，所以电池可以做成完全密封。

另外，在正常条件下，电池充放电过程中无副反应发生，所以锂离子电池的充电效率可以达到很高，甚至100%。

3. 锂离子电池的特点

（1）结构特点

① 高能量密度。达到120～200Wh/kg，是镍氢电池的1.5倍，为目前常用中能量密度最高的电池。

② 工作电压高。由于使用高电负性的含金属元素锂的电极，磷酸铁锂电池单节标称电压3.2V，锰酸锂和钴酸锂电池高达3.6V，因而具有更高的质量比能量。锂离子电池的实际质量比能量已经达到140Wh/kg，体积比能量约为300Wh/L。

③ 自放电低。在非使用状态下贮存几乎不发生化学反应，相当稳定。当环境温度为（20±5）℃时，在开路状态下储存30天后，电池常温放电容量为额定容量的85%。因为锂离子电池在首次充电过程中，会在负极上形成一层固体电解质界面膜，只允许离子通过而不允许电子通过，因此可以较好地防止自放电。

④ 充电效率高。在电池的正常应用过程中，没有副反应发生，电池充放电的库仑效率可以达到100%；所以在实际应用中，锂离子电源系统的能量转换效率要高于镍氢（Ni-MH）电池。但是过充、放电能力差。过充电时，充电电压超过一定值，电解质等会发生分解，产生大量热，使电池失效。过放电过程中，电极结构被破坏，部分物质分解，电池性能无法恢复。因此，需要特殊的保护电路，防止过充电和过放电。

⑤ 储存和循环寿命长。在优良的环境下，可以储存5年以上。此外，锂离子电池负极采用最多的是石墨，在充放电过程中，Li^+不断地在正、负极材料中脱嵌，避免了Li负极内部产生枝晶而引起的损坏。目前磷酸铁锂电池循环寿命正常达到2000次以上，高的达到4000次以上，国外研究者已经开发出寿命达到8000次以上的锂离子电池。

⑥ 无记忆效应。镍氢（Ni-MH）电池存在轻微的记忆效应。而锂离子电池可以随时充放电而不影响其容量和循环寿命，可反复充、放电使用。对于纯电动汽车（EV）和混合动力汽车（HEV）动力源的工作状态，这一点是至关重要的。

⑦ 工作温度范围广。锂离子电池通常在20℃～60℃的范围内正常工作，但温度变化对其放电容量影响很大，低温时性能差，内阻大。由于锂离子电池的电解液为有机溶剂，其电导率远低于镍氢（Ni-MH）电池的水性电解液，使其低温性能受限。目前还没有能够满足车辆低温性能的锂离子电池。

⑧ 环境污染低。在锂离子电池中不含镉、铅和汞等有害物质，对环境污染低。

⑨ 安全性问题。虽然各制造厂商称已经解决了锂离子电池的安全性问题，但在根本上，锂离子电池内部采用的为易燃的有机电解液体系，锂的活泼性又非常好，仍然存在较大安全隐患。所以电池管理系统复杂。必须管理到每只单体电池，否则一旦有电池出现过充、过放就容易造成整组电池失效或安全性问题。

（2）充放电特性

锂离子电池充电时Li^+从正极活性物质中脱嵌到电解质中，同时电解质中的Li^+嵌入负极活性物质中。结果导致正极电势升高，负极电势降低。当充电接近完成时，电池的充电电压升高加剧。

　　由于锂离子电池使用的是有机溶剂电解液，存在特定的电化学窗口，充电电压过高会发生电解液的分解，一般锂离子电池采用恒流恒压（CC/CV）充电制度，充电限制电压一般是4.2V。图2-20是锂离子电池的充电特性曲线，$t_0 \sim t_1$阶段为恒流充电阶段，终止电压为4.2V。$t_1 \sim t_2$阶段为恒压充电阶段，终止充电电流为电池0.05C对应的电流。对于锂离子电池组的充电，由于存在单体电池的差异，需要在充电过程中对各单体电池电压进行均衡控制，尽量实现各电池在充电结束时电压一致，保证电池的稳定性和使用寿命。

　　磷酸铁锂作为锂离子电池用正极材料具有良好的电化学性能，充放电平台十分平稳，如图2-21 $LiFePO_4$/C正极充放电曲线（0.1C）。可以看出，充放电曲线非常平坦，充放电电压平台相差很小。

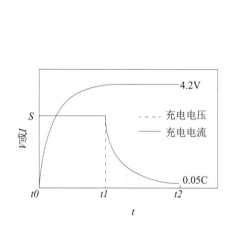

图2-20　锂离子电池的充电特性曲线

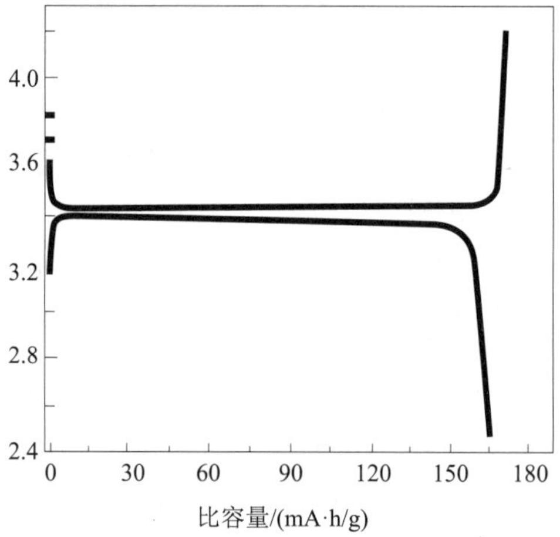

图2-21　磷酸铁锂电池正极充放电曲线(0.1C)

　　动力电池的充电接受能力，尤其是高荷电状态时的充电接受能力也是需要关注的。如图2-22所示，150Ah动力磷酸亚铁锂电池的充电电压值随充电电流的升高而上升，50A（C/3）恒流充电过程中电压平台持续约150min，充入电量130Ah，占总充电量的81.3%，表明该电池在小于80%SOC的范围内都有很好的充电接受能力。同时300A恒流充电的充入电量要多于100A和150A的充电量，这是由于300A充电期间电池温度不断上升，提高了Li扩散速率。

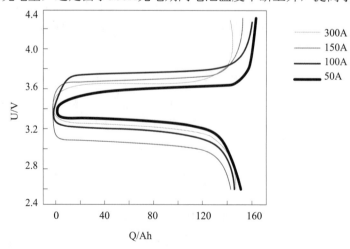

图2-22　150Ah动力磷酸亚铁锂电池不同倍率充放电曲线

磷酸亚铁锂电池具有良好的倍率放电特性，5C放电容量超过0.5C放电容量的90%。特殊设计的电池可以20C放电。150Ah动力磷酸亚铁锂电池在C/3～2C（50A、100A、150A、300A）的恒流放电曲线（见图2-22）。可以看出，在50A恒流放电过程中，约80%的放电时间内，单体电压平台一直稳定在3.2～3.3V的范围内，放出可用容量的87.8%。当电池分别以100A、150A、300A恒流放电时，电压平台有所降低，但在电压平台期间内放电容量均大于125Ah，即在电压急剧下降之前，动力电池已至少可使用全部容量的84.5%。

锂离子电池的放电电压与电池材料有关，以碳材料为负极时，$LiCoO_2$为正极材料的锂离子电池的放电电压平台在3.6V左右，而以$LiFePO_4$为正极材料的锂离子电池的放电电压平台在3.4V左右。

正极材料中锂离子的扩散能力对电池的放电性能影响较大，特别是在低温和高倍率条件下，锂离子在正、负极中的扩散是限制电池充放电性能的主要因素。与常温相比，电池低温放电电压平台低，放电容量小。对锂离子电池充放电性能的评价指标主要有电池的充放电时间、充放电效率、充放电平台和不同充放电倍率下的容量等。电池的放电倍率越高，放电电压平台和放电容量越低，图2-23是锂离子电池不同倍率的放电特性曲线。

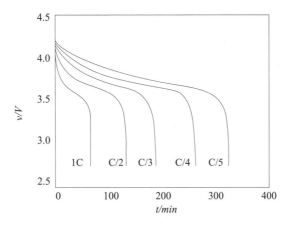

图2-23 锂离子电池不同倍率的放电特性曲线

（3）材料特性

锂离子电池的正极材料有很多种，目前应用于电动车的锂离子电池主要有三种，钴酸锂电池、锰酸锂电池和磷酸铁锂电池，这三种电池各有其特点。

由于正极材料的不同，电池工作电压也不同，磷酸铁锂电池标称电压最低，在3.2V；钴酸锂电池和锰酸锂电池的标称电压达到3.6V～3.7V。正极材料的特性比较见表2-4。

表2-4 几种正极材料特性的比较

正极材料	钴酸锂 （$LiCoO_2$）	锰酸锂 （$LiMn_2O_4$）	磷酸铁锂 （$LiFePO_4$）	镍钴锰锂 （$Li（NiCoMn）O_2$）
振实密度/（g/cm^3）	2.8～3.0	2.2～2.4	1.0～1.4	2.0～2.3
比表面积（m^2/g）	0.4～0.6	0.4～0.8	12～20	0.2～0.4
克容量/（mAh/g）	135～145	100～120	110～140	140～165

（续表）

正极材料	钴酸锂 （LiCoO$_2$）	锰酸锂 （LiMn$_2$O$_4$）	磷酸铁锂 （LiFePO$_4$）	镍钴锰锂 （Li（NiCoMn）O$_2$）
电压平台（V）	3.6	3.7	3.2	3.5
循环性能/次	≥300	≥500	≥2000	≥800
原料成本	很高	低廉	低廉	高
制备工艺	容易	比较容易	制备技术不够成熟	比较容易
环保	环保（含钴）	环保	环保	环保（含镍、钴）
安全性能	差	良好	优秀	较好
高温性能	差（0℃～45℃）	差，超过60℃很快损坏	很好	较好
低温性能	好	较好	差	较好
倍率性能	好	较差	材料导电率低，较差	好

磷酸铁锂（LiFePO$_4$）电池是指用磷酸铁锂作为正极材料的锂离子电池。其特色是不含钴等贵重元素，原料价格低且磷、铁存在于地球的资源含量丰富，不会有供料问题。其工作电压适中（3.2V）、单位重量下电容量大（170mAh/g）、高放电功率、可快速充电且循环寿命长，在高温与高热环境下的稳定性高。

磷酸铁锂电池优点相比目前市面上较为常见的钴酸锂(LiCoO$_2$)和锰酸锂(LiMn$_2$O$_4$)电池来说，磷酸铁锂电池至少具有以下五大优点：更高的安全性、更长的使用寿命、不含任何重金属和稀有金属（原材料成本低）、支持快速充电、工作温度范围广。

磷酸铁锂存在一些性能上的缺陷，如振实密度与压实密度很低，导致锂离子电池的能量密度较低；材料的制备成本与电池的制造成本较高，电池成品率低，一致性差；产品一致性差等问题。

三元聚合物锂电池的正极材料使用镍钴锰酸锂（Li（NiCoMn）O$_2$）三元正极材料的锂电池。这里所称的"三元"材料指通常说法中的正极是三元，负极是石墨的"三元动力电池"。而在实际研发应用中，还有一种正极是三元，负极是钛酸锂的，通常被称为"钛酸锂"，其性能比较安全，寿命比较长，不属于普通所说的"三元材料"。

三元锂电池能量密度高，循环性能好于正常钴酸锂。目前，随着不断改进和结构完善，电池的标称电压已达到3.7V，在容量上已经达到或超过钴酸锂电池水平。

磷酸铁锂电极材料是目前最安全的锂离子电池正极材料，加上其循环寿命达到2000次以上，标准充电（5小时率）使用，使得很多厂商出于各种因素考虑都会采用磷酸铁锂电池。可以说新能源汽车的兴起，和磷酸铁锂电池有着不可或分的关系。

不过，磷酸铁锂电池有一个致命性的缺点，那就是低温性能较差，即使将其纳米化和碳包覆也没有解决这一问题。研究表明，一块容量为3500mAh的电池，如果在-10℃的环境中工作，经过不到100次的充放电循环，电量将急剧衰减至500mAh，基本就报废了。

对比之下，三元聚合物锂电池的确有着更优于磷酸铁锂电池的特质，然而为什么它的发展却受到了阻碍呢？三元复合正极材料前驱体产品，是以镍盐、钴盐、锰盐为原料，里面镍钴锰的比例可以根据实际需要调整。三元锂电池能量密度更大，但安全性经常受到怀疑。之所以会有这样的原因是，即便这两种材料都会在到达一定温度时发生分解，三元锂材料会在更低的200℃左右发生分解，而磷酸铁锂材料是在800℃左右发生分解。并且三元锂材料的化学反映更加剧烈，会释放氧分子，在高温作用下电解液迅速燃烧，发生连锁反应。说简单点，就是三元锂材料比磷酸铁锂材料更容易着火。不过需要注意的是，这里我们提到的是材料，而不是已经成为成品的电池。

（4）应用特点

锂离子电池的应用是在电子技术发展的基础上发展起来的。因锂离子电池的充放电电压限制这个特点，如果没有电子技术应用到锂离子电池中，锂离子电池不可能实用化，至少不会发展得这么快，在动力锂离子蓄电池中更是如此。

动力锂离子电池的组装是将各单体电池进行串并联与保护控制板、充放电端口及外壳等组装在一起。有些应用也把充电器组装在一起。进行组装，主要考虑以下各方面。

①安全性。组装时选用阻燃材料。

②密封性。电池组在潮湿或有雨淋等环境中会造成电池包功能故障，甚至会有安全隐患。

③散热性。电池组一方面是电池在充放电过程中的发热；另一方面是保护电路中的电子元器件的发热；还有就是电池包的使用环境而造成的，如夏天太阳的照射。措施是一方面使散热源散热尽量减少；另一方面进行散热结构设计。

④大电流线的布局一定要尽量短，结构要优化设计。结构设计时，上述各方面都要考虑，好的设计可以把上述几个方面兼顾，并且可以省掉其他措施。

动力锂离子电池组装的一般工艺流程，如图2-24所示。

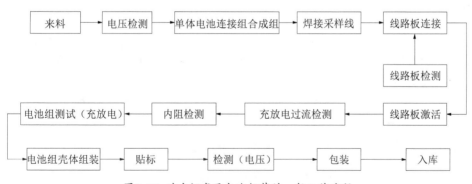

图2-24 动力锂离子电池组装的一般工艺流程

动力锂离子电池的组装作为一个系统，包含几个部件子系统，主要有电池芯部件、电池模块、电池子单元、电池包等，如图2-25所示。

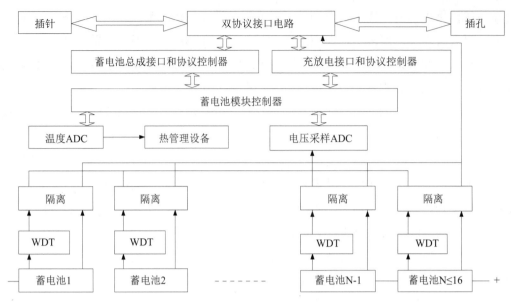

图2-25 动力锂离子电池标准型电池包的组成

动力锂离子电池的组装首要的是模块化处理。电池模块由n个电池芯组成一个物理、化学和逻辑单位，每个模块须包含电池芯、电流连接器、传感器和部分热管理系统，如图2-26～图2-29所示。

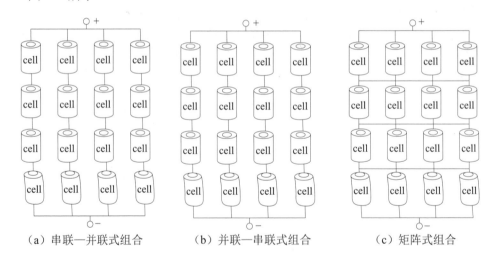

（a）串联—并联式组合　　（b）并联—串联式组合　　（c）矩阵式组合

图2-26 几种电池芯组合方式

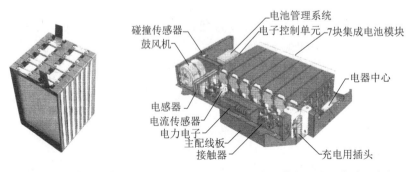

图2-27 电池芯组合模块　　图2-28 动力锂离子蓄电池的组装系统实物图

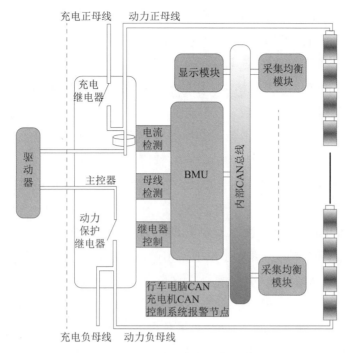

图2-29 动力锂离子电池的组装系统结构图

每个模块电压最大不能超过60V，即串联电池芯（锂离子电池）不超过16个。发生热失控或单个电池芯爆炸时须避免链式反应，模块须设有隔热和机械保护。电池芯监测同路须设有电池检测，包括模块中每个电池芯的电压和模块温度甚至压力监测。电池控制管理系统（BMS）须满足必要的安全功能，系统关键系数须受监控以保证系统的安全可靠运行，BMS每个与电池系统安全运行有关的元件必须要能够检测是否失效，并且可运行失效模式等。

（5）失效机理

锂离子电池失效的原因可分为内因和外因：内因包括电极（正极、负极）性能衰退、电解液丧失、隔膜性能老化等；外因涉及使用温度、工作电流、放电深度等。新电池从开始使用到寿命终结，如果达到预期设计寿命以后，则认为电池实现了功能正常失效，否则称为提前失效。

理想的锂离子电池，除了锂离子在正负极之间嵌入和脱出外，不发生其他副反应，不出现锂离子的不可逆消耗。实际的锂离子电池，每时每刻都有副反应存在，也有不可逆的消耗。实际的电池系统，在每次循环中，任何能够产生或消耗锂离子或电子的副反应，都可能导致电池容量平衡的改变。一旦电池的容量平衡发生改变，这种改变就是不可逆的，并且可以通过多次循环进行累积，对电池性能产生严重影响。

① 正极材料的溶解。尖晶石$LiMn_2O_4$中Mn的溶解是引起$LiMn_2O_4$可逆容量衰减的主要原因，研究表明，锰的溶解所引起的容量损失占整个电池容量损失的比例随着温度的升高而明显增大（由常温下的23%增大到55℃时的34%）。

② 正极材料的相变化。锂离子电池中的相变有两类：一是锂离子正常脱嵌时电极材料

发生的相变；二是过充电或过放电时电极材料发生的相变。在深度放电时，尖晶石的结构由立方晶相向四方晶相转变。四方晶相对称性低且无序性强，使锂离子的脱嵌可逆程度降低，表现为正极材料可逆容量的衰减。

③ 电解液的还原。锂离子电池中常用的电解液主要包括由各种有机碳酸酯的混合物组成的溶剂以及由锂盐组成的电解质。在充电的条件下，电解液对含碳电极具有不稳定性，故会发生还原反应。电解液还原消耗了电解质及其溶剂，对电池容量及循环寿命产生不良影响，由此产生的气体会增加电池的内部压力，对系统的安全造成威胁。

④ 过充电造成的容量损失。过充电时，发生锂离子在负极活性物质表面上的沉积。锂离子的沉积一方面造成可逆锂离子数目减少，另一方面沉积的锂金属极易与电解液中的溶剂或盐的分子发生反应，生成Li_2CO_3、LiF或其他物质，这些物质可以堵塞电极孔，最终导致容量损失和寿命下降。锂离子电池常用的电解液在过充电时容易分解形成不可溶的Li_2CO_3等产物，阻塞电极孔并产生气体，这也会造成容量的损失，并产生安全隐患。同时，高电压区正极$LiMn_2O_4$中有损失氧的趋势，这将造成氧缺陷从而导致容量损失。

⑤ 高温等造成的SEI膜分解。采用石墨负极的电池，在充电温度超过60℃时，负极表面的SEI膜会遭到破坏，损耗活性Li，再次充电，再次形成SEI膜。多次在高温下进行充电，SEI膜不断被破坏和形成，不断消耗活性Li，造成电池的衰减速度加快。

⑥ 自放电。锂离子电池的自放电所导致的容量损失大部分是可逆的，只有一小部分是不可逆的。造成不可逆自放电的原因主要有：锂离子的损失（形成不可溶的Li_2CO_3等物质）；电解液氧化产物堵塞电极微孔，造成内阻增大。

四、其他电能源结构与性能特点

1. 燃料电池的结构与性能特点

燃料电池是一种将燃料和氧化剂的化学能通过电极反应直接转换为电能的装置，是继水力、火力和核能发电之后的第四类发电技术。燃料电池两极发生电化学反应，其中阳极进行燃料的氧化过程，阴极进行氧化剂的还原过程，导电离子在将阳极、阴极分开的电解质内迁移，电子从阳极通过负载流向阴极构成电回路，产生电能而驱动负载工作，从而将化学能转化为电能。

（1）燃料电池的分类

燃料电池有许多不同的分类方法。通常按照电解质类型分类，目前正在开发的燃料电池分为六大类：磷酸燃料电池（phosphoric acid fuel cell，PAFC）、熔融碳酸盐燃料电池（molten carbonate fuel cell，MCFC）、固体氧化物燃料电池（solid oxide fuel cell，SOFC）、碱性燃料电池（alkaline fuel cell，AFC）、质子交换膜燃料电池（proton exchange membrane fuel cell，PEMFC）、直接甲醇燃料电池（direct methonal fuel cell，DMFC）。

按工作温度可分为低温、中温和高温三类。工作温度介于室温至100℃的称为低温燃料电池，包括碱性燃料电池和质子交换膜燃料电池；工作温度介于100℃～300℃的称为中温燃料电池，主要包括培根型碱性燃料电池和磷酸型燃料电池；工作温度介于600℃～1000℃之间的称为高温燃料电池，包括熔融碳酸盐燃料电池和固体氧化物燃料电池。

按开发早晚顺序来分，磷酸燃料电池（PAFC）称为第一代燃料电池，熔融碳酸盐燃料电池（MCFC）称为第二代燃料电池，固体氧化物燃料电池（SOFC）称为第三代燃料电池。按燃料的类型可分为直接型、间接型和再生型三大类。按电池的应用方式分为固定型、便携型、移动型和其他类型。各种燃料电池的发展情况各不相同。各种燃料电池的技术发展状况见表2-5。

表2-5 各种燃料电池的技术发展状况

类型	AFC	PEMFC	PAFC	MCFC	SOFC
电解质	KOH	全氟磺酸膜	H_3PO_4	$(Li, k)_2CO_3$	氧化钇，稳定的氧化锆
导电离子	OH^-	H^+	H^+	CO_3^{2-}	O^{2-}
工作温度/℃	50～200	室温至100	100～200	650～700	900～1000
燃料	纯氢	氢气、重整氢	重整气	净化煤气、天然气、重整气	净化煤气
氧化剂	纯氧	空气	空气	空气	空气
技术状态	高度发展、高效	高度发展，需降低成本	高度发展，成本高，余热利用价值低	正在进行现场试验，需延长寿命	电池结构选择，开发廉价制备技术
可能应用领域	航天、特殊地面应用	电动汽车、潜艇AIP推动、可移动动力源	特殊需求，区域性供电	区域性供电	区域性供电，联合循环发电

（2）燃料电池的特点

燃料电池是一种新型的发电技术，具有如下优点：

1）能量转换效率高

燃料电池是通过电化学反应直接将化学能转变为电能，能量转换效率比热机和发电机高得多。燃料电池的能量转换效率高达60%～80%，其理论能量转换效率可达90%。即使发电规模很小，也具有与大规模火力发电同等的发电效率。

2）环境友好

燃料电池几乎不排放氮的氧化物和硫的氧化物；二氧化碳的排放量也比常规发电厂减少40%以上；工作时声音非常小，噪声污染小。对于氢燃料电池而言，其化学反应产物仅为水，从根本上消除了CO、NO_x、SO_x、粉尘等大气污染物的排放，可实现零污染。另外，燃料电池是按照电化学反应原理工作的，本身无热机、活塞、引擎等机械运动部分，工作时仅有气体和水的流动，故操作环境无噪声污染。

3）使用寿命长

常规化学电池的氧化剂和还原剂共存于一个电池体中，因而电池的使用寿命往往较短。燃料电池与常规电池的主要不同之处，在于它的燃料和氧化剂不是储存在电池中，而是储存在电池外部的储罐中。理论上讲，如果不间断供给燃料，燃料电池就能实现长时间不间断地供电，这是其他普通的化学电池不能比拟的。这使得燃料电池在便携设备中的使用有较好的前景。

4）燃料多样

可用的燃料除了氢以外，还有煤气、沼气、天然气等气体燃料，甲醇、轻油、柴油等液体燃料，甚至包括洁净煤。根据实际情况，可以因地制宜地使用不同的燃料或将不同燃料进行组合使用，达到就地取材、节省资金的目的。

5）比能量高

液氢燃料电池的比能量是Ni-Cd电池的800倍，甲醇燃料电池的比能量则比锂离子电池（能量密度最高的充电电池）高10倍以上。目前，燃料电池的实际比能量尽管只有理论值的1/10左右，但仍比一般电池的实际比能量高得多。许多燃料电池阴极采用空气作为氧化剂，减少了阴极部分的重量，这也是燃料电池比能量高的一个因素。

6）操作方便可靠，灵活性大

燃料电池的结构简单，辅助设备少，几乎可以在任何需要用电的地方发电，不需要遥远的输电线路和变电站；灵活性大，它的功率可由几瓦到兆瓦级不等，小到手机电池，大到大模发电，都可以使用；可靠性高，燃料电池的效率与负载无关，同时由于整个电池是由单个电池串联成电池组再并联构成的，维修时只修基本单元，非常方便。

（3）质子交换膜燃料电池

质子交换膜燃料电池（proton exchange membrane，PEMFC）作为燃料电池家族中的一种，是以聚合物质子交换膜作为电解质的电池。与其他几种燃料电池相比，它具有明显的优点：工作温度低，其最佳工作温度为80℃左右，但在室温下也能正常工作，因而启动性能好；能量密度和功率密度高；无腐蚀性；电池堆设计简单，模块化安装；系统坚固耐用等。因而被认为是电动汽车、潜艇、各种可移动电源、供电电网和固定电源等的最佳替代动力电源。图2-30是PEMFC电池堆实物图。

图2-30 PEMFC电池堆实物图

PEMFC工作的核心部件是膜电极（membrane exchange assembly，MEA）。MEA是采用一片聚合物电解质膜和位于其两侧的两片电极热压而成，中间的固体电解质膜起到了离子传递及分隔燃料和氧化剂的双重作用，而两侧的电极是燃料和氧化剂进行电化学反应的场所。MEA作为PEMFC工作的核心部件，对PEMFC的电性能和稳定性起到了关键性的决定作用。MEA的成本占整个燃料电池成本的43%～52%，成为燃料电池成本的决定性因素。因此，降低燃料电池中MEA的成本，提高MEA的性能，对于推动燃料电池实用化，以及相关产业的商业化进程有非常深远的影响。

1）结构组成及原理

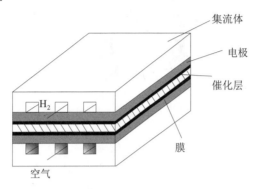

图2-31 PEMFC结构示意图

PEMFC由阴极、阳极以及夹在其中的电解质膜组成，称为膜电极（MEA）。MEA位于带有气体通道的双极性石墨板之间。PEMFC以全氟磺酸型固体聚合物为电解质，Pt/C 或 PtRu/C为电催化剂，氢或净化重整气为燃料，空气或纯氧为氧化剂，带有气体流动通道的石墨或表面改性金属板为双极板。典型的PEMFC的结构如图2-31所示，最外两层为集流体，其上开有槽，它的主要作用是向电极输送反应物气体，同时在"电池堆"中将各个电池连接起来，要求具有导电性好、机械强度高、适合自动化生产、有较低的成本、抗腐蚀能力强、不允许反应物气体的渗透等特性。20世纪60年代，其原材料为镀金的钛或铌，70年代早期被石墨所替代。电极的材料为聚四氟乙烯（PTFE），又称特氟纶（Teflon），并且在其表面涂有200～300μm厚的碳，其上有孔，允许燃料和氧化剂气体通过小孔进行扩散和水的通过，碳层用于收集电子并为其通过提供通路。在电极和膜之间有一个很薄的催化剂层，该层由非常精细的铂粒（Pt）与大量的碳粒组成，并且加入少量的PTFE，直接涂在电极表面，这种结构使反应物与催化剂之间有最大的接触面积，而且由于特氟纶存在，能将水排出到电极气体通道；质子交换膜是PEMFC中最重要的部件，它对PEMFC的性能影响最大，其最主要的作用是允许质子通过，而不允许电子通过，同时将燃料电池中的H_2和O_2隔开。

与传统意义上的电池不同，PEMFC是一种发电装置，而不是储能装置，它能将储存燃料（H_2）和氧化剂（O_2）中的化学能转变成电能，只要不断地供给燃料和氧化剂，它就能不断地输出电能。图2-32是PEMFC工作原理示意图，图2-33是PEMFC电极反应示意图。

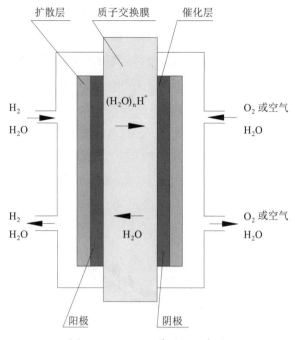

图2-32 PEMFC工作原理示意图

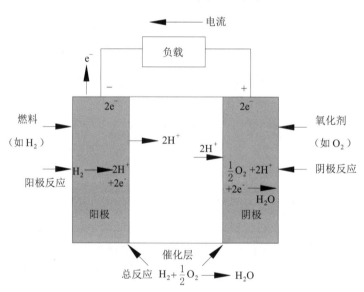

图2-33 PEMFC电极反应示意图

　　燃料与空气被分别送进燃料电池，在其两极产生电动势，若将外电路连接起来就产生电流。燃料电池与传统的电池一样，有正、负电极，正、负电极板被电解质分开。为了加快化学反应的速率，正、负电极板上附有催化剂，以促进化学反应进行。氢气通过双极板上的导气通道到达电池的阳极，通过电极上的扩散层到达质子交换膜，在阳极催化剂的作用下解离为2个氢离子，即质子，并且释放出2个电子。

　　正极反应：$H_2 \longrightarrow 2H^+ + 2e^-$

　　在电池的另一端，氧气或空气通过双极板上的导气通道到达电池的阴极，通过电极上的扩散层到达质子交换膜。同时，氢离子与电解质膜发生质子交换产生的氢离子到达阴极，电子通过外电路也到达阴极。

在阴极催化剂的作用下，氧与氧离子和电子发生反应生成水。

负极反应：$\dfrac{1}{2}O_2 + 2H^+ + 2e^- \longrightarrow H_2O$

总的化学反应：$\dfrac{1}{2}O_2 + H_2 \longrightarrow H_2O$

与此同时，电子在外电路中形成电流，通过适当连接可以向负载输出电能，生成的水通过电极随反应尾气排出。

通常，单个PEMFC的输出电压很低，只有0.7V左右，为了满足需要，实际应用中都是将多个PEMFC串联或并联连在一起组成电池堆使用。通过这种方法可使数十个甚至数百个MEA叠放在一起，由于这是一种模块化结构，很容易实现各种容量要求，而且维护、维修方便。值得一提的是，PEMFC电池堆的输出为直流，当给交流设备供电时，电池堆的输出需要经过DC/AC变换器，将输出变成交流。

2）双极板

双极板是质子交换膜燃料电池（PEMFC）的关键组件之一，不仅占据电池堆重量的70%～80%，而且在电池堆的生产成本中也占据相当大的比例。双极板起到分隔氧化剂与还原剂、收集电流和传导反应的热量等作用；双极板质量的好坏将直接决定电池的输出功率的大小和使用寿命的长短。为了满足实用的要求，双极板的材料需具备良好的导电、导热、阻气及耐腐蚀等性能，而且满足低成本、易加工成型、体积小和接触电阻低等条件。目前，采用的双极板材料主要有不透性石墨和金属两大类。石墨板的导电性及耐腐蚀性优异，但制备及后续工艺复杂，成本较高。金属双极板的耐腐蚀性差，不能满足燃料电池长期稳定运行的要求。近年来，采用复合材料制作双极板的方法受到重视。现已采用的复合材料主要包括碳/碳、聚合物填料及金属基复合材料。PEMFC电池组一般按压滤机方式组装，双极板必须满足下述功能要求：实现单体电池之间电的联结，因此它必须由导电性良好的材料构成；燃料（如氢）和氧化剂（如氧）通过由双极板、密封件等构成的公用孔道，经各个单体电池的进气管导入各个单体电池，并且由流场均匀分配到电极各处；由于氧化剂与燃料分别经极板两侧的流场分配到电极，因而要求双极板必须无孔，如是多种材料构成的复合板，要求至少一种是无孔的，以实现氧化剂与燃料的分隔；构成双极板的材料必须在PEMFC运行条件下（一定的电极电势、氧化剂或还原剂等）耐腐蚀，以达到电池组的寿命要求，一般为几千小时至几万小时；燃料和氧化剂的电化学反应是放热反应，为方便电池组排除废热，双极板材料还必须是热的良导体；最好选用适于批量生产的极板材料，以降低电池组成本。图2-34是PEMFC中双极板在电池中的位置图。

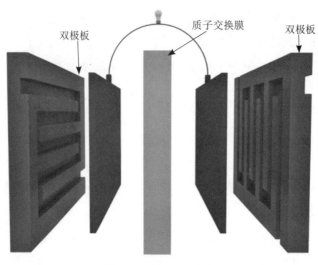

图2-34 PEMFC双极板

3）催化剂

质子交换膜燃料电池（PEMFC）通常采用氢气和氧气（或空气）作为反应气体。为了加快电化学反应速率，气体扩散电极上都含有催化剂。电极催化剂包括阴极催化剂和阳极催化剂两类。迄今为止，PEMFC的阴极和阳极有效催化剂仍以铂为主。铂对两个电极反应均具有催化活性，而且可长期工作。但由于铂的价格昂贵、资源匮乏，造成PEMFC成本很高，大大限制了其广泛应用。这样，降低贵金属催化剂用量，寻找廉价催化剂，提高电极催化剂性能成为电极催化剂研究的主要目标。需要注意的是，除了催化剂本身的性质对电极反应起决定性的作用外，其他一些因素如电池工作温度、电极制作工艺、催化剂制备方法和催化剂载体的选择等对催化剂的催化效果也有很大的影响。

对于阴极催化剂，研究的重点一方面是改进电极结构，提高催化剂的利用率，另一方面是寻找高效价廉的可替代贵金属的催化剂。阳极催化剂主要要求具有抗CO中毒的能力，因为PEMFC对燃料气中CO非常敏感，即使微量的CO也可使铂催化剂中毒。另外，对于直接使用甲醇或其他烃类燃料的质子交换膜燃料电池系统，研究重点也主要是阳极催化剂体系。

在所有的纯金属中，Pt对氧还原反应的催化活性最高，长期以来一直被视为理想的PEMFC电催化剂。但由于铂的资源匮乏，价格昂贵，因此目前研究的重点是如何提高铂催化剂的利用率，而不是铂载量越高，催化性能越好。因为铂载量越大，催化剂的用量越多，催化层的厚度越厚，既增加了传质阻力，又增加了欧姆电阻。这两个因素抵消了铂载量增加使电化学表面增加进而使活性提高的优势，反而造成电极性能下降。

由于PEMFC的工作温度低于100℃，至今还都以催化活性较高的Pt/C为电催化剂。目前铂资源非常匮乏，为提高Pt的利用率和降低Pt的用量，一方面开发电极批量生产的工艺研究，另一方面将铂以纳米形式高分散地担载到导电、抗腐蚀的载体上。Pt/C电催化剂的制备进展将铂高分散地担载到载体上，主要有两类方法：化学法与物理法。一种适宜的碳载体，应满足以下要求：有效的表面和发达的孔结构，使铂催化剂尽量分散，并且确保使气相传质；液相传递过程能顺利进行，在电化学环境中有良好的化学稳定性和热稳定性；有良好的导电性，使电极的内阻尽可能的小；粒径小、比表面积大，以利于吸附金属催化剂。至今所采用的载体均为乙炔黑型炭黑。有时为增加载体的石墨特性，需经高温处理。为增加载体表面的活性基团，也有用各种氧化剂如$KMnO_4$、HNO_3处理或用水蒸气处理。目前应用最广的载体是Vulcan XC-72炭黑，它的平均粒径约为30mm，比表面积为250mm^2/g。

目前商品化的催化剂主要是Pt/C（以氢为燃料的PEMFC）和Pt-Ru/C（DMFC），碳载体为Vulcan XC-72导电炭黑，近来也有碳纳米管（CNT）作为电催化剂载体的研究报道，铂含量在10%～40%之间。

4）质子交换膜

质子交换膜是PEMFC的关键部分，它能起到分隔燃料和氧化剂、传导质子和绝缘电子的作用，其性能和寿命直接决定电池的性能和寿命。因此质子交换膜应具有以下特性：良好的质子导电性；气体（尤其是氢气和氧气）在膜内的渗透性尽可能小；足够高的机械强度；聚合物本身不溶于水，但具有较好的水合能力；在电池工作环境下有较高的热稳定性和化学稳定性；对燃料和氧化剂有较好的阻隔作用；与催化剂有较好的结合能力。目前开发研究的质子交换膜根据其氟含量的多少可以分为全氟质子交换膜、部分氟化质子交换膜和非氟化质子交换膜。PEMFC使用的质子交换膜主要是Nafion膜。Nafion膜是一种全氟磺酸膜，电导率和化学稳定性高，但其高温下失水严重引起电导率显著降低，同时其价格昂贵，因而新型质子交换膜的研究成为目前PEMFC研究的热点。

5）膜电极三合一组件

膜电极（MEA）的材质。MEA是PEMFC工作的核心，MEA的性能直接决定了燃料电池单体和电池堆的性能。膜电极的基本结构如图2-35所示。

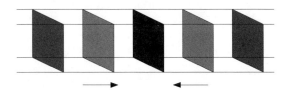

阳极固体电解质膜阴极

图2-35 膜电极的基本结构

构成电极组件的主要有三部分：扩散层、催化层和质子交换膜。质子交换膜与两侧的催化层在一起被称为三层MEA；在三层MEA的两侧分别以一片气体扩散层夹住，热压后就形成五层MEA。气体扩散层与催化层在一起被称为气体扩散电极，在两片气体扩散电极中央上加一片质子交换膜，同样也能够得到五层MEA。

（4）燃料电池的应用

目前，世界化学品生产商塞拉尼斯公司、杜邦公司、巴斯夫公司、Mathanex公司、燃料电池开发商Ballard动力系统公司、国际燃料电池公司以及汽车生产商戴姆勒克莱斯勒公司、福特汽车公司、现代汽车公司、大众汽车公司等都纷纷联手开发燃料电池和燃料电池汽车。按燃料电池所用原始燃料的类型，大致分为氢燃料电池、甲烷燃料电池、甲醇燃料电池和汽油燃料电池。表2-6列出了世界各国电动汽车用燃料电池的研究、开发情况。

表2-6 世界各国电动汽车用燃料电池的研究、开发情况

国家	研究机构	电池类型	燃料类型	电池容量/kW	应用情况
美国	GM Allisson Gas Engine Corp Booz, Allen and Hamilton Inc Los Alamos and United Technology Corp	PEMFC PAFC PEMFC	H_2 甲醇、天然气 甲醇	25 50~100 25~100	电动汽车动力电源 公共汽车辅助动力电源 电动汽车动力电源
加拿大	Ballard Power Systems (BPS)	PEMFC	H_2、甲醇	60~100	公共汽车动力电源
德国	Siemens Daimler Benz Telefunken AEC	AFC PAFC PEMFC	H_2、乙二醇 H_2、甲醇 煤气	17.5~100	电动轿车动力电源 潜艇动力电源
英国	Johnson Matthey Loughborough of Technology Cambridge Univ	PAFC PEMFC AFC	煤气 H_2 H_2、甲醇	6	电动轿车、叉车辅助电源
意大利	Volat Project	PEMFC	H_2、甲醇	10	电动汽车动力电源
日本	丰田汽车公司 富士电机公司 三洋电气公司	PEMFC PAFC PAFC	H_2 H_2、甲醇 H_2、甲醇	10~20 50~100	电动轿车动力电源 电动轿车动力电源 电动轿车样车动力电源
中国	中科院大连化物所燃料电池工程中心	PEMFC AFC MCFC	H_2 H_2 H_2	0.1~5	新型电源 新型电源 新型电源

2. 超级电容器的结构与性能特点

超级电容器（supercapacitors）是利用电解质材料离子电荷分离，在电极表面物理吸附形成"双电层"来储存电能的装置，也称为双电层电容器（electric double layer capacitors，EDLC）。

超级电容器可根据需要，采用不同工艺，从而制作出不同的外形与结构，一般可划分为纽扣型（积层型）和卷绕型两种。纽扣型为积层结构，电极内部一般是正极片、隔膜、负极片层层堆叠，类似三明治结构，如图2-37所示。纽扣型电容器的特点是结构非常简单、重量较轻、体积通常较小，串联使用十分方便，可满足对于高电压小电流应用的需要；主要的不足在于体系中电极面积偏小，由此容量也较低。

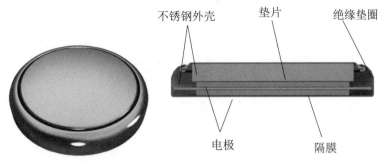

图2-37 纽扣型超级电容器的外观与结构示意图

卷绕型电容器的外观通常为圆柱状，极片面积很大，通过正极、隔膜和负极的次序卷绕封装成柱状，如图2-38所示。它具有内部结构紧凑、电极面积大的优点，能够显著降低电容器内部阻抗，而且在制作时，封装工艺相对简单，因此已经成为超级电容器较为成熟的制作技术；其不足之处是串联时占用空间较大。

图2-38 卷绕型电容器的外观与结构示意图

传统电容器能以瞬间高功率将能量短时间释放出来，并且可在微秒内完成充电，具有超长使用寿命，但其极低的比能量无法达到储能元件的需求。电池可将化学能转换成电能，比能量较高，已得到广泛的应用但转换过程受化学反应动力学限制，充放电时间长，否则电池材料会发生不可逆变化导致寿命缩短。与传统电容器相比，超级电容器的比能量为传统电容器的10倍以上；与电池相比，具有更高的比功率、充放电时间短、充放电效率高、循环寿命长等优点。因而超级电容器填补了这两类元件之间的空白。传统电容器、超级电容器与电池性能的比较见表2-7。

表2-7 传统电容器、超级电容器与电池性能比较

项目	传统电容器	超级电容器	电池
充电时间	$10^{-6} \sim 10^{-3}$s	1s~60s	1h~3h
放电时间	$10^{-6} \sim 10^{-3}$s	1s~60s	≥0.5h
质量比能量/（Wh/kg）	<0.1	1~20	20~100
比功率/（W/kg）	>10000	1000~10000	50~300
充放电效率	约1.0	0.9~1.0	0.75~0.95
循环寿命/次	$>10^6$	>100000	500~2000

（1）超级电容结构

与电池结构相似，超级电容器单体主要由电极、电解质、集电极、隔膜、连接线柱、

外壳等组成。超级电容器的结构形式大致分为两种，其一是柱状电容器即把基片卷绕起来装进圆形金属外壳内（参见图2-38），这种电容器适用于低电压大电流充放电的情况；另一种是叠层式的，即将电极基片叠起来，组装在塑料或金属壳内（参见图2-37），这种电容器用在高电压小电流充放电的情况下比较合适。

电极的材料、制造技术、电解质组成和隔膜质量对超级电容器的性能有较大影响。

（2）超级电容原理

1）双电层电容

电子导体与电解质材料（液体或固体）相接触，在两者界面产生的稳定而符号相反的双层电荷，称为双电层。

普通电容器的贮能是基于正负电荷Q分别位于两片被真空（相对介电常数为1）或一层介电物质所隔离的电极板上，其电容值C正比于介电常数和电极面积、反比于介质厚度。此时电荷并不穿过电容器，而是通过外电路转移。要想增大电容值，就要尽可能加大极板面积、减小介质层厚度。这种电容器的能量密度很小，一般无法用作贮能。

$$C = \varepsilon \cdot A / 3.6\pi d$$
式中：e—相对介电常数；A—极板面积；d—介质厚度

电化学双电层电容器是介于普通电容器和蓄电池之间的贮能单元。当电极与电解质溶液相接触时，则在电极/溶液界面会出现带电质点在两相间转移，或通过外电路向界面两侧充电，因而两相中都出现了剩余电荷。这些剩余电荷或多或少地集中在界面两侧，形成了双电层，相当于两个电容器串联，如图2-39所示。光滑电极（例如汞电极）的双电层电容值约为18μF/cm²。碳电极双电层超级电容器，使用多孔碳材料做电极。多孔性碳的比表面积很大，可以达到1000m²/g以上，用它制成的电化学电容器，由于电极面积很大再加之正负电荷之间分隔的距离很小，只有电解液中离子的大小（约10A），其比电容可以达到280F/g（水溶液）和120F/g（非水溶液），因而其贮能比普通电容高数百倍，可以放出的功率密度会比蓄电池高数十倍。这种电容器的贮能是通过使电解质溶液进行电化学极化来实现的，并没有产生电化学反应。近年来，随着纳米碳管研究的进一步深入，碳电极的活性表面积进一步增大，但也存在随着活性面积的增大，稳定性和导通性随之降低的缺点。

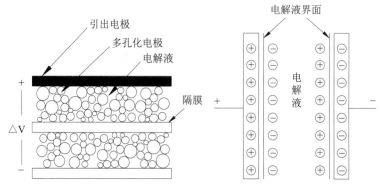

图2-39 超级电容器的基本结构

将一对固体电极浸入电解质溶液中，由于固液两个不同相之间存在库仑力、分子间作用力（范德华力）等，因此在它们的界面上便形成极性不同的双层电荷。当两个电极上未施加外电压时，双电层中仅储存极少量电荷，当正、负电极采用同种材料时，那么在两个电极/电解液界面上会产生相同极性的双电层，此时电容器装置对外就不显示电动势。

而当采用电源对正、负电极施加电压（低于电解质溶液的分解电压）时，正极上电子可在外电源驱动下通过负载从而传到负极，电容器正、负电极间场强增大，在静电吸附作用下，溶液中的阴离子吸附于正极表面，阳离子吸附于负极表面，溶液中的正、负电荷不断分离并迁移至电极/电解液的界面上重新排列，形成两个极性相反的双电层，撤销外电压后，电极上的正、负电荷与溶液中的相反电荷离子仍能相互吸引而使双电层稳定，在正、负极间产生相对稳定的电势差。这时对任一电极而言，都会在界面吸附与电极上的电荷等量的异性离子电荷，使界面保持电中性，能量以吸附电荷的形式储存在双电层中，对外显示一定的电动势。

放电时，两极与外电路连通，电子通过负载从负极移至正极而在外电路中产生电流，电解质阴、阳离子则由于电极静电吸附作用减弱而从电极表面释放，并且逐渐扩散至电解质溶液本体中，以保持界面电中性，这便是双电层电容的充放电原理。理论上在整个充放电过程中，电极材料本身并不会发生任何相变化。双电层电容器工作原理如图2-40所示。

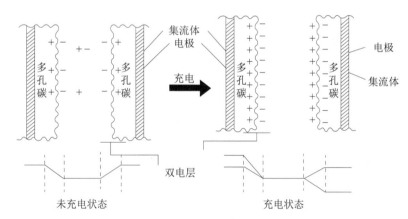

图2-40 双电层电容器工作原理

2）准电容

在电极材料表面与体相的二维或三维空间中，电活性物质进行欠电势沉积，发生高度可逆的化学吸附或氧化还原反应，可产生与电极充电电势有关的"电容"。这种电极系统的电压随电荷转移的量呈线性变化，表现出电容特征，故称为"准电容"，在实际超级电容器中，"双电层电容"与"准电容"通常并存，只是在整个电容贡献中所占的比例不同。

在金属氧化物电极的二维电化学反应过程中，电化学活性物质单分子层或类单分子层随着电荷转移，在基体上发生电荷吸附/脱附或氧化/还原，表现出电容特性。这样化学吸附/脱附的一般过程为：电解液中的离子（一般为H^+或OH^-）在外加电场的作用下由溶液中扩散到电极/电解液界面，而后通过如下的界面电化学反应而进入电极表面活性氧化物的体相中。

电极材料若采用的是具有较大比表面积的氧化物，则会有相当多的此类电化学反应发生，大量的电荷就被储存在电极中。放电时这些进入氧化物中的离子又会重新返回到电解液中，同时所储存的电子电荷通过外电路而释放出来。

超级电容器导电聚合物电极材料的电容一小部分来自电极/电解液界面双电层，更主要的部分来自准电容，导电聚合物充放电过程中发生氧化还原反应，可在聚合物膜上快速生成n型或p型掺杂，使聚合物能够储存高密度的电荷，产生"法拉第准电容"。其中，p型掺杂过程是指外电路从聚合物骨架中吸取电子，从而使聚合物分子链上分布正电荷，溶液中的阴离子位于聚合物骨架附近保持电荷平衡（如聚苯胺）；而n型掺杂过程是从外电路传递过来的电子分布在聚合物分子链上，溶液中的阳离子则位于聚合物骨架附近保持电荷平衡（如聚乙炔）。

电容器所储存的能量，一般指该电容器自额定电压起进行恒电流放电至其1/2额定电压时止，电容器所累积放出的能量。图2-41为超级电容器的充放电曲线。

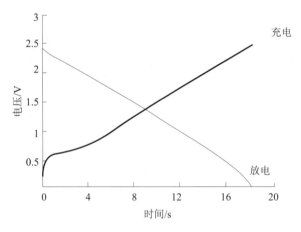

图2-41 超级电容器的充放电曲线

（3）超级电容类型

按电解液的种类，超级电容主要分为有机电解液超级电容和水基溶液超级电容两种。

1）有机电解液超级电容

超级电容使用有机电解液的最大好处是可以提高超级电容的单体电压，使之达到2V以上，电容电压可以稳定在2.3V，瞬时甚至可以达到2.7V。因此使用有机电解液的电容比能量较高，可以达到18Wh/kg。缺点是使用有机电解液必须采用特殊的净化工艺，且电极上必须覆盖特定涂层以避免对电极腐蚀。另一个缺点是电解液的电离比较困难，所以电阻比较大，通常是水溶液的20倍以上，甚至达到50倍，因此比功率指标较低。

2）水基溶液超级电容

水基溶液超级电容最大优点是内阻很低，使其可以获得较高的比功率。第二个优点是提纯和干燥加工工艺简单，降低了超级电容的总成本。缺点在于水的分解电压比较低，水基溶液超级电容电压无法超过2V。

与蓄电池相同，超级电容器也可分为能量型和功率型。目前开发的能量型超级电容器比能量已经达到30Wh/kg，接近铅酸电池水平，比功率达到3000W/kg，可以连续几分钟到几十分钟输出较高强度的电流，单体容量最高可达到100000F以上；功率型超级电容器能量密度达到6～10Wh/kg，比功率达到8000W/kg，可以输出几秒到几十秒的瞬间大电流，承担设备启动所需要的大功率电能，单体容量一般50F以上，50000F以下。

（4）超级电容材料

超级电容器主要由正电极、负电极、电解质、隔膜、端板、引线和封装材料组成，其中电极、电解质和隔膜的组成和质量对超级电容器的性能起着决定性的影响，采用何种电极板和电解质材料将基本决定最终产品的类型与特性。

电极的作用是产生取电层电容/准电容以及积累电荷，通常电极活性物质、导电剂、黏结剂、分散剂等按一定的比例混合均匀涂在集流体上经压制而成。

电解质材料可分为固体电解质和液体电解质，其中液体电解质根据所用的溶剂不同，可以分为水溶液、非水有机电解质溶液和室温离子液体等，固体电解质也可分为无机、有机固体电解质两类。

隔膜起到机械隔离正、负电极防止短路的作用，常用的有PP隔膜、PE隔膜、PP/PE复合膜、无纺布、纤维素纸等。

（5）超级电容特点

1）超级电容优点：

① 很高的功率密度。超级电容器的内阻很小，并且在电极/溶液界面和电极材料本体内均能够实现电荷的快速贮存和释放，因而它的输出功率密度较高，是任何一个化学电源无法比拟的，是一般蓄电池的数十倍。

② 极长的充放电循环寿命。超级电容器在充放电过程中没有发生电化学反应，其循环寿命可达万次以上。

③ 非常短的充电时间。从目前已经做出的超级电容器充电试验结果来看，在电流密度为7mA/cm^{2}时（相当于一般蓄电池充电电流密度），全充电时间只要10min～12min；蓄电池在这么短的时间内是无法实现全充电的。

④ 妥善解决了贮能设备高比功率和高比能量输出之间的矛盾。将它与蓄电池组合起来，就会成为一个兼有高比能量和高比功率输出的贮能系统。

⑤ 贮存寿命极长。超级电容器充电之后贮存过程中，虽然也有微小的漏电电流存在，但这种发生在电容器内部的离子或质子迁移运动乃是在电场的作用下产生的，并没有出现化学或电化学反应，没有产生新的物质。再者，所用的电极材料在相应的电解液中也是稳定的，因而超级电容器的贮存寿命几乎可以认为是无限的。

⑥ 高可靠性。超级电容器工作过程中没有运动部件，维护工作极少，也不必像蓄电池那样要充放电维护，因而超级电容器的可靠性是非常高的。目前在西铁城光电动能手表中使用了由超级电容器和太阳能电池组成的电源，可使电动手表终生可靠地工作。

⑦ 工作温度范围宽。能在-40℃～60℃的环境温度中正常工作。

2）超级电容缺点

① 线性放电。超级电容器线性放电的特性使其无法完全放电；

② 低能量密度。作为纯电动应用续驶里程太短；

③ 低电压。需要较多的数量串联形成高压系统，耐过充电、过放电性能差；

④ 高自放电。

⑤ 价格高。

这些特点决定了超级电容器主要用于混合电动车作为功率辅助应用，或者与其他蓄电池系统组合成复合电源弥补蓄电池功率性能的不足。

（6）超级电容器应用

超级电容器功率密度大、工作寿命长且免维护；不使用金属化合物电极，避免了重金属污染；无需特别的充电电路和控制放电电路；具有宽广的使用温度范围，已经在很多领域得到成功的应用，如电动汽车及混合动力汽车主电源或辅助动力电源、记忆器、计算机、计时器等电子产品的后备电源，以及太阳能、风能发电装置辅助电源，还可用于军事、航空航天领域。

1）电动汽车

① 超级电容器为单一电源。以超级电容器为单一电源的电动汽车适合在短距离、线路固定的区域运行，例如：火车站和飞机场的牵引车，煤矿的采煤车、运输车，学校和幼儿园的送餐车，公园的游览车，城市电动公交车等。采用超级电容器为单一电源，可以使整个电动汽车更简单、实用、低成本，有利于电动汽车大规模推广。

由于超级电容器是动力的唯一来源，所以对比能量的要求较高，普通的双电层电容器难以满足要求，一般都需要选用电化学超级电容器，已成功应用于此领域的是无机 $Ni(OH)_2/AC$ 电化学超级电容器，能够获得比双电层电容器高4倍左右的比能量。具有批量生产这种超级电容器能力的公司有俄罗斯的ESMA、上海奥威等。在这种单一电源运行模式中，超级电容器为车辆启动、加速、爬坡、匀速行驶时提供动力，在车辆刹车时回收制动能量，很好地达到了节能、环保的要求。

ESMA公司研制了以超级电容器为唯一能源的电动公交车和电动卡车。电动公交车满载质量9500kg，可容纳50名乘客，最大时速20km/h；电动卡车满载质量4000kg，最高时速40km/h。它们采用相同的超级电容器组，输出能量为8.6kWh，电容器组中电容为300个，最大工作电压为180V，最小工作电压为80V，总质量为950kg，充电时间为12min～15min。

在国内，超级电容电动汽车也取得了巨大的发展，如上海超级电容公交车示范运营11路与上海世界博览会超级电容公交车。电容器为600V/200F组件，为组装及操作方便，分成20个小组件，每个组件30V，总质量约为850kg。电容器组最高工作电压为600V，最低工作电压为400V，组件总储能为5.55kWh，以1kWh/km的能耗水平计算，可以保证车辆行驶5km以上。超级电容器充电系统采用大功率充电器充电，最大电流可达250A，完全充电只需1min～2min，最大工作电流达400A，而且可用于充放电频率较高的工况。蓄能组件循环使用寿命达到一万次以上，使用得当可与车辆同寿命。在实际工作中，整车最高时速＞

52km/h，最大爬坡度＞12%，连续行驶里程3km～8km，终点站充电时间为2min～3min，沿途站充电时间为20s～30s，能量回收率20%～40%，连续运营18个月，车队累计运行4.4×105km，平均每公里耗电1kWh，费用仅为燃油车的1/3，平均能量回收14%。超级电容器组变频驱动电车工作原理如图2-42所示。

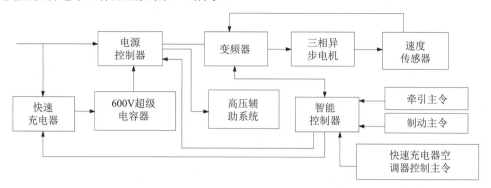

图2-42 超级电容器组变频驱动电车工作原理

② 作为电动汽车的辅助动力电源。超级电容器功率密度大，能承受大电流充放电，非常适合应用于要求高功率输出的电动汽车上。从目前的开发情况来看，超级电容器在这方面的应用主要有三类：作为辅助动力应用于混合电动汽车上；作为燃料电池电动汽车的辅助动力电源；作为纯电动汽车的辅助动力电源。在这些应用中，超级电容器要经常承受大电流的冲击，一般选用的是有机对称型超级电容器，正、负极采用碳材料为电极材料，电解液采用含无机盐或有机盐的有机溶剂，这种超级电容器的平均放电功率可以达到3000～4000W/kg，充电次数在50万次以上。

2）混合动力汽车

混合动力汽车作为向零排放的电动汽车的中间过渡产品，已经取得了巨大的发展，从1994年丰田公司第一辆混合动力汽车Prius上市，到现在，已经有许多公司加入到了混合动力汽车的竞争中，它们都先后上市了自己的产品，如本田公司的Insight和Civic、福特公司的Escape等。

对汽车而言，实际上发动机是一种极大的浪费，仅有一小部分被充分利用。例如：一辆2t重的汽车，要满足其顺利启动、加速、爬坡，需要的功率为150kW，而当它以80km/h的速度运行时仅需5kW的功率就可以满足要求，这时大部分功率没有发挥作用，甚至只是起到污染空气的作用，如果仅用蓄电池驱动这样的汽车，要提供如此高的功率，对电池的要求将很苛刻，而且会造成60%以上的能量浪费。混合动力汽车中的超级电容器，其最大的优点，就是充分发挥超级电容器在低转速、大负荷情况下，能量基本不受损失，避开内燃机在低转速、大负荷或高转速、高负荷费油的状态下运行，使发动机永远在最佳状态下运行，既节省了油，又减少了空气污染。

第三节　纯电动汽车电能源管理技术

为了使新能源汽车具有良好的力学性能、电驱动性能及合理的能量分配等，新能源汽车的电能源管理系统必须对能量系统的工作进行有效检测和控制，使新能源汽车的能量进行最佳流动，以实现最大限度的利用能量，提高汽车的经济性能。因此，可以说能量管理系统是电动汽车整车设计的一个重要环节。

一、新能源汽车能量管理系统

对新能源汽车动力系统能量转换装置的工作能量进行协调、分配和控制的软硬件系统称为能量管理系统（Energy Management System，简称EMS）。能量管理系统的硬件由一系列传感器、控制单元ECU和执行元件等组成，软件系统的功能主要是对传感器的信号进行分析处理，对能量转换装置的工作能量进行优化分析，并向执行元件发出指令。因此，可以说新能源汽车能量管理系统的功能是满足汽车基本技术性能（如动力性、驾驶平稳性等）和成本等要求的前提下，根据各部分的特性及汽车的运行工况，实现能量在能量转换装置（如发动机、电动机、储能装置、功率变换模块、动力传递装置、发电机和燃料电池等）之间按最佳路线流动、使整车的能量利用效率达到最高。

不同种类的电动汽车能量转换系统构成不同，因而其能量管理的软、硬件系统装置构成就不同。纯电动汽车的能量转换装置仅由电机/发电机、蓄电池、功率变换模块及动力传递装置等组成，能量传递路线主要有蓄电池到车轮（行驶）和由车轮到蓄电池（能量回收）两条，因而其能量管理系统最为简单，其主要任务是在满足汽车动力需求的前提下，使蓄电池储存的能量得到最有效的利用，并能使汽车的减速和制动能量得到最大限度的回收，使汽车的能量效率最大。纯燃料电池电动汽车（指无储能装置的FCV）也与此类似。混合动力燃料电池汽车和混合动力电动汽车，其能量转换装置通常有发电装置（如发动机/发电机或燃料电池）、能量储存装置（蓄电池、超级电容等）、功率变换模块、动力传递装置、充放电装置等。其能量传递路线有四条：由发电装置到车轮的动力传递路线、由蓄电池到车轮、由发电机装置到能量储存装置、由车轮到能量储存装置（能量回收）的能量流动路线。

能量管理系统在新能源汽车中非常重要，它由硬件系统和软件系统组成，如图2-43所示。能量管理系统具有从新能源汽车各子系统采集运行数据，控制完成电池的充电、显示电池的荷电状态（State Of Charge，简称SOC）、预测剩余里程、监控电池的状态、调节车内温度、调节车灯亮度以及回收再生制动能量为电池充电等功能。能量管理系统中最主要的是专门设置的电池管理系统，以确保电池的性能良好，延长电池的使用寿命。

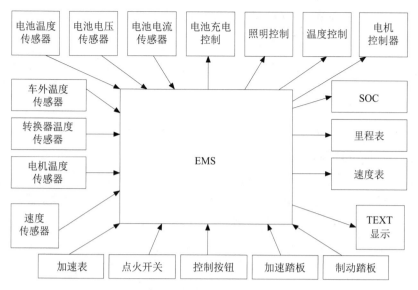

图2-43 新能源汽车能量管理系统（EMS）组成简易框图

1. 电池管理系统

电池管理系统（Battery Management System，简称BMS）与电动汽车的动力电池紧密结合在一起，通过传感器对电池的电压、电流、温度进行实时监测，同时还进行漏电检测、热管理、电池均衡管理、报警提醒，计算剩余容量、放电功率，报告荷电状态（SOC）和电池劣化程度状态，还根据电池的电压、电流及温度控制最大输出功率以获得最大行驶里程，以及控制充电机进行最佳电流的充电，通过CAN总线接口与车载总控制器、电机控制器、能量控制系统、车载显示系统等进行实时通信。电池管理系统的简易框图如图2-44所示。

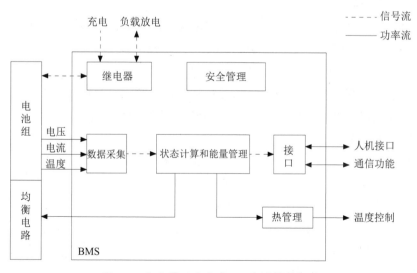

图2-44 电池管理系统（BMS）的简易框图

电池管理系统（BMS）可实时在线检测电池组电压和单体电池电压的参数，通过软件分析每节单电池状态，有效预测各节电池的供电性能，及时发现性能劣化的故障电池，掌握电池组的运行状况，为电池组精细维护提供测量依据，保证了电池安全无故障运行、降低维护人员的劳动强度，提高了工作效率和测试的安全性、可靠性。

电池管理系统是集监测、控制与管理为一体的复杂电气测控系统，也是电动汽车商品化、实用化的关键。电池管理系统的核心问题就是荷电状态（SOC）的预估问题，电动汽车电池SOC的合理范围是30%～70%，这对保证电池寿命和整体的能量效率至关重要。

电动汽车在运行时，电池的放电和充电均为脉冲工作模式，大的电流脉冲很可能会造成电池过充电（超过80%SOC）、深放电（小于20%SOC）甚至过放电（小于0%SOC），因此电动汽车的控制系统一定要对电池的荷电状态敏感，并能够及时做出准确的调整，这样电池管理系统才能根据电池容量决定电池的充放电电流，从而实施控制。根据各只电池容量的不同识别电池组中各电池间的性能差异，并以此做出均衡充电控制和电池是否损坏的判断，确保电池组的整体性能良好，延长电池组的寿命。

准确和可靠地获得电池SOC是电池管理系统中最基本和最首要的任务，在此基础上才能对电动汽车的用电进行管理，特别是防止电池的过充电及过放电。动力电池的荷电状态是不能直接得到的，只能通过电池特性——电压、电流、电池内阻、温度等参数来判断。这些参数与SOC的关系并不是简单的对应关系。

电池管理系统（BMS）是电动汽车的关键组成模块，动力电池要配备电池管理系统才能正常工作。

（1）电池管理系统基本功能

1）实时采集电池系统运行状态参数

实时采集电动汽车电池组中的每块电池的端电压和温度、充放电电流以及电池组总电压等。由于电池组中的每块电池在使用中的性能和状态不一致，因而对每块电池的电压、电流和温度数据都要进行监测。

2）确定电池的荷电状态（SOC）

准确估测动力电池组的SOC，从而随时预报电动汽车储能电池还剩余多少能量或储能电池的SOC，使电池的SOC值控制在30%～70%的工作范围。

3）故障诊断与报警

当电池电量或能量过低需要充电时，及时报警，以防止电池过放电而损害电池的使用寿命；当电池组的温度过高，非正常工作时，及时报警，以保证电池正常工作。

4）电池组的热平衡管理

电池热管理系统是电池管理系统的有机组成部分，其功能是通过风扇等冷却系统和热电阻加热装置使电池温度处于正常工作温度范围内。

5）一致性补偿

当电池之间有差异时，有一定措施进行补偿，保证电池组表现能力更强，并有一定的手段来显示性能不良的电池位置，以便修理替换。一般采用充电补偿功能。设计有旁路分流电路，以保证每个单体都可以充满电，这样可以减缓电池老化的进度，延长电池的使用寿命。

6）通过总线实现各检测模块和中央处理单元的通讯

在电动汽车上实现电池管理的难点和关键在于如何根据采集的每块电池的电压、温度和充放电电流的历史数据，建立确定每块电池剩余能量的较精确的数字模型，即准确估计电动汽车动力电池的SOC状态。

（2）电池管理系统基本组成

纯电动汽车能量管理系统主要由电池输入控制器、车辆运行状态参数、车辆操纵状态、能量管理系统ECU、电池输出控制器、电机发电机系统控制等组成，如图2-45所示。

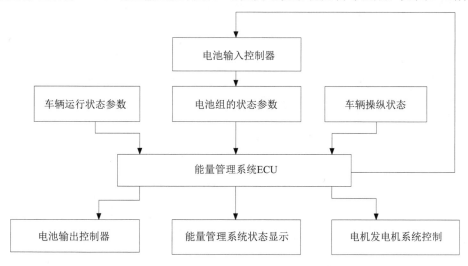

图2-45 纯电动汽车能量管理系统组成示意图

混合动力汽车除动力电池组提供主要电源外，还有发动机、发电机组向动力电池组通过转换器不断地补充电能。混合动力汽车动力电池管理系统的基本组成如图2-46所示。

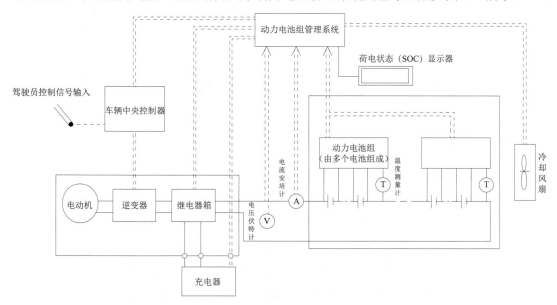

图2-46 混合动力汽车能量管理系统基本组成示意图

带有温度测量装置的动力电池组管理系统的基本组成如图2-47所示。带有温度测量装置的动力电池组管理系统，是利用损坏的电池在充电过程中电池的温度高于正常电池温度的原理，用温度传感器来测定和监控每一个电池在充电过程中的温度是否在允许的范围内。如果发现某个电池的温度处于不正常状态，荷电状态（SOC）显示也不正常时，即刻向动力电池组管理系统反馈该电池的信息，并由诊断系统预报动力电池组的故障。

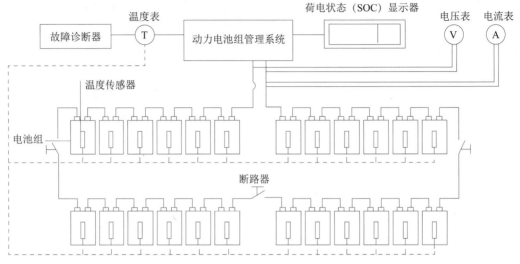

图2-47 带有温度测量装置的动力电池组管理系统

（3）动力电池采集的数据类型

动力电池组的合理管理就是保证采集数据的准确性、可靠稳定的系统通信、抗干扰性。在具体实现过程中，根据设计要求确定需要采集动力电池组的数据类型；根据采集量以及精度要求确定前向通道的设计；根据通信数据量以及整车的要求选用合理的总线。电池管理系统的结构如图2-48所示。

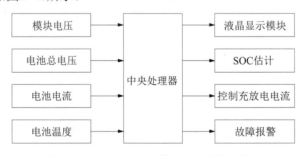

图2-48 电动汽车电池管理系统结构示意图

动力电池的SOC一部分是经过对电流的积分得到的，电流信号检测的精度直接影响系统的SOC的准确度，因此要求电流转换隔离放大单元在较大范围内有较高的精度，较快的响应速度，较强的抗干扰能力，较好的零飘、温飘抑制能力和较高的线性度。电流转换隔离放大单元是用电流性霍尔元件将-400A到+400A的电流（充电电流为正，放电电流为负）转换为电压信号。电流采样精度要求为1%。

动力电池的温度是判断电池能否正常使用的关键性参数，如果电池的温度超过一定值，有可能造成电池不可恢复性的破坏。电池组之间的温度差异造成电池组单体之间的不均衡，从而造成电池寿命的降低。系统中温度采样单元，是通过总线数字化温度传感器完成的，温度采样精度可达到0.5℃。

电压是判断电池组好坏的重要依据，系统要求能得到电池组在同一时刻的电压值的变化和各电池组的值，通过算法来找出有问题的电池组，因此电压的采样精度要求比较高，一般带有A/D转换功能的单片机的精度可以达到0.1V。

（4）电池管理系统（BMS）关键技术

动力电池内部的高度非线性以及电池组内部的不一致性决定了电池荷电状态SOC估算和电池均衡的巨大难度。就电池管理系统（BMS）的研究现状来说，准确地估算电池的SOC数值以及有效地进行电池组的均衡控制是当前BMS的两个关键性技术。

1）电池荷电状态SOC估算

电池荷电状态SOC估算对于电池管理系统来说非常重要，它不仅反映过充或过放的主要依据，还一定程度上把握电池健康信息。

通常将电池在某一确定环境温度下电池容量达到时的SOC定义为100%，相反则定义为0%。电池荷电状态SOC作为电池容量状态描述参数，是目前国内外统一的认识，SOC在数值上定义为电池剩余容量和电池容量的比值：$SOC=Q_r/Q_n$（式中：Q_r为电池剩余容量，Q_n为额定容量。以电池为标准放电时所具有的能量计算。）

对于电动汽车而言，准确的SOC估算可以有效提高使用效率，优化驾驶，避免电池滥用从而延长电池的使用寿命。电池SOC估算方法及其各自特点如表2-8和如图2-49所示。

表2-8 电池SOC估算方法及特点

估算方法	描述	优点	缺点
开路电压法	通过电池的开路电压和电池放电深度之间的相对单调、固定的对应关系估算SOC	通过实时采样电池放电时的端电压，查表求SOC，方法简单易行，可以比较直接准确地得到SOC	需要大量的电池充放电试验来存储足够多的典型数据；电池需要长时间静置，不能用于动态估算电池的SOC
安时计量法	通过对电池充电或放电时的准确的电流时间累计来估算电池的SOC	在有足够的估算起始点可供查表使用时是一种简单、准确可靠、试用范围广的方法	需要较多的电池先验知识，电池积分因测量精度会导致累计误差；对干扰比较敏感，受温度、电池放电倍率影响较大
电阻检测	通过计算电池的内阻来推算电池的SOC	理论简单，易操作，只考虑电池放电电流和内阻两个基本因数；在电池放电后期具有较高的精度和较好的适应性	SOC与电阻参数之间的关系复杂，对电池模型要求精确，用传统的数学方法很难建模；且只适应低SOC状态
放电实验法	通过对电池恒流连续放电，放电电流和放电时间的乘积即为剩余电量	方法简单可靠，估算精度高	需要时间较长；测量时电池需处于脱机状态，无法在线实时测量

（续表）

估算方法	描述	优点	缺点
卡尔曼滤波法	将电池看作动力系统，将SOC作为系统的一个内部状态做出最小方差意义上的最优估计	可以得到SOC的估计值，并给出SOC的估算误差，在估算过程中能保持很好的精度，对噪声具有很强的抑制作用	需要建立准确的电池模型；计算量较大，内部参数确定困难
神经网络法	通过模拟电池的动态特性来估算电池的SOC	快速、方便，具有较高的精度，可以根据现场的工况来确定电池的SOC；使用范围广	精确的数学模型难以建立，需要大量的参考数据来进行训练，学习速度慢，训练时间长；估计误差受训练数据和训练方法的影响较大；算法复杂，对硬件要求较高

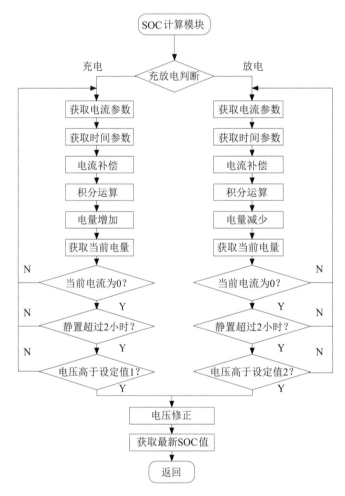

图2-49 SOC估算流程示意图

2）电池组均衡控制策略

车载电池长期使用必然会导致其各单体电池内部产生不一致性。主要表现为内阻不同、单体电压不同以及容量利用率的不同，长期充放电循环还会加剧电池组的不一致性，从而进一步导致各单体电池性能上的差异，如充电时电池组中部分电池充满而另一部分未充满，使整体能量降低；相反放电时又会出现总能量不能完全被利用的情况。久而久之，电池组必将产生电池的过充或过放，从而降低电池使用性能和使用寿命，严重时甚至报废。

电池组均衡保护的目的就是在原有内部不一致性的基础上采取相关的保护和平衡措施，使其内部各单体电池能够长期处于一种基本上平衡，尽量消除各单体间的不一致性，从而确保电池组长期使用的安全性以及延长成组使用的整体寿命。

电池组常用均衡控制策略的选择直接影响着电池组均衡控制效果，判断结果也会出现较大的差异。常用的几种电池组均衡控制策略主要有：基于外电压均衡、基于容量均衡和基于SOC均衡。

① 基于外电压均衡策略。该策略是指在电池组均衡管理中始终以电池的外电压作为电池组一致性的判断标准，处于电压较高的电池采取降压放电措施，电压较低的电池采用充电抬压均衡。这种均衡实现起来较为容易，仅需知道电池的外电压即可实现均衡判断。弊端是容易受到电池内部参数的影响，长期使用会导致判断不稳定。

② 基于容量均衡策略。该策略主要是以电池内部容量的使用率作为电池组整体一致性的评价标准，均衡实现目标就是使得电池组整体的容量使用率达到最大。这种均衡策略的优点是通过该法可以实现容量的最大化利用。由于现实条件下针对电池的最大可用容量只能在静置时进行的原因，因此该法不适合动态条件下的均衡控制。

③ 基于剩余电量SOC的均衡策略。该策略主要是以各电池的SOC作为均衡衡量标准，因为SOC和容量性质相似，因此基于SOC的均衡控制策略一定程度上也可以提高电池组容量的总体利用率。该法的优点是只针对电池的SOC进行测量，并不考虑单体电池的容量，因此实用性较好。但是由于受结构设计的限制，系统并不可能完成对电池组每节电池都进行SOC测量，况且当前SOC估算的精度还不是很高，因此操作起来相对比较复杂。

综合分析以上三种均衡策略可知：基于容量均衡不适合在线均衡，基于SOC均衡策略考虑到目前SOC估算技术还不成熟，因此现主要采用基于外电压的均衡控制策略。

对于电动力汽车，我们需要通过均衡来使电池获得最大的使用容量。使用时，失衡电池会过早地达到终止电压（尤其在4.1到4.3伏/节之间），从而促使充电机停止充电。单体均衡可以解决这一问题，他可以控制电压较高的电池以使其他电池达到同一水平。用这种方法，充电机直到所有电池都同时达到终止电压时才停止工作。

传统的铅酸电池可以通过适当的过充来解决，铅酸电池并不会由于过充而造成永久性的损坏。由于过充的能量可以通过析气来释放，析气机制是解决铅酸电池均衡的一种很自然的方法。别的化学物质，例如镍氢电池，也可以通过这种方法来均衡。由于锂电池不能被过充，不能采用上述这种方法来均衡。因此，我们必须用别的方法。

目前国内外主要采用两大类电路进行均衡：一类是能耗型均衡电路，主要是旁路分流均衡法；另一类是能量反馈型电路（无能耗型均衡电路），主要是电容法和多绕组变压器法。

① 能耗型均衡电路。能耗型均衡方法是利用发热电阻旁路分流，是对每一节电池都接上一个旁路。在复充阶段，将那些已完全充满的单体的旁路接通以进行分流。这种系统对那些充电率已知的系统尤其适用。旁路电阻R的大小需要满足一定要求，要能够恰好分流掉充电电流。若充电电流太小的话，那么旁路电阻就会使电池单体开始放电。因为这个电路

采用的是通过接通旁路电阻，从而消耗掉电池多余电能的方法，因此该电路又被称为能耗型均衡电路，如图2-50所示。

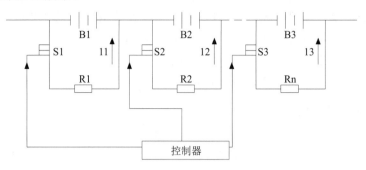

图2-50 旁路分流均衡法原理图

均衡方法有很多种，运用上述方法设计的均衡电路，是最简单、成本也最低的。若选择的电阻能够使得电流I非常小，那么电阻物理尺寸以及开关的额定值都应该非常小，此种均衡方法就能够连续地工作，只要按照需要接通和切断电阻即可。

② 基于电容电路能量反馈型均衡电路。无能耗的均衡方法主要是采用了分流元件，还有就是利用了电压或者电流转换器件，把能量从某单体转移到别的单体。实际上，在这个过程中，这些器件所起的作用仅是一个能量的器件，不损耗能量，这样的均衡电路为能量反馈型均衡电路。

电容元件是全部能量传递元件之中性能最好的存储电荷元件。利用电容达到充电均衡的工作机制，需要一个特定的设备，这个设备需要具有能从某节单体上得到电量，然后储存这些电量，最后还能把电量传至另外某节单体上的特点，电路图如图2-51所示。

通过电子控制器件接通相应开关以使电容C通过单体Cell-1开始充电，充满电之后，开关断开。

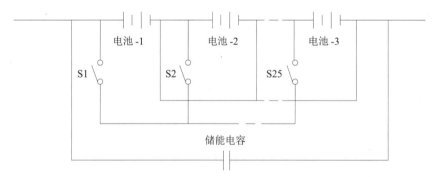

图2-51 基于电容电路能量反馈型均衡电路示意图

然后闭合相应开关，接通电容C与单体Cell-2。由于存在电压上的差异，电量便转送到Cell-2。用同样的方式，电容C分别逐个接通Cell-3、Cell-4……Cell-n，如此循环下去。在此过程中，电量较高的单体会对电容C实施充电，而电量较低的单体会从C中获得电量。用这种方法，高电量单体上的部分电量将转移到低电量的单体上。这种方法所需的唯一电子控制器件是一个固定的开关序列，以接通和断开相应的开关。

③ 基于开关变压器法能量反馈型均衡电路。开关变压器法属于能量转换式均衡模块，它把单体剩余的能量转换到充电总线上，再均匀分配给其他的电池单体，电路如图2-52所示。电路中开关变压器T如同电容法的电容C，整个电池组电流通过MOSFET控制流入变压器T，经过二极管D整流后再分配给所有的电池单体。该方法优点是能够快速地实现整个电池电流能量到单体的转移，缺点是控制复杂，缺乏灵活性。

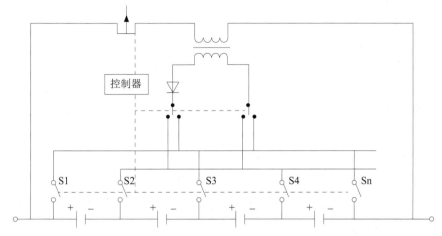

图2-52 基于开关变压器法能量反馈型均衡电路示意图

2. 制动能量回收系统

制动能量回收系统是电动力汽车的重要组成部分，又称再生制动系统，是指汽车在减速制动或下坡滑行时将储存于车身上的势能或部分动能，通过电动机转化为电能，并储存于储能装置中，如：蓄电池、超级电容等，最终增加电动力汽车的续驶里程。

纯电动汽车再生制动系统的结构与原理如图2-53所示，由驱动轮、主减速器、变速器、电动机、AC/DC转换器、DC/DC转换器、能量储存系统以及控制器组成。

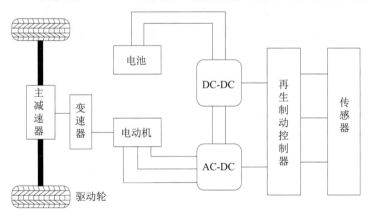

图2-53 电动力汽车再生制动系统结构与原理示意图

制动能量回收的基本原理是先将汽车制动或减速时的一部分机械能（动能）经再生系统转换（或转移）为其他形式的能量（旋转动能、液压能、化学能等），并储存在储能器中，同时产生一定的负荷阻力使汽车减速制动；当汽车再次启动或加速时，再生系统又将储存在储能器中的能量再转换为汽车行驶所需要的动能（驱动力）。

3. 制动能量回收的作用

（1）在目前电动汽车的储能元件没有大的突破与发展的实际情况下，制动能量回收装置可以提高电动汽车的能量利用率，延长电动汽车的行驶里程。

（2）电制动与主动传动相结合，可以减轻传统制动器的磨损，延长其使用周期，达到降低成本的作用。

（3）可以减少汽车制动器在制动，尤其是缓速下长坡以及滑行过程中产生的热量，降低汽车制动器的热衰退，提高汽车的安全性和可靠性。

4. 制动能量回收的方法

根据储能机理不同，电动汽车制动能量回收的方法也不同，主要有3种，即飞轮储能、液压储能和电化学储能。

（1）飞轮储能

飞轮储能是利用高速旋转的飞轮来储存和释放能量，能量转换过程如图2-54所示。当汽车制动或减速时，先将汽车在制动或减速过程中的动能转换成飞轮高速旋转的动能；当汽车再次启动或加速时，高速旋转的飞轮又将储存的动能通过传动装置转换为汽车行驶的驱动力。

图2-54 飞轮储能式能量转换过程示意图

飞轮储能式制动能量回收系统主要由发动机、高速储能飞轮、增速齿轮、离合器和驱动桥组成。发动机用来提供驱动汽车的主要动力，高速储能飞轮用来回收制动能量以及作为负荷平衡装置，为发动机提供辅助的功率以满足峰值功率的要求。飞轮储能式制动能量回收系统如图2-55所示。

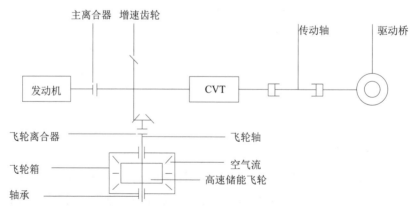

图2-55 飞轮储能式制动能量回收系统示意图

（2）液压储能

液压储能工作过程如图2-56所示，汽车在制动或减速过程中，先将汽车的动能转换成液压能，并将液压能储存在液压储能器中；当汽车再次启动或加速时，储能系统又将储能器中的液压能以机械能的形式反作用于汽车，以增加汽车的驱动力。

图2-56 液压储能式能量转换过程示意图

液压储能式制动能量回收系统主要由发动机、液压泵/马达、液压储能器、变速器、驱动桥、离合器和液压控制系统组成。当汽车以恒定速度行驶时，离合器控制阀通过改变液压油流向，操纵液控离合器使液压泵与变速箱分离，能量回收系统不工作。当汽车制动时，离合器控制阀操纵液控离合器使液压泵与变速箱接合，制动能量通过液压泵和液压控制系统回收至液压储能器中储存；当汽车再次启动或加速时，液控离合器接合，储能器中的液压能通过液压控制系统驱动液压泵（此时为液压马达），以机械能的形式通过变速器与发动机一起作用于驱动轮，以增加汽车的驱动能力。液压储能式制动能量回收系统如图2-57所示。

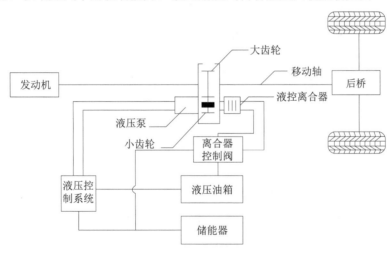

图2-57 液压储能式制动能量回收系统示意图

（3）电化学储能

电化学储能工作过程如图2-58所示，汽车在制动或减速过程中，先将汽车的动能通过发电机转换为电能，并以化学能的形式储存在储能器中；当汽车再次启动或加速时，再将储能器中的化学能通过电动机转换为汽车行驶的动能。储能器可采用电池或超级电容，由发电机/电动机实现机械能和电能之间的转换。系统还包括一个控制单元，用来控制电池或超级电容的充放电状态，并保证电池的剩余电量在规定的范围内。

图2-58 电化学储能式能量转换过程示意图

　　一种用于前轮驱动汽车的电化学储能式制动能量回收示意图，如图2-59所示。当汽车以恒定速度或加速行驶中时，电磁离合器脱开。当汽车制动时，行车制动系统开始工作，汽车减速制动，电磁离合器接合，从而接通驱动轴和变速器的输出轴。这样，汽车的动能由输出轴、离合器、驱动轴、驱动轮和从动轮传到发动机和飞轮上。制动时的机械能由电动机转换为电能，存入电池。制动能量回收系统的类型中，电能式主要由发电机、电动机和电池或超级电容组成，一般在电动汽车上使用；动能式主要由飞轮、无级变速器构成，一般在公交汽车上使用；液压式主要由液压泵/液压马达、储能器组成，一般在工程机械或大型车辆上使用。

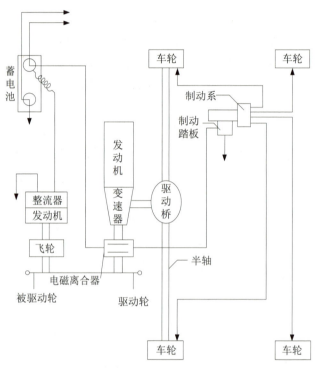

图2-59　前轮驱动汽车电化学储能式制动能量回收示意图

二、　纯电动汽车电池管理系统

　　纯电动汽车是以车载电源为动力，由电动机驱动的机动车辆。纯电动汽车的组成大致分为车载电源、电动机、电池管理及电动驱动装置等。

　　纯电动汽车基本原理如图2-60所示。纯电动汽车关键技术主要包括电机及其控制技术、电池及其电池管理技术等组成。电动机是整个电动力汽车的心脏，它的功率、转速、体积等都是非常需要关注的性能指标；车载动力电池则是纯电动汽车动力的源泉，高功率、安全可靠是对任何一种作为汽车动力源电池的基本要求；电池管理系统则是对若干串联电池其总电压可达几百伏的直流高压电源的直接管理者和安全保障者。

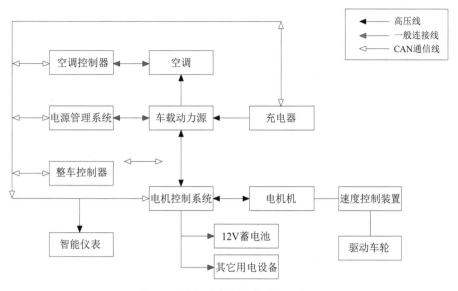

图2-60 纯电动汽车基本原理示意图

1. 纯电动汽车对电池管理系统的要求

纯电动汽车对电池管理系统（BMS）提出了更高的要求，纯电动汽车电池集成系统是一个开放的动力系统，它通过汽车级CAN总线进行通信，和车辆管理系统、充电机、电机控制器协调工作，以满足汽车以人为本的安全驾驶理念。具体来说纯电动汽车对电池管理系统的要求如下：

（1）电池电压和温度等信息的高速采集；

（2）实现电池高效率均衡，充分发挥电池集成系统的容量从而提高电池集成系统的寿命，同时减小热量的产生；

（3）电池的健康状况和剩余电量的估算和显示；

（4）高度可靠的通讯协议（汽车级CAN通讯网络）；

（5）动力总成技术要在保证电池安全使用的前提下，充分发挥电池的潜力，保证电池的性能，提高电池的寿命；

（6）漏电检测，在电动汽车绝缘性能下降的时候发出报警信息。

2. 纯电动汽车电池管理系统功能

纯电动汽车电池管理系统应具有以下具体功能：

（1）过充电保护

电池过充将破坏正极结构而影响性能和寿命，过充电还会使电解液分解，内部压力过高而导致漏液、变形、起火等问题，在恒压失效后随着充电的加深电压达到一定程度（一般限值为6.0V）会引起爆炸，是损坏电池性能的主要原因之一。过充电保护就是当电池组中的某个单元电池的电压高于设定的过充保护电压值，且该状态的保持时间超过预设延时时，保护功能启动，切断充电电路，停止对电池组的充电，并锁定为过充电状态。当电池电压恢复到设定的过充释放电压以下，且保持时间超过预设延时，过充电保护释放。

（2）过放电保护

电池过放电会导致大量活性物质容量不可逆而大量衰减，并可能导致漏液、零电压以及负电压，也是损害电池性能的主要原因之一，故也需要有保护线路控制防止电池的过放电。过放电保护就是当电池组中的某个单元电池的电压低于设定的过放保护电压值，且该状态的保持时间超过预设延时，保护功能启动，切断放电电路，停止对电池组的放电，并锁定为过放电状态。当电池电压恢复到设定的过放释放电压以上，且保持时间超过预设延时，过放电保护释放。

（3）过流保护

过流保护分为充电过流和放电过流。当电池组的充电电流或放电电流超过预设值，且该状态的保持时间超过预设延时时，保护功能动作，切断充电电路或放电电路，停止对电池组的充电或放电，并锁定为过流状态。过流保护在一定时间后自动释放。

（4）短路保护

当电池组发生短路，且该状态的保持时间超过预设延时时，保护功能动作，切断充电电路和放电电路，禁止对电池组进行充电和放电，并锁定为短路状态。

（5）温度保护

系统可进行多点温度采样，包括电池体温度、环境温度、功率器件温度等，根据不同的采样位置，预设相应的保护值。当检测到的温度超过设定的高温保护值，且该状态的保持时间超过预设延时时，保护功能动作，切断充电电路和放电电路，禁止对电池组进行充电和放电，并锁定为短路状态。当检测到的温度恢复设定的高温释放温度以下，且保持时间超过预设延时，高温保护释放。

（6）电压检测

管理系统应可对电池组中每个单元电池的电压进行监控，并转换为数字值。

（7）电流检测

管理系统应可对电池组中的充放电的电流进行监控，并转换为数字值。

（8）温度检测

管理系统应可对电池体温度、环境温度、功率器件温度等温度状态量进行监控，并转换为数字值。

（9）SOC检测

SOC的估算通过相应地估算电池的剩余容量，为系统进行相应的控制提供依据和为驾驶员合理安排驾驶提供参考。

（10）监控显示

管理系统应扩充液晶点阵屏，显示相关检测数据，使用户直观了解电池使用情况。

（11）通信功能

电池管理系统应具备通信功能，可扩充多种总线接口，通过通信接口与设备总线相连，汇报电池组的参数和状态。

（12）受控功能

电池管理系统应可以通过通信接口接收设备总线上发来的控制指令，并做相应响应，如按照总线指令对电池组做开启或关闭等操作。电池管理系统也可以通过通信接口接收设备总线上下传的参数信息，更新或调整电池管理的相关参数，包括保护参数、电压参数、电流参数、温度参数、时间参数等都可通过软件编程的方式灵活修改。

（13）均衡功能

由于电池制作工艺等的差异，使得生产出来的电池性能不可能完全一致，而使用中充放电的不同又加剧了电池的不一致性，这就需要对电池进行有效的均衡，以保证电池组在使用周期内的一致性，从而有效地改善电池组的使用性能、延长电池组的使用寿命。

（14）散热功能

管理系统包含散热组件，可对电池体、功率器件等进行被动散热和主动散热。被动散热采用普通热传递方式，满足系统在正常温度下的散热需求。被动散热无需进行管理控制，不消耗电源功耗；当电池系统的温度超过正常值，被动散热无法满足要求时，管理系统可开启主动散热功能，通过风扇加速空气循环和温度传递，风扇的转速可根据温度高低自动调整。

（15）自检功能

电池管理系统具备自检功能，系统每次运行时首先完成初始化检测，如发现问题则自动做出相应的处理，并通过液晶显示屏或总线接口上报。电池组在工作过程中，管理系统定时巡检，及时发现可能出现的问题，自动做出相应安全处理，并告警显示。

3. 纯电动汽车电池单体电压采样及均衡电路

纯电动汽车的电动机为了得到足够高的驱动电压，车载动力电池组往往都采用多个低压电池相串联的方式来获得高电压。电池串联使用时，单体电池的不一致性对整个电池组的使用寿命和性能具有很大的影响。研究结果表明，造成电池组不一致性的因素中，由于使用过程中单体电池组的充放电的不均衡现象是影响电池寿命和性能的主要原因。

目前纯电动汽车BMS均衡控制电池组的方法主要使用以下几种：

（1）并行平衡充电

这种方法使电池组中每个单体电池都有独立的充电线路，实现各个单体电池的独立充电而互不干扰，但是这种方法接线复杂且成本较高。

（2）并联开关法

这种方法是在充电回路中，每个电池单体都并联一个受控开关，当某节电池电压高于其他电池时，对应的开关闭合使该节电池暂停充电，当其他电池电压与它相同时才断开开关，恢复正常充电。此种方法控制电路复杂且可靠性不高。

（3）能量转移法

这种方法主要通过利用电感或电容储能元件，将各单体电池上的电量进行转移。这种均衡方案中，均衡模块通过继电器或开关管组成的开关网络与电池组并联。不同的是采用电感的能量转移方案通过总充电电流的分流而实现，采用电容的能量转移方案通过开关切换将相邻两节电池中能量较高的一节向能量较低的转移。能量转移均衡法不额外消耗能量，是一种无损均衡方案。但这种均衡方案电路中采用的开关管一般都是大功率器件，存在驱动问题，同时控制电路也较为复杂。

（4）电阻并联均衡方案

这种均衡方案是一种能耗型均衡方案。具体实施方法是每个电池单体都并联一个电阻，通过电池组内单体电池的自消耗放电来达到电池组电压的一致性。这种方法受均衡电阻发热的限制，一般均衡电流较小，充电电流较大时难以达到预期的均衡效果。

4. 纯电动汽车电池管理系统方案

目前已经有很多产品化的电池能量管理系统，总的来说电池管理系统按照实现方式可以分为两类：一类是基于专用管理芯片的电池管理系统；另一类就是基于分立式元器件的电池管理系统。

基于专用管理芯片的电池管理系统一般都将前端数据采集电路、均衡电路、通讯功能以及电量计算等集成在芯片中，辅以外围电路，完成相应的电池管理功能。由于专用管理芯片可以独立完成当前各种的检测，所以此种方式的系统设计简单，可以不必设计算法，且具有体积小、集成度高等优势。缺点是芯片中固有的算法一般只适用于标准状态下的计算，当使用环境变化时，就会产生较大的误差，且由于算法固定，不能修改矫正，设计的灵活性太差。

基于分立元件的电池管理系统分为基于纯硬件的电池管理系统和基于软硬件协调工作的管理系统两种解决方案。基于软硬件协调工作的解决方案由于实现灵活、功能更完善而被各院校和科研单位广泛采用。分立元件方案在产品设计的灵活性上占有一定优势，但也存在元件匹配度不好，数据采集精度下降等一系列问题。

电池管理系统有三种不同的结构形式，集中型结构、分散型结构、集中-分散型结构。

集中型电池管理系统通过对电池组（或由一定数量的电池单体组成的电池包）的基本信息，如电压、电流、温度进行采样，然后在BMS中心处理单元内进行数据的处理、计算、判断并进行相应的控制。集中型管理系统优点在于计算灵活，可以通过修改中心处理器中的软件来适应不同的情况、满足不同的要求；缺点是只能对电池组进行信号采集，无法对每个单体电池的数据进行检测，数据采集精度差，对信号处理要求较高。当任何一个单体电池出现故障时只能更换整个电池组。

分散型电池管理系统通过对每个电池单体进行采样、监控和计算，将计算或判断的结果发送到BMS中心处理器或直接通过总线传输到整车控制系统。这种方式的管理系统没有总的BMS控制板，有几个电池就要有几个小的检测模块。其优点是可以分散安装，通过总线进行连接与通讯，同时采集的数据可以就近处理，精度有保证。缺点是灵活性差，修改起来麻烦。

集中-分散型（集成型）电池管理系统采取分散数据采集、集中数据处理的方式，分别设计电压、电流、温度采集电路，按照程序流程进行电池电压巡检和其他信号量的检测，最终通过中心控制器完成算法与控制功能。此种管理系统结合了上述两种方式的管理系统的优点，但由于通过中心控制器软件系统判定来完成相应的保护功能，普遍存在系统可靠性差、抗干扰能力弱、反应速度慢等缺陷。

综合上述各方案的优缺点，电池管理系统前端数据采集采用专用电池管理芯片，以主控板+单元保护板的结构模式实现，在系统整体方案的设计方面，采用集中—分散式拓扑结构、模块化设计思想、软件—硬件联合控制方法进行设计，系统的功能框图如图2-61所示，系统的结构框图如图2-62所示。

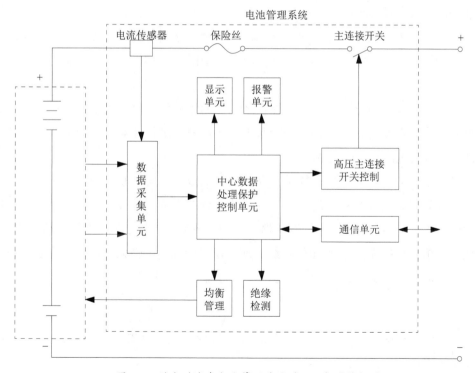

图2-61 纯电动汽车电池管理系统（BMS）功能框图

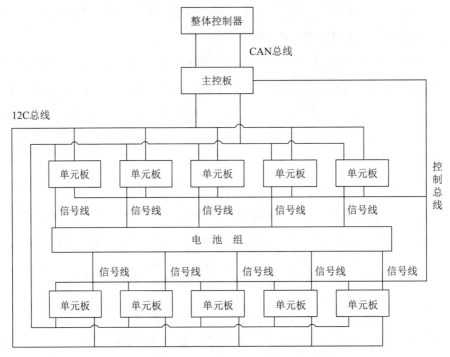

图2-62 纯电动汽车电池管理系统（BMS）结构框图

整个系统从结构上采取主控板+单元板的分层架构，从功能上分为主控模块、数据采样模块、通信模块、绝缘检测模块四部分。

在前端电池组工作数据采样方面，单元保护板通过级联方式以及参考电压的浮动技术实现对多节单体电池串联构成的电池组电池单体电压、工作电流、温度数据等的动态检测。

单元板信号经隔离电路后实现与主控板之间的通讯，将采集到的数据发送到主控芯片上。主控芯片依据各单元检测模块发送的数据对电池SOC进行计算，并依据检测参数进行分析判断后实现对电池异常的软件保护。

在保护功能方面，实行硬件逻辑保护和分析保护双重方案，软件分析保护由主控芯片完成，硬件逻辑保护则通过锂电池专用集控芯片以状态机模式运行，循环周期的采样电池的相关电压、电流和温度信息，对比存储器参数输出放电控制信号和充电控制信号。

每块保护板输出的充/放电禁止信号经"或"逻辑处理后，作为总控制信号管理电池的工作状态，从而实现不受外部干预、高速、可靠的锂电池异常状态硬保护。

5. 电池管理系统运行模式

按照纯电动汽车电池的使用，一般可将电池管理系统分为车载运行模式、整组充电运行模式及单箱充电的运行模式。

（1）车载运行模式

车载运行模式的电池管理系统的结构示意图如图2-63所示。电池管理系统在车载运行模式下的作用：一是控制作用；二是显示作用。

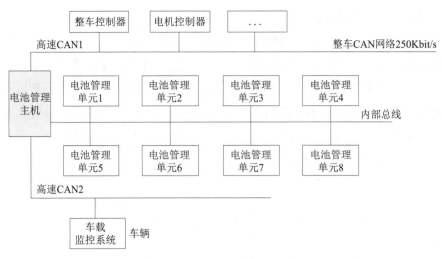

图2-63 车载运行模式的电池管理系统的结构示意图

电池管理主机通过高速CAN1总线将电池的剩余电量、电压、电流和温度等参考量实时地告知整车控制器以及电机控制器等设备，以便采用更加合理的控制策略，既能有效地完成运营任务，又能延长电池的使用寿命。

电池管理主机通过高速CAN2总线将电池的详细信息告知车载监控系统，完成电池状态数据的显示和故障报警等功能，为电池的维护和更换提供依据。

（2）整组充电运行模式

整组充电运行模式电池管理系统的结构框架如图2-64所示。电池管理系统在整组充电运行模式下的作用是实时了解整组电池的充电状态，控制电池充电，完成电动汽车整组电池的充电过程。

整组充电运行模式下，电池不卸载到地面，充电机的充电线直接插在电动汽车的充电插座上进行充电。此时的车载高速CAN或RS-485网络加入充电机节点，其余不变。充电机通过车载高速CAN或RS-485网络了解电池的实时状态，调整充电策略，实现安全充电。

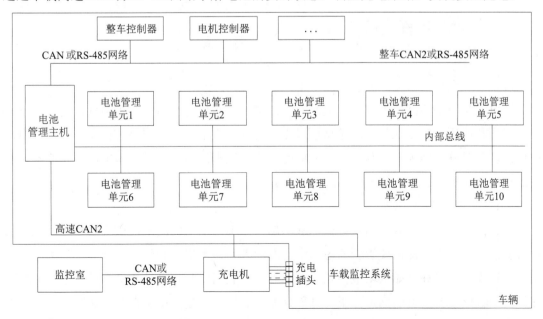

图2-64 整组充电运行模式的电池管理系统的结构框架图

（3）单箱充电的运行模式

单箱充电运行模式电池管理系统的结构示意图，如图2-65所示。电池管理系统在单箱充电运行模式下的作用是适时了解单箱电池的充电状态，控制电池充电，完成单箱电池的充电过程。由于某种原因，日常补充充电模式下从整车卸载下来的只有电池箱以及电池箱内的电池测控模块，而电池管理主机仍在车上。这样，充电的时候利用电池管理单元的高速CAN或RS-485网络进行通信，电池管理单元实时地将电池箱内的各单体电池电压、温度和故障等信息告知充电机，实现安全优化充电。

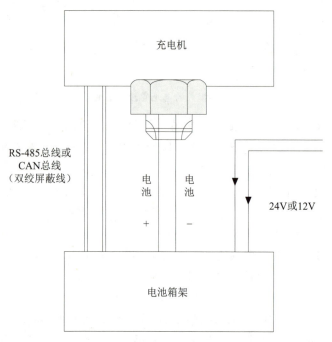

图2-65 单箱充电运行模式的电池管理系统的结构示意图

三、锂电池能量管理策略

1.锂电池组管理方案

锂电池是新型的高能电池，锂电池无可比拟的优越性能在电动汽车领域得到越来越充分的发挥和应用。锂电池的管理策略可以更好地保障电池使用的安全、更充分地发挥电池的性能。现以锂电池为例，从锂电池SOC的估算、锂电池的热管理、锂电池绝缘检测、锂电池充电模式和方法等方面阐述BMS管理策略。

（1）锂电池SOC的估算

单独使用任何一种算法估算锂电池SOC都存在不可避免的缺陷，很难单独应用在实时在线测量环境中，因此需要综合考虑各个方面的因素，得出一种优化的能够实际应用的方法。现以安时积分和初始SOC值修正的综合方案，利用安时积分计算动态过程中SOC的变化量，结合SOC初始值的标定修正安时积分造成的累计误差。由于在纯电动汽车上，电池实际充放电使用中可以做到满充满放，即SOC的工作范围为[0，100%]，这样可以为SOC初始值修正点的选择创造很好的条件。从理论上，该方法对于电动力汽车锂电池管理而言可以取得比较好的效果。

SOC的估测过程如下：

1）充放电变化容量（ΔQ）的计算

$$\Delta Q = \int_{1}^{2} i \times dt$$

在电池充放电使用的大部分过程中，通过安时积分来实时计算SOC值。由于已有专门的安时累积集成芯片，电池电量变化的累积并不困难，且能实现在线计算。

2）初始荷电状态SOC的估算

当单纯的采用安时积分对电池的SOC进行累积的时候，由于存在累积误差、自放电等问题，随着时间的推移，电池SOC的估算误差会逐渐增大。所以，需要定期修正初始荷电状态，这样才能保证SOC估算的准确和精度。对于电池而言，能够直接在线获得的参数主要包括电压、电流和温度，其中电池的电流和温度与电池的荷电状态并无直接对应关系。只有电池的电压，特别是电池的开路电压和电池的SOC之间存在单调、稳定的对应关系，所以可以定期得到电池的OCV（开路电压）并依据OCV-SOC函数曲线获知对应的SOC值，如图2-66所示，对电池的SOC初始值进行修正。

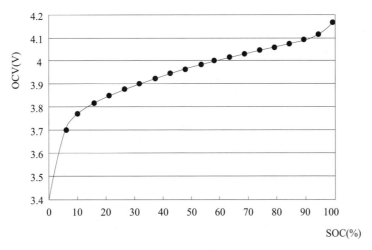

图2-66 锂电池的OCV-SOC曲线

3）电池OCV值的获取

电池外电压（U_o）由开路电压（U_{ocv}）、直流内阻（R_Ω）上的欧姆压降（U_R）和极化阻抗（Z_p）上的极化电压（U_p）组成，其中U_{ocv}与SOC之间存在单调非线性关系。外电压U_o可以直接测得，其关系式为：$U_o = U_{ocv} \pm U_R \pm U_p$

电池外电压（U_o）的电路如图2-67所示。由于电池直流内阻的纯阻性，当电流为零时欧姆压降U_R消失。这样，也可以消除欧姆压降U_R对OCV值估测的不利影响。但是，对于极化电压而言，它的情况要复杂得多。它与电池的内部电化学反应速度和离子扩散速度有关，需要一段时间才能达到新的稳定和平衡状态，因而当电流流过电池（电流从电池上撤离）后，电池的极化电压有一个逐渐消退的过程，呈现明显的滞后性。

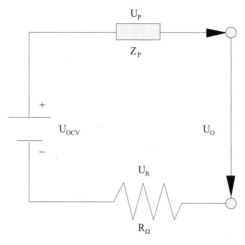

图2-67 锂电池外电压电路示意图

消除极化电压的影响有两种方法：一种是充分静置，另一种是反向去极化。

充分静置是当电池电流为零后，通过对电池的充分静置自然去极化的方法。它的效果很好，能够完全消除极化对内电压测量的影响，但是时间较长，一般需要1~2小时。反向去极化可以快速消除极化电压，缩短静置的时间。但是由于电池的极化电压受车辆实际运行工况、温度、电流、荷电状态、充放电及深度等多方面因素的影响，极化深度、极化电压的大小不能准确获知，因此反向去极化的电量不能很好的把握。另外控制复杂，效果比较差。

由于开路电压对安时积分的修正并不需要实时进行。另外，车辆运行完毕后，特别是夜间停驶的过程中，电池处于静置状态，且静止时间相对较长，电池外电压能达到充分的恢复（搁置时间大于2小时可认为电池充分静置）。这样，就保证了电池内电压的估测精度，提高了SOC初始值的修正精度。

当车辆再次上电的时候，通过计算车辆停驶的时间（BMS系统内设计了实时时钟）可以决定是否采用开路电压进行SOC的校正。另外，电池由于静置时间内的自放电导致的剩余容量的下降最终也会反映到电池的开路电压下降上，所以此时采用开路电压对电池的初始SOC进行修正能同时排除电池自放电的影响，提高电池的SOC估算精度。

4）SOC初始值修正点的选择

锂电池的OCV-SOC曲线，从图2-67中可以看到，电池的曲线大致分为三部分，曲线的低端和高端都比较陡峭，而曲线的中间部分较平缓。也就是说在SOC的[30%，70%]范围内，电压的变化率较小，在SOC的[0，30%]和[70%，100%]区间里，开路电压的变化率很大。这样就涉及到用于修正的开路电压测量精度问题，它将影响到SOC初始值的修正精度。

在电池达到内电动势平衡时，通过电池外电压的测量可以获知电池的内电压。但是实际电压测量是有一定精度的，目前电池管理系统电压测量的精度可以到5‰，对于锂电池电压而言，最大测量误差约为20mV。

因此，为了取得较好的修正精度，选择将电池SOC开路电压的修正点设在OCV-SOC曲线的低端或高端。也就是说，在OCV随SOC变化平缓的时候不进行修正，开路电压较低或较高时候进行修正。不同正极材料的锂电池的OCV-SOC曲线不同，在选择修正用的开路电压具体范围因此也不同，应根据测试得到的OCV-SOC数据具体确定。

5）串联电池组SOC估算方法

对串联电池而言，为了防止组内任意一节电池出现过充电和过放电，必须保证将所有单只电池的$SOC_i \in [0，100\%]$，从而保障电池组在使用过程中的安全和寿命。与单只电池的定义方法类似，电池组的荷电状态（SOC_B）等于电池组的剩余容量Q_{rem}^B与最大可用容量Q_{max}^B的比值（成组电池均采用B上标形式表示，以便于与单只电池的区别）。

当串联电池组放电时，由于流过各节电池的电流完全一样，所以放电容量一样。为了避免电池组内所有电池出现过放电，当任意一节电池达到放完电时，电池组就不能继续放电。

同理，对串联电池组充电时，由于流过各节电池的电流完全一样，所以充电容量一样。为了避免电池组内所有电池出现过充电，当任意一节电池达到充满电时，电池组就不能继续充电。

可见，电池组的最大可用容量Q_{max}^B与组内所有单只电池的最大可用容量及其SOC密切相关。只要保证$SOC_B \in [0，100\%]$，就能保证所有单只电池的$SOC \in [0，100\%]$，从而避免任何过充电和过放电发生，从而为串联电池组的使用提供数据支持，提高电池组使用过程的安全性。

举例如下：

例1：两只最大可用容量均为100Ah，但荷电状态分别为SOC[1]=100%，SOC[2]=0%的电池串联成组。可知该电池组的$Q_{rem}^B = \min(100 \times 100\%, 100 \times 0\%) = 0Ah$，因此这组电池既不能充电也不能放电，这说明电池组的最大可用容量和剩余容量与电池的SOC有很大关系。

例2：两只SOC均等于100%，最大可用容量分别为50Ah和100Ah的电池串联成组，则该电池组的$Q_{rem}^B = \min(50 \times 100\%, 100 \times 100\%) = 50Ah$。可见电池组的最大可用容量与组内所有单只电池的容量都有关系。

例3：两只参数分别为SOC[1]=100%、Q_{max}[1]=50Ah和SOC[2]=25%、Q_{max}[1]=100Ah的电池串联成组。则该电池组的$Q_{rem}^B = \min(50 \times 100\%, 100 \times 25\%) = 25Ah$。可见电池成组后，电池组的容量可能比组内容量最小的单节电池的容量还要小。

（2）锂电池的热管理

在温度过低或过高的情况下，电池的性能不能得到很好的利用，甚至有可能出现安全事故和加速电池的衰退。因此，需要创造条件，对电池的工作温度进行主动式管理，使得电池工作在最佳温度范围内。

对于锂电池而言，工作的温度范围，充电时：-10℃～45℃；放电时：-30℃～55℃。所以，通过一定的措施，保证锂电池在充放电使用的大部分时间内温度保持在这一范围。

对于防止电池温度过高的问题，通常采用强制风冷的策略。通过电池管理系统的实时监测，得到电池组中各单体电池的温度信息。当锂电池温度达到开启风机要求时，电池管理启动风机对电池进行降温，直到温度降到关闭风机时停机。

电池管理系统通过对风机的闭环控制，实现对电池的冷却，风机控制结构如图2-68所示。当电池温度达到故障值时，电池管理发出控制和报警信息，停止对电池的充放电使用，以保证锂电池的安全。

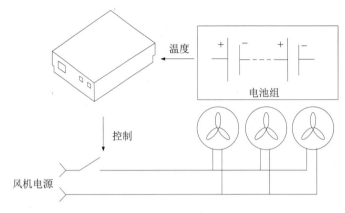

图2-68 锂电池冷却风扇控制示意图

在低温时，由于电池的活性差，电池负极石墨的嵌入能量下降，这时候大电流充电很可能出现电池热失控甚至于安全事故。为了避免这一问题，当电池管理系统监测到电池温度过低时会发出控制信息，充电机根据电池管理发送的温度信息，进行小电流充电。另外，在低温环境（<-10℃）下，电池的内阻随着温度的下降而增加。在充电过程中，电池的欧姆压降损伤的能量增加，这部分能量转化为热量，使得电池的温度逐渐升高。这样在进行一定时间的小电流充电后，当电池管理监测到温度正常后，即可通知充电机恢复至正常电流模式充电。综合以上策略，锂电池的热管理控制流程如图2-69所示。

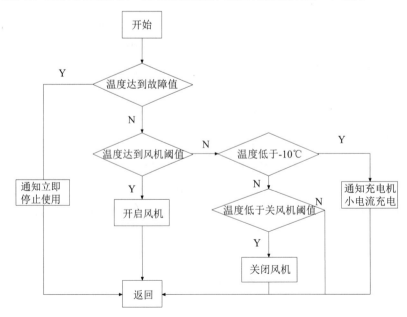

图2-69 锂电池热管理控制流程图

（3）锂电池的绝缘检测

在电动力汽车上，动力电池组电压一般在200V以上，采用较高的电压规范，可减小电动力汽车电气设备的工作电流，降低电气设备和整车的质量。但是，较高的工作电压对车载高电压系统（包括动力电池组、电源变换器、电动机等）与车辆底盘之间的绝缘性能提出了更高的要求。电池组正、负极引线将通过绝缘层和底盘构成漏电流回路，使底盘电位上升，不仅会危及乘客的人身安全，而且将影响低压电气和车辆控制器的正常工作。

绝缘体是相对导电体而言的。在直流电源系统中，定量描述一种介质绝缘性能和导电性能的物理量是电阻。导体的电阻小、绝缘体的电阻大，绝缘体电阻的大小表征了介质的绝缘性能。电阻越大，绝缘性能越好，反之亦然，称此电阻为绝缘电阻。在电动力汽车的高压电气系统中，利用电池组的正极引线电缆和负极引线电缆对底盘的绝缘电阻来反映电气系统的绝缘性能。

目前，在一些电动力汽车上，采用了一种变阻抗网络的方法来测量电池组对底盘的绝缘电阻。

假设电池组的总电压为U_o，待测的正负母线与底盘之间的绝缘电阻分别为R_o、R_n，正、负母线与底盘之间的电压分别为U_p、U_n，测量原理如图2-70所示。

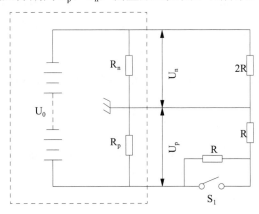

图2-70 电池组绝缘检测电路图

当S_1断开的时候，测得正、负母线与底盘之间的电压分别为U_{p1}、U_{n1}，

$$\frac{U_{n1}}{R_p} + \frac{U_{n1}}{2R} = \frac{U_{p1}}{R_n} + \frac{U_{p1}}{2R}$$

S_1闭合的时候，测得正、负母线与底盘之间的电压分别为U_{p2}、U_{n2}，

$$\frac{U_{n2}}{R_p} + \frac{U_{n2}}{2R} = \frac{U_{p2}}{R_n} + \frac{U_{p2}}{R}$$

联立以上两式可见，未知量只有两个，因此即可求解得到绝缘电阻R_p和R_n。

$$R_p = \frac{2R(U_{n2} \times U_{p1} - U_{n1} \times U_{p2})}{2U_{n1} \times U_{p2} - U_{n2} \times U_{p1}}$$

$$R_n = \frac{2R(U_{n2} \times U_{p1} - U_{n1} \times U_{p2})}{U_{n2}U_{p1} - U_{n1}U_{p2} + U_{p1}U_{p2}}$$

由此可见，通过测得开关S_1通断时刻的正、负母线对车体的电压值，可以计算出正对地、负对地的绝缘电阻R_p、R_n。

在国际电动力汽车标准中规定绝缘电阻应大于100Ω/V（按动力电池的标称电压计算），并将绝缘等级分为三等：低于100Ω/V表示绝缘等级差；介于100Ω/V和500Ω/V之间表示良好；大于500Ω/V表示绝缘等级优良。

2. 锂电池组的充电模式

对于动力电池而言，充电过程是实现电池能量补给的过程，在电池使用过程中起着重要的作用。电池充电模式和方法的优劣对电池容量的有效利用和安全性有着重要影响。科学、合理的充电模式和方法能保障电池充电过程的安全，提高电池能量利用效率，减缓电池性能的下降速率。现以锂电池的充电为例，阐述一种电池管理和充电机配合的充电模式能够保障电池充电的安全性，充分利用电池的当前状态信息实现充电过程的控制。

（1）基于电池组端电压的充电模式

目前充电方法主要有恒压、恒流、恒压恒流、快速充电以及智能充电等几种。这些方法都是以充电机的输出电压为反馈信号来实现充电过程的阶段转换和电压、电流闭环控制。以最为常见的恒压恒流充电方法为例，其基本的充电控制原理是：当充电机的输出电压低于限制电压的时候，采用恒定电流模式对电池组进行充电，在这个过程中，充电机的输出电压逐渐地上升；当其达到设定的限制电压的时候，转为恒电压控制阶段，为了保证充电机的输出，电压维持在限制电压，于是充电电流逐渐地降低，当充电电流达到停止电流的时候，认为电池组已经充满，充电过程结束。

这种模式充电的结构如图2-71所示，在电池组实际充电的过程中，由于充电线路的长短不确定，当以大小为I的电流进行充电的时候，线路的阻抗R_1+R_2会对应的线路压降为I*（R_1+R_2）。所以电池组的实际电压V_2和充电机的输出电压V_1之间存在如下关系：

$$V_1=V_2+I*（R_1+R_2）$$

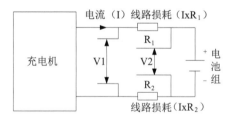

图2-71 基于端电压的充电模式结构图

所以，采用V_1作为反馈量进行充电电流控制的话，由于$V_1>V_2$，电池的充电过程会在V_2达到充电截止电压之前进入恒压，使得充电电流减小，充电时间延长。由于充电结束之前，电池的充电电流很小，所以线路压降减小，电池的充电容量并不会受到很大的影响。在此基础上的一种改进方法就是引出两根检测线，直接连接于电池组的正负极。这两根导线虽然也可能较长，但是流过的电流很小，线路损耗明显减小，从而得到电池组的实际端电压V_2并将作为反馈控制量，真正实现电池组端电压的恒电压充电，解决了以上的问题。

可以看出，充电机和充电控制的设计只是从电力电子的角度进行了考虑，而没有考虑到电池的特性。当这样的充电控制方法应用于单体电池的时候，由于单体电池的电压就是被控参数，能防止单体电池的过充电和过放电，保障充电的安全。当电池串联成组使用后，理想情况下，电池组内所有电池的特性完全一样，通过检测电池组的总电压再除以电池串联数量，就能得到单只电池的电压。但是，由于电池生产和使用过程中的差异，电池之间的一致性是相对的，不一致是绝对的。因而在电池组使用和充电过程中，必然会出现单体电池电压不一致的情况。所以总会出现一部分电池先于其他电池充满电或者到达单体电压上限，由于电池组端电压对应的是所有单体电池的平均电压，因此某些单体的过充并不能从电池组的端电压上反应出来，也不会被充电机检测到。其结果是充电机仍会按照原来的模式充电，致使这部分电池出现明显的过充电而损坏电池组的性能，乃至有可能导致安全事故的发生。

（2）基于电池管理和充电机配合的充电模式

基于电池组端电压的充电模式不能充分地得到电池组内所有单体电池的信息，并且忽略了电池的温度对电池充电性能的影响，所以并不能有效地保障电池的安全性。有效地保障所有电池的电压和温度在安全范围之内，并纳入电池的充放电管理就能有效地保障电池使用的安全性。但是如果要求充电机直接测量电池组内所有单体电池的电压和温度并纳入充电控制的做法在实际中可行性很小，因为这会受到连线繁琐、安全性降低、单体电池数量不确定以及通用性差等一系列问题的制约。相对而言，作为电池系统重要组成部分，肩负着实时监控电池状态、有效利用电池能量以及保障电池使用安全的电池管理系统（BMS）是对电池状态和性能最为了解的设备，能有效地得到所有电池的电压和温度数据，所以只需要将BMS与充电机系统之间建立通讯链路，实现数据共享，就能有效地解决以上问题。基于此，提出了BMS和充电机系统配合的充电模式，其基本系统结构如图2-72所示。

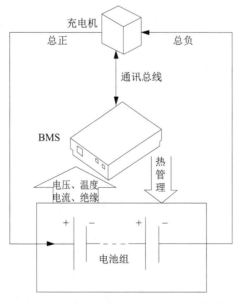

图2-72 基于电池管理和充电机配合的充电模式结构图

BMS的作用是实现对电池状态的在线监测（电池的温度、单体电池电压、工作电流、电池和电池箱或架之间的绝缘）、SOC估算、状态分析（SOC是否过高、电池温度是否过高/低、单体电池电压是否超高/低、电池的温升是否过快、绝缘是否故障、是否过电流、电池的一致性分析、电池组是否存在故障以及是否通讯故障等）以及实施必要的热管理。

充电机的主要任务有电源变换、输出电压和电流的闭环控制、必要的保护以及与BMS通讯，实现电池状态的全面了解和输出电流的动态调节。当电池组需要充电的时候，除了充电机的输出总正和总负动力线需要与电池组相连以外，BMS和充电机之间还增加了用于实现数据共享的通讯线。

该充电模式通过电池管理系统和充电机系统之间建立的通讯链路，实现了数据共享，使得在整个充电过程中电池的电压、温度以及绝缘性能等安全性相关的参数都能参与电池的充电控制和管理，使得充电机能充分地了解电池的状态和信息，并据此改变充电电流，有效地防止了电池组中电池发生过充电和过温，大大提高了串联成组电池充电的安全性。另外，该充电模式既完善了BMS的管理和控制功能；提高了充电的安全性和智能化水平，还简化了充电工作人员设置充电参数等繁琐的工作，使得充电机具有了更好的适应性，充电机不需要区分电池的类型，只需要得到BMS提供的电流指令就能实现安全的充电。

3. 锂电池的充电方法

（1）锂电池的特点

锂电池有许多显著的特点，主要表现为：

1）工作电压高。锂电池工作电压为3.6V，是镍氢和镍镉电池工作电压的3倍。

2）比能量高。锂电池比能量已达到150Wh/kg，是镍镉电池的3倍，镍氢电池的1.5倍。

3）循环寿命长。目前锂电池循环寿命已达到1000次以上，在低放电深度下可达几百万次，超过了其他几种电池。

4）自放电率低。锂电池月自放电率仅为6%~8%，远低于镍镉电池（25%~30%）和镍氢电池（15%~20%）。

5）无记忆性。可以根据要求随时充电，而不会降低电池性能。

6）必须有特殊的保护电路，以防止过充。

（2）锂电池的充放电特性

电压方面，锂电池对充电终止电压的精度要求很高，一般误差不能超过额定值的1%。终止电压过高，会影响锂电池的寿命，甚至造成过充电现象，对电池造成永久性的损坏；终止电压过低，又会使充电不完全，电池的可使用时间变短。

充电电流方面，锂电池的充电率（充电电流）应根据电池生产厂的建议选用。虽然某些电池充电率可达2C，但常用的充电率为0.5~1C。在采用大电流对锂电池充电时，因充电过程中电池内部的电化学反应会产生热，因此有一定的能量损失，同时必须检测电池的温度以防止过热损坏电池或产生爆炸。此外对锂电池充电，若全部用恒定电流充电，虽然可以在一定程度上缩短充电时间，但很难保证电池充满，如果对充电结束控制不当还会造成过充现象。

放电方面，锂电池的最大放电电流一般被限制在2～3C左右。更大的放电电流会使电池发热严重，对电池的组成物质造成损坏，影响电池的使用寿命。同时，由于大电流放电时，电池的部分能量转变成热能，因此电池的放电容量将会降低。在造成过放电（低于3.0V）时，还会造成电池的失效。对于过放电的锂电池，在充电前需要进行预处理，即使用小电流充电，使电池内部被过放电的单元被激活。在电池电压被充电到3.0V后再按正常方式充电，通常将这一阶段的充电称为预充电。

锂电池的充电温度一般应该被限制在0℃～60℃范围内。电池温度过高会损坏电池并可能引起爆炸；温度过低虽不会造成安全方面的问题，但很难将电池充满。由于充电过程中，电池内部将有一部分热能产生，因此在大电流充电时，需要对电池进行温度检测，并且在超过设定充电温度时停止充电以保证安全。

（3）锂电池的充电方法

锂电池可以采用不同的充电方法，其中最简单的充电方法是恒压充电。采用恒压充电时，电池电压保持不变，而充电电流将逐渐降低。当充电电流降到低于0.1C时，就认为电池被充分充电了。为了防止有缺陷的电池无休止地进行充电，采用一个备用定时器来终止充电周期。

恒压充电是一个相对节省成本的方法，但是这种方法却需要很长的电池充电时间。由于在电池充电期间充电电压保持恒定，因而充电速率也降低得很快。这样，电池就只是在比其能够接受的低的多的电流强度下进行充电。

兼顾充电过程的安全性、快速性和电池使用的高效性，锂电池通常都采用恒流恒压充电方法，其充电过程可分为预充电、恒流充电、恒压充电三个阶段，如图2-73所示。

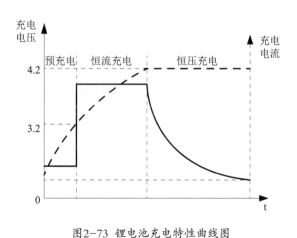

图2-73 锂电池充电特性曲线图

1）预充电阶段

在该状态下，首先检测单节锂电池电压是否较低（＜3.0V），如果是则采用涓流充电，即一个比较小的恒定电流对电池进行充电直至电池电压上升到一个安全值。否则可省略该阶段，这也是最普遍的情况。因为预充电主要是完成对过放的锂电池进行修复。

2）恒流充电阶段

涓流充电后，充电器转入恒流充电状态。该状态下，充电电流保持不变的较大的值，电池的最大充电电流决定于电池的容量。

在恒流充电和预充电状态下，通过连续监控电池的电压和温度，可以采用以下两种恒流充电终止法：

电池最高电压终止法。当单节锂电池电压达到4.2V时，恒流充电状态应立即终止。

电池最高温度终止法。在恒流充电过程中，当电池的温度达到60℃时，恒流充电状态应立即终止。

3）恒压充电阶段

恒流充电结束时，则转入恒压充电状态。在该状态下，充电电压保持恒定。因为锂电池对充电电压精度的要求比较高，单节电池恒压充电电压应在规定值的±1%之间变化，因此要严格控制锂电池的充电电压。在恒压充电过程中，充电器连续监控电池的电压、温度、充电电流和充电时间。

常用的恒压充电终止方法有以下四种方法：

① 电池最高电压。当单节锂电池的电压达到4.25V时，恒压充电状态自动终止。

② 电池最高温度。当锂电池的最高温度达到60℃时，恒压充电状态自动终止。

③ 最长充电时间。为了确保锂电池安全充电，除了设定最高电压和最高温度外，还应设置最长恒压充电时间，在温度和电压检测失败的情况下，可以保证锂电池安全充电。

④ 最小充电电流。在恒压充电过程中，锂电池的充电电流逐渐减小，当充电电流下降到一定数值（通常为恒流充电电流的1/10）时，恒压充电状态自动终止。

此外，电池充足电后，若电池仍插在充电器上，电池会由于自放电而损失电量。充电器应以非常小的电流对电池充电或是监测电池电位以备对电池再充电，这种状态称为维护充电状态。

知识拓展

一、动力电池历史与现状

根据电动汽车对电能源的使用特点和要求，国内外动力电池的研发历程，迄今为止经历了三代的发展，已取得了突破性的进展。

第一代是铅酸电池。主要是阀控式密封铅酸（VRLA）电池，其特点是大电流放电性能良好，价格低廉，资源丰富，电池回收率高。但是质量比能量低，主要原材料铅有污染。新开发的双极耳卷绕式VRLAB已经通过混合动力汽车（HEV）试用，其能量密度比平板涂膏式铅酸蓄电池有明显提高。

第二代是碱性电池。主要有镍镉（Ni-Cd）、镍氢（Ni-MH）和锂离子（Li-ion）等多种电池，其比能量和比功率都比铅酸电池高，因此大大提高了电动汽车的动力性能和续驶里程，但其价格却比铅酸电池高。目前镍氢（Ni-MH）电池是非插电式混合动力汽车（HEV）的主要动力电池。日本松下能源公司已为HEV提供了1000万只以上的Ni-MH电池。

锂离子（Li-ion）电池（LIB）和聚合物（Li-Polymer）电池（PLIB），其能量密度高于铅酸电池（VRLA）电池和镍氢（Ni-MH）电池，质量比能量达到200［Wh/kg］（PLIB），单体电池电压高3.6V，当其安全问题得以解决后，将是最具竞争力的动力电池。

第三代是燃料电池。质子交换膜燃料电池（PEMFC）和直接甲醇燃料电池（DMFC）。其特点是无污染，放电产物为H_2O，是真正的电化学发电装置。以H_2或甲醇作为燃料，O_2为氧化剂，直接转化为电能作为车载动力，而前面所说的镍氢电池和锂离子电池均属于电能的转换和储能装置，电池本身并不能发出电能，必须对电池进行充电，将电能转换成化学能，在使用时再将化学能转变为电能作为车载动力。所以，这类电池目前仍然要消耗由矿物燃料发出的电能。

燃料电池是车载动力的最经济、最环保的解决方案，但是要实现商业化还有许多问题需要解决，如价格昂贵、采用贵金属铂和铑作为催化剂、氢的储存运输、电池寿命的问题。为了解决燃油汽车排放对环境的污染，以电池为动力的电动汽车（electric vehicle）和油电混合电动汽车（hybrid electric vehicle）成为世界各国研发的热点．其中动力电池的研发更是成败的关键。

世界各国现都将电动汽车作为发展目标之一，并且已经批量生产和销售，市场增长迅速。到2020年，美国、欧洲、中国和日本纯动力汽车（EV）和混合动力汽车（HEV）的比例将占汽车产量的25%左右。到2023年，欧洲混合动力汽车将达到70%，而传统的燃油汽车将下降至30%。全球出现了投资车载电池热，如2006年日本三洋公司与德国大众汽车公司合作开发HEV专用大容量锂离子电池，2012年正式在环保汽车中投入使用。三洋公司2008年以后的8年共投资800亿日元，预计到2015年车用锂离子电池产量为1000万块/月，满足170万～180万辆EV/HEV的需求。NEC公司与日产公司联合开发EV/HEV等环保汽车专用锂离子电池，2009年投产，可供1万辆汽车使用。丰田公司与松下公司合作大幅度增产HEV等环保车型车载电池，投资300亿日元共建Panasonic EV能源公司，增加车载镍氢（Ni-MH）电池产量，投资700亿日元在静冈建设锂离子电池厂，使HEV产量达到全球汽车总产量的1/10。预计到2025年全球电动汽车用电池的需求量将增加3倍，达到23亿美元。中国在动力电池上的投资热不亚于发达国家，甚至有投资过热的现象。

日前世界各国在发展纯电动汽车和混合动力汽车中，动力电池最基本的五项要求：能量、功率、安全、价格和寿命，影响了电动力汽车和混合动力汽车的推广。比较成功的是日本丰田的全混合动力汽车普锐斯（PRIUS），从1997年推向市场，到目前已经累计销售300万辆。

我国《电动汽车科技发展"十二五"专项规划》指出,发展电动汽车要重点突破电池、电机、电控等关键核心技术。在电动汽车的三大核心技术中,动力电池更是发展新能源汽车的软肋,世界各国竞相追逐电动汽车电池专利。从世界范围内专利申请的总量看,日本专利的数量最大,其次是美国。中国的动力电池企业必须拥有自主知识产权,才能在新能源汽车发展的竞争中处于有利地位。

二、动力电池类型与特征

电动汽车主要电能源的动力电池,按其工作性质及使用特征来分类,一般分为四类。

1. 一次电池(原电池)

原电池是指在放电后不能用充电的方法使它复原的电池。这种类型的电池只能使用一次,放电后电池只能被遗弃。这类电池不能再充电的原因,或是电池反应本身不可逆,或是条件限制使可逆反应很难进行,如锌锰干电池、锌汞电池、银锌电池。

2. 二次电池(蓄电池)

放电后又可用充电的方法使活性物质复原而能再次放电,且可反复多次循环使用的电池。这类电池实际上是一个化学能量储存装置,用直流电将电池充足,这时电能以化学能的形式储存在电池中,放电时,化学能再转换为电能,如铅酸电池、镍镉电池、镍氢电池、锂离子电池、锌空气电池等。

3. 储备电池(激活电池)

此类储备电池的正、负极活性物质和电解液不直接接触,使用前临时注入电解液或用其他方法使电池激活的电池。这类电池的正、负极活性物质化学变质或自放电,因与电解液的隔离而基本上被排除,从而使电池能长时间储存,如镁银电池、钙热电池、铅高氯酸电池。

4. 燃料电池(连续电池)

即只要活性物质连续地注入电池,就能长期不断地进行放电的一类电池。它的特点是电池自身只是一个载体,可以把燃料电池看成一种需要电能时将反应物从外部送入的电池,如氢燃料电池。

需要说明的是,上述分类方法并不意味着某一种电池体系只能分属一次电池、二次电池、储备电池或燃料电池。某一种电池体系可以根据需要设计成不同类型的电池。如锌银电池,可以设计成一次电池,也可以设计成二次电池或储备电池。

练习题

一、判断题

1. 比能量是保证电动汽车能够达到基本合理的行驶里程的重要性能。（　　）
2. 碱性蓄电池是以氢氧化钾等碱性水溶液为电解液的二次电池的总称。（　　）
3. 燃料电池是一种将燃料和氧化剂的化学能通过电极反应直接转换为电能的发电技术。（　　）
4. 电池管理系统的核心问题就是SOC的预估问题。（　　）
5. 电动汽车的制动能量回收是指车辆在制动过程中所能实现的能量回收。（　　）

二、选择题

1. 以下不是电动汽车动力电池主要性能参数的是（　　）。
   A. 电压　　　　　　　　B. 电流　　　　　　　　C. 容量　　　　　　　　D. 能量
2. 以下不是电动汽车动力电池中的碱性电池的是（　　）。
   A. 阀控式铅酸电池　　　B. 镍氢电池　　　　　　C. 锂离子电池　　　　　D. 聚合物电池
3. 以下不是电动汽车常用锂电池正极主要材料的是（　　）。
   A. 钴酸锂电池　　　　　B. 锰酸锂电池　　　　　C. 铅酸锂电池　　　　　D. 磷酸铁锂电池
4. 以下不是电动汽车三元聚合物锂电池正极材料使用的是（　　）。
   A. 钴　　　　　　　　　B. 锰　　　　　　　　　C. 镍　　　　　　　　　D. 磷
5. 燃料电池能量转换效率比热机和发电机高得多，能量转换效率高达（　　）。
   A. 40%～60%　　　　　B. 50%～70%　　　　　C. 60%～80%　　　　　D. 70%～90%

三、简答题

1. 电动汽车对动力电池的特别要求有哪些？

2. 电动汽车锂离子电池失效的主要原因有哪些？

3. 动力电池的电池管理系统基本功能有哪些？

4. 电动汽车制动能量回收的作用是什么？

5. 锂电池常用的充电方法有哪些？

第三章　纯电动汽车电动机及控制技术

用于电动汽车的驱动电动机与常规的工业电动机不同。电动汽车的驱动电动机通常要求频繁地起动/停车、加速/减速，低速或爬坡时要求高转矩，高速行驶时要求低转矩，并要求变速范围大。而工业电动机通常优化在额定的工作点。因此，电动汽车驱动电动机比较独特，应单独归为一类。它们在负载、技术性能和工作环境等方面有着特殊的要求。

第一节　电动汽车电动机的基本特点

电机驱动系统是电动汽车中最关键的系统，电动汽车运行性能主要决定于电机驱动系统的类型和性能。电动汽车与其他电力驱动系统相比较，有其自身的特点。它对驱动系统有其相应的特殊要求：

① 能够频繁地启动、停车、加减速，对转矩控制的动态性能要求高。

② 电动车驱动的速度、转矩变化范围大，既要工作在恒转矩区，又要运行在恒功率区，同时还要求保持较高的运行效率。

③ 能在恶劣工作环境下可靠地工作。

在确定了电动汽车的目标性能后，可对与之相匹配的电机驱动系统的性能提出要求。

一、电动汽车对电动机的要求

驱动电动机是驱动纯电动汽车（EV）行驶的唯一动力装置。驱动电动机的主要任务是将储存在动力电池中的电能高效率地转化成能驱动车轮行驶的机械能，并能在车轮制动时将制动能回收给动力电池进行充电。电动汽车行驶的特点是频繁地启动、加速、减速、停车等。在起步、低速行驶和爬坡时需要电动机输出高转矩，在高速行驶时需要电动机输出高功率。同时电动机的转速范围应能满足汽车从零到最大行驶速度的要求，即要求驱动电动机具有高的比功率和功率密度。电动汽车电动机应满足的主要要求可归纳为如下10个方面：

（1）高电压。在允许的范围内，尽可能采用高电压，以减小电动机的工作电流，这样可以减小电动机的外形尺寸和内部导线等装备的尺寸，特别是可以降低逆变器的制造成本。电动机工作电压由274V提高到500V时，在外形尺寸不变的条件下，电动机最大功率可由33kW提高到50kW，最大转矩由350Nm提高到450Nm。由此可见，应用高电压驱动的系统对汽车动力性能的提高极为有利。

（2）高转速。电动汽车所采用的感应电动机的最高转速可以达到8000～12000r/min，高转速电动机的体积较小，质量较轻，有利于降低整车的装备质量。

（3）质量轻，体积小。电动机可通过采用铝合金或其他类型的轻质合金材料作为外壳等途径降低电动机的质量，各种控制装置和冷却系统的材料等也应尽可能选用轻质材料。电动汽车驱动电动机要求有高的比功率(电动机单位质量的输出功率较大)和在较宽的转速和转矩范围内都有较高的效率，以实现降低整车重量，延长车辆续驶里程。而工业驱动电动机通常对比功率、效率及成本进行综合考虑，在额定工作点附近对电动机效率进行优化。

（4）电动机应具有较大的启动转矩和较大范围的调速性能，以满足车辆启动、加速、匀速、减速、制动等所需的转矩、功率与转速。电动机应具有自动调速功能，以简化传动系统，提高传动效率，同时减轻驾驶员的操纵强度，提高驾驶的舒适性，且能够达到与内燃机汽车加速踏板同样的控制响应。

（5）电动汽车驱动电动机需要有耐受4～5倍过载工作的能力，以满足车辆短时加速行驶和最大爬坡度的要求。

（6）电动汽车驱动电动机应具有高的可控制性、稳态精度、动态性能，以满足多部电动机协调运行。

（7）电动汽车的驱动电动机应具有高效率性、低损耗性，并在车辆减速时，可进行制动能量回收。

（8）电动机的电气系统安全性和控制系统的安全性应达到有关的标准和规定。电动汽车的各种动力电池组和电动机的工作电压可以达到300V以上，因此必须装备高压保护装置以保证使用和维修的安全。

（9）电动汽车的驱动电动机能够适应恶劣的工作条件，并且能持续可靠工作。电动机应具有高的可靠性、耐温和耐潮性，并在运行时噪声低，能够在较恶劣的环境下长期工作。

（10）电动汽车的驱动电动机满足结构简单、适合大批量生产、使用维修方便、制造成本低、购置价格便宜等要求。

二、电动汽车电动机的选择

电动汽车电动机应具有良好的转矩-转速特性，一般具有6000～15000r/min的转速。根据车辆行驶工况，驱动电动机可以在恒转矩区和恒功率区运转。驱动电动机应经常保持在高效率范围内运转。在低速大转矩（恒转矩区）运转范围内效率在0.75～0.85之间，在恒功率运转范围内效率在0.8～0.9之间。

电机功率的选择将对电动汽车的动力性和经济性有着重要的影响。对于纯电动汽车用电机，在选择电机的功率时还要考虑以下几个因素：

① 最高车速。电机的功率必须能满足电动汽车最高车速的功率要求，以保证汽车在良好路面和空载情况下，能获得较高的行驶速度。

② 加速性能。电机的功率越大，则电动汽车的后备功率就越多，从而其加速性能越好。但过多的后备功率又会增加纯电动汽车不必要的能量消耗。

③ 由于汽车的行驶工况较为复杂，需要电机具有一定的过载能力，即能承受较大的过载电流，能发出高于额定转矩2倍以上的转矩。

三、电动汽车电动机的性能

1. 电动汽车电动机的类型

电机驱动控制系统是新能源汽车车辆行驶中的主要执行机构，驱动电机及其控制系统是新能源汽车的核心部件（电池、电机、电控）之一，其驱动特性决定了汽车行驶的主要性能指标，它是电动汽车的重要部件。

适用于电力驱动车辆的电动机可分为直流电动机（将直流电能转换为机械能的电动机）和交流电动机（将交流电能转换为机械能的电动机）两大类。电动汽车常用电动机的基本类型如图3-1所示。

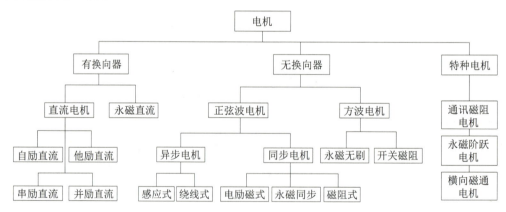

图3-1 驱动电机的基本类型

电动汽车最早采用的是直流电动机。随着电子技术和自动控制技术的发展以及电动汽车要求的提高，无刷直流电动机、异步电动机、永磁同步电动机和开关磁阻电动机等显示出比直流电动机更为优越的性能，在电动汽车中应用越来越广泛。电动汽车常用电动机的类型如图3-2所示。

开关磁阻电动机

交流感应（异步）电动机

永磁无刷电动机

直流电动机

图3-2 电动汽车常用电动机类型

2. 交流电机与直流电机性能比较

电动汽车常用电动机的性能特点见表3-1。

（1）在目前和今后较长时期内，在上述四类电动汽车驱动系统中，交流感应电机驱动系统的性能价格比最高，最值得在大功率电动汽车上优先推广应用。

（2）直流电机驱动系统由于成本低，技术成熟，在目前或今后相当长一段时期内仍将广泛应用，但随着功率半导体器件性能的不断提高及价格的大幅度降低，在电动汽车上，直流电机驱动系统的使用范围将逐渐缩小。

（3）随着成本的降低和可靠性的进一步提高，永磁同步电机驱动系统在电动汽车上也将在一定范围内得到应用，特别是小功率的永磁同步电机驱动系统。

（4）交流感应电机和开关磁阻电机转子结构简单、坚固、可以免维护，允许高速旋转。与同容量的直流电机相比具有体积小、重量轻、价格便宜的优点，所以电动汽车采用交流驱动是一个发展方向。

（5）电动汽车对电驱动系统的要求：高可靠性、高性能、高效率、低成本，调速范围宽。直流驱动系统很难满足这些要求，而交流驱动系统有可能实现这一目标。

表3-1 电动汽车电动机的性能特点

电动机性能 ＼ 电动机类型	直流电动机	交流永磁电动机（同步）	交流感应电动机（异步）	开关磁阻电动机（交流）
最大效率（%）	85～89	95～97	94～95	<90
10%负载效率	80～87	90～92	79～85	78～76
最高转速（rpm）	4000～6000	4000～10000	9000～15000	>15000
电机成本（kW/＄）	10	10～15	8～12	6～10

（续表）

电动机类型 电动机性能	直流电动机	交流永磁电动机 （同步）	交流感应电动机 （异步）	开关磁阻电动机 （交流）
控制器成本（$）	1	2.5	3.5	4.5
机械坚固性	良	良	优	良
工作可靠性	一般	良	优	良
功率因数（%）	无	90～93	82～85	76～78
电动机外廓	大	小	中	小
衡功率区	无	1：2.25	1：5	1：3
控制器操作性能	最好	好	好	好

3. 电动机主要性能参数

（1）额定电压U_e（V）。电动机在额定运行时，电动机定子绕组应输入的线电压值，一般小型直流电动机为36～48V，单相交流电动机为220V，三相交流电动机为380V，特种电动机的电压可达500V。

（2）额定电流I_e（A）。电动机在额定电压下，电动机轴上输出的机械功率为额定功率时，电动机定子绕组通过的线电流值。

（3）频率f（Hz）。三相电流的频率。我国为50Hz的三相电流，国外多采用60Hz的三相电流。

（4）额定转速（r/min）。电动机在指定的频率（我国为50Hz）时，电动机在额定电压下，电动机输出轴上输出的机械功率为额定功率时电动机的转速（r/min）。

（5）额定功率P_e（kW）。电动机在额定运行时电动机轴上输出的机械功率：

$$P_e = U_e \times I_e \times \eta_e \quad (kW)$$

（6）峰值功率P_{max}（kW）。电动机在额定转速运行时，电动机轴上输出的最大机械功率；电动机的峰值功率约为额定功率的2～3倍。

（7）机械效率（η_e）。电动机在额定转速运行时电动机轴上输出的机械功率，与电动机在额定转速运行时，电源输入到电动机定子绕组上的功率之比值（%），要求电动机高效区（效率大于85%）占电机整个运行区间50%以上。

（8）电机温度（C°）。电动机在运行时允许升高的最高温度。

4. 电动机控制系统的发展

由于可以有效利用的电池能量有限，因此高性能的电力变换器以及构成它的电力装置等就成为电动机驱动用控制器的核心，这也是现在和未来发展的方向。

电动汽车中，直流电动机的电池电压为100V～120V，交流电动机则多使用288V，电流则在200A～300A左右。直流电动机在小型车上多采用电力场效应晶体管（缩写MOSFET）、大型车则多使用绝缘栅极双极型晶体管（IGBT）器件；交流电动机可采用耐电压600V的自动开关器件，如IGBT。近来，更进一步的智能模块化电力开关器件的使用也日益增多。驱动系统控制技术的发展方向也主要体现在控制器件上，大致如下：

（1）控制器效率的提高。电动汽车不可能一直处于高速公路上的高速行驶状态，由于在市区行驶时只有40～60km/h的速度，在市区行驶所需的电力仅为高速行驶的1/5。因此，控制器应在较大的运行范围内具有较高的效率。

（2）回收效率的提高。制动时电动汽车动力电池有效回收的能量可增加续驶里程。在制动能量回收的时候，电机及控制器的效率明显得到改善。但是要注意影响能量回收模式和电池的充电效率的问题。为了能取得效率较好的能量回收效果，必须采用符合电池充电特性且效率良好的回收控制法。

（3）电力装置。新能源汽车中采用的电力装置，对低成本、低损耗以及好的环境适应性方面有较高要求。低损耗，关键是降低低输出时的损耗。针对电池电压低的情况，考虑采用比IGBT导通电压低的MOSFET。

（4）软开关化。采用共振回路使器件强制工作在零电压或者零电流状态，在该点进行开关动作的方法被称为软开关，软开关是降低开关器件的应力、开关损耗、开关噪声的有效方法。

（5）电力电子设备一体化。未来要考虑实现电动机驱动用电机控制器和DC-DC转换器的一体化、低成本化、小型轻量化以及低噪声的特性。

第二节　直流电动机结构及控制技术

直流电动机就是将直流电能转换为机械能的电动机，是电动机的主要类型之一，具有结构简单、技术成熟、控制容易等特点。在早期的电动汽车或希望获得更简单结构的电动汽车中得到应用，特别是场地用电动车和专用电动车上应用更为普遍。

一、直流电动机的分类

直流电动机分为绕组励磁式直流电动机和永磁式直流电动机。在电动汽车所采用的直流电动机中，小功率电动机采用的是永磁式直流电动机，大功率电动机采用的是绕组励磁式直流电动机。

绕组励磁式直流电动机根据励磁方式的不同，可分为他励式、并励式、串励式和复励式4种类型。

1. 他励式直流电动机

他励式直流电动机的励磁绕组与电枢绕组无连接关系，而由其他直流电源对励磁绕组供电。因此励磁电流不受电枢端电压或电枢电流的影响。永磁直流电动机也可看作他励直流电动机。

他励直流电动机在运行过程中励磁磁场稳定而且容易控制，容易实现电动汽车的再生制动要求。当永磁激励时，虽然电动机效率高，重量轻和体积较小，但由于励磁磁场固定，电动机的机械特性不理想，驱动电动机产生不了足够大的输出转矩来满足电动汽车启动和加速时的大转矩要求。

2. 并励式直流电动机

并励式直流电动机的励磁绕组与电枢绕组相并联，共用同一电源，性能与他励直流电动机基本相同。并励绕组两端电压就是电枢两端电压，但是励磁绕组用细导线绕成，其线圈匝数很多，因此具有较大的电阻，使得通过它的励磁电流较小。

3. 串励式直流电动机

串励式直流电动机的励磁绕组与电枢绕组串联后，再接到直流电源，这种直流电动机的励磁电流就是电枢电流。这种电动机内磁场随着电枢电流的改变有显著的变化。为了使励磁绕组中不致引起大的损耗和电压降，励磁绕组的电阻越小越好，所以串励直流电动机通常用较粗的导线绕成，线圈匝数较少。

串励式直流电动机在低速运行时，能给电动汽车提供足够大的转矩；而在高速运行时，电动机电枢中的反电动势增大，与电枢串联的励磁绕组中的励磁电流减小，电动机高速时的弱磁调速功能易于实现，因此串励直流电动机驱动系统能较好地符合电动汽车的特性要求。但串励直流电动机由低速到高速运行时弱磁调速特性不理想，随着电动汽车行驶速度的提高，驱动电动机输出转矩快速减小，不能满足电动汽车高速行驶时由于风阻大而需要输出较大转矩的要求。串励直流电动机运行效率低；在实现电动汽车的再生制动时，由于没有稳定的励磁磁场，再生制动的稳定性差；另外由于再生制动需要加接触器切换，使得驱动电动机控制系统的故障率较高，可靠性较差。另外，串励电动机的励磁绕组损耗大，体积和重量也较大。

4. 复励式直流电动机

复励式直流电动机有并励和串励两个励磁绕组，电动机的磁通由两个绕组内的励磁电流产生，若串励绕组产生的磁通量与并励绕组产生的磁通量方向相同称为积复励；若两个磁通量方向相反称为差复励。

复励式直流电动机的永磁励磁部分采用高磁性钕铁硼材料，运行效率高。由于电动机永磁励磁部分有稳定的磁场，因此用该类电动机构成驱动系统时易实现再生制动功能。同时由于电动机增加了增磁绕组，通过控制励磁绕组的励磁电流或励磁磁场的大小，能克服纯永磁他励直流电动机不能产生足够的输出转矩这种缺陷以满足电动汽车低速或爬坡时的大转矩要求，而电动机的重量或体积比串励电动机的还要小。

各种励磁方式直流电动机的电路如图3-3所示。

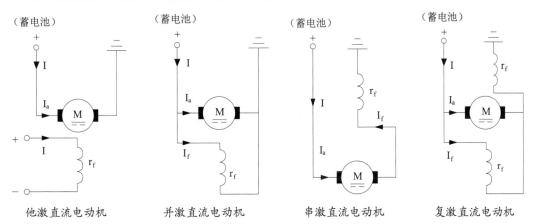

他激直流电动机　　并激直流电动机　　串激直流电动机　　复激直流电动机

（I_a-电枢电流；I_f-励磁电流；r_f-励磁线圈电阻；I-负载电流）

图3-3 各种励磁方式直流电动机的电路

二、直流电动机的结构与特点

1. 直流电动机的结构

直流电动机由静止部分定子和旋转部分转子两大部分构成，如图3-4所示。

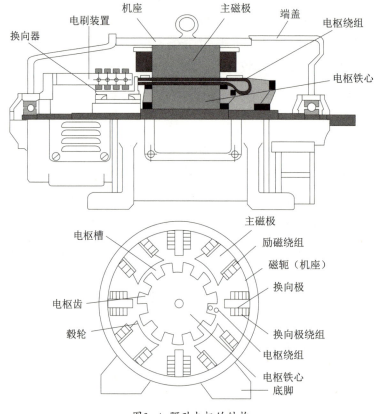

图3-4 驱动电机的结构

（1）定子部分：主要由主磁极、换向极、电刷装置和机座等组成

① 主磁极。主磁极的作用是在定子和转子之间的气隙中建立磁场，使电枢绕组在磁场的作用下产生感应电动势和产生电磁转矩。主磁极用来产生磁场，分为极芯和极掌两部分。极芯上放置磁极绕组，磁极绕组通入直流电流时，主磁极即产生固定的极性；改变磁极绕组的电流方向，就可以改变主磁极的极性。在大多数直流电机中，主磁极是电磁铁，为了尽可能地减小涡流和磁滞损耗，主磁极铁芯用1～1.2mm厚的低碳钢板叠压而成。整个磁极用螺钉固定在机座上。

② 换向极。其作用是用以改善直流电动机的换向性能，使直流电动机运行时不产生有害的火花。换向极装在相邻两主磁极之间，它由铁芯和套装在铁芯上的换向极绕组构成。

③ 电刷装置。电刷的作用是把转动的电枢绕组与静止的外电路相连接，并与换向器相配合，用于电枢电路的引入或引出。电刷装置由电刷、刷握、刷杆、汇流排等组成。

④ 机座。一是作为直流电机磁路系统中的一部分，二是用来固定主磁极、换向极及端盖等，起机械支撑的作用。因此要求机座有好的导磁性能和足够的机械强度及刚度。机座

通常用铸钢或厚钢板焊接而成。

（2）转子部分：转子又称为电枢，包括电枢铁芯、电枢绕组、换向器、风扇、轴和轴承等组成。

① 电枢铁芯。是直流电机主磁路的一部分，用来嵌放电枢绕组。为了减少电枢旋转时电枢铁芯因磁通变化而引起的磁滞及涡流损耗，电枢铁芯通常用0.5mm厚的两面涂有绝缘漆的硅钢片叠压而成。

② 电枢绕组。由许多按一定规律连接的线圈组成。它是直流电机的主要电路部分，也是通过电流和感应电动势，从而实现机电能量转换的关键性部件。

③ 换向器。换向器实现外电路电流与电枢绕组中交流电之间的相互变换。亦称整流子，其作用是使电枢绕组中的电流方向交替变化，以保证其电磁转矩方向始终不变。

2. 直流电动机的特点

直流电动机具有以下特点。

（1）调速性能好。直流电动机可以在重负荷条件下，实现均匀、平滑的无级调速，而且调速范围较宽。

（2）启动力矩大。可以均匀而经济地实现转速调节，因此，凡是在重负荷下启动或要求均匀调节转速的机械，例如电力机车、电车等，都可用直流电动机拖动。

（3）控制比较简单。一般用斩波器控制，它具有高效率、控制灵活、重量轻、体积小、响应快等优点。

（4）有易损件。由于存在电刷、换向器等易磨损器件，所有必须进行定期维修或更换。

电动汽车专用的直流电动机和其他通用的电动机相比，应在耐高温性、控制度、抗振动性、低损耗性、抗负载波动性以及小型轻量化、免维护性等方面给予特殊考虑。

除此之外，电动汽车用直流电动机大多在较低的电压下驱动，同时是大电流电路，因此需要注意连接接线的接触电阻。

三、直流电动机的工作原理

1. 直流电动机的工作原理

直流电动机是磁极极性沿圆周按N、S极交替排列，利用换向器和电刷对电枢电路内部电流进行换向的异极直流电机。

电动机电枢绕组的末端分别接到两个换向片，正、负电刷A和B分别与两个换向片接触。如果给两个电刷加上直流电源，如图3-5（a）所示，则有直流电流从电源A流入，经过线圈abcd，从电刷B流出。根据电磁力定律，载流导体ab和cd受力的方向用左手定则确定。这一对电磁力形成了作用于电枢一个力矩，这个力矩在旋转电动机里称为电磁转矩，转矩的方向是逆时针方向，企图使电枢逆时针方向转动。如果此电磁转矩能够克服电枢上的阻转矩（例如由摩擦引起的阻转矩以及其他负载转矩），电枢就能按逆时针方向旋转起来。

如果转子转到图3-5（b）所示的位置，直流电流仍从电刷A流入，在线圈中的流动方向是dcba，从电刷B流出。此时载流导体ab和cd受到电磁力的作用方向同样可用左手定则判定，它们产生的转矩仍然使得转子逆时针转动。这就是直流电动机的工作原理。

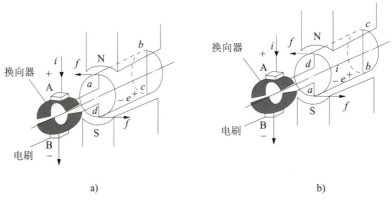

a)   b)

图3-5 直流电动机工作原理

2. 他励、并励直流电动机的电压、转速和转矩

他励、并励直流电动机的电枢电流I_a和励磁电流I_f是可控的，电动机的转速在0~n_e额定转速之间，采用电枢绕组控制，励磁电流I_f保持不变，电动机的转矩为"恒转矩"，电动机的功率随转速增加逐渐增加。电动机的转速超过额定转速时，采用励磁绕组控制，励磁电流I_f随转速增加逐渐降低，电动机的转矩也逐渐降低，电动机为"恒功率"状态。他励、并励直流电动机的电压、转速和转矩的理想特性曲线如图3-6所示。

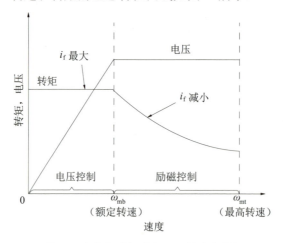

图3-6 直流电动机的电压、转速和转矩

四、直流电动机的控制技术

电动机调速控制装置是为电动汽车的变速和方向变换等设置的，其作用是控制电动机的电压或电流，完成电动机的驱动转矩和旋转方向的控制。

早期的电动汽车上，直流电动机的调速采用串接电阻或改变电动机磁场线圈的匝数来实现。因其调速是有级的，且会产生附加的能量消耗或使用电动机的结构复杂，现在已很少采用。现在的电动汽车上应用较广泛的是晶闸管斩波调速，通过均匀地改变电动机的端电压，控制电动机的电流，来实现电动机的无级调速。直流电动机转速控制方法主要有电枢调压控制、磁场控制和电枢回路串电阻控制。

1. 电枢调压控制

电枢调压控制是指通过改变电枢的端电压来控制电动机的转速。电枢调压控制只适合直流电动机基速以下的转速控制，它可保持电动机的负载转矩不变，电动机转速近似与电枢端电压成比例变化，所以称其为恒转矩调试。

直流电动机采用电枢调压控制可实现在宽广范围内的连续平滑的速度控制，调试比一般可达1:10，如果与磁场控制配合使用，调试比可达1:30。

电枢调压控制需要专用的可控直流电源，过去常用电动机—发电机组，现在大、中容量的可控直流电源广泛采用晶闸管可控整流电源，小容量则采用电力晶闸管的PWM控制电源，电动汽车用的直流电动机常用斩波控制器作为电枢调压控制电源。

电枢调压控制的调速过程：当磁通保持不变时，减小电压，由于转速不立即发生变化，反电动势也暂时不变化，同时由于电枢电流减小了，转矩也减小了。如果阻转矩未变，则转速下降。随着转速的降低，反电动势减小，电枢电流和转矩就随着增大，直到转矩与阻转矩再次平衡为止，但这时转速已经较原来降低了。

2. 磁场控制

磁场控制是指通过调节直流电动机的励磁电流改变每极磁通量，从而调节电动机的转速。磁场控制只适合电动机基速以上的控制。当电枢电流不变时，具有恒功率调试特性。磁场控制效率高，但调试范围小，一般不超过1:3，而且响应速度较慢。

磁场控制可采用可变电阻器，也可采用可控整流电流作为励磁电源。

磁场控制的调速过程：当电压保持恒定时，减小磁通，由于机械惯性作用，转速不立即发生变化，于是反电动势减小，电枢电流随之增加。由于电枢电流增加的增加的响应超过磁通减小的影响，所以转矩也就增加。如果阻转矩未变，则转速上升。随着转速的升高，反电动势增加，电枢电流和转矩就随着减小，直到转矩与阻转矩再次平衡为止，但这时转速已经较原来升高了。

3. 电枢回路串电阻控制

电枢回路串电阻控制是指当电动机的励磁不变时，通过改变电枢回路电阻来调节电动机的转速。

这种控制方法的机械特性较软，而且电动机运行不稳定，一般很少使用。对于小型串励电动机，则常采用这种电枢回路串电阻控制方式。

第三节 交流电动机结构及控制技术

交流电动机是由气隙旋转磁场与转子绕组感应电流相互作用产生电磁转矩，从而实现电能量转换为机械能量的一种交流感应电动机，又称异步电动机。

交流感应电动机的种类很多，最常见的方法是按转子结构和定子绕组相数分类。按照转子结构来分，有笼型感应电动机（参见图3-7）和绕线型感应电动机（参见图3-8）；按照定子绕组相数来分，有单相感应电动机、两相感应电动机和三相感应电动机。感应电动机是各类电动机中应用最广，需要量最大的一种。在电动汽车中，主要使用笼型感应电动机。

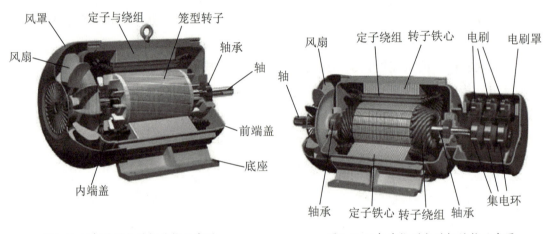

图3-7 三相笼型电动机结构示意图　　图3-8 三相线绕型电动机结构示意图

一、交流电动机的结构与特点

1.三相交流电动机的结构

三相交流电动机主要由定子和转子两大部分组成，定子是静止不动的部分，转子是旋转部分，在定子与转子之间存在气隙等组成。

（1）定子

定子由定子铁芯、定子绕组和机座组成。

定子铁芯是感应电动机磁通磁路的一部分。为了使感应电动机能产生较大的电磁转矩，定子铁芯由导磁性能好、厚度在0.35mm～0.5mm 且冲有一定槽形的硅钢片叠压而成。硅钢片表面涂有绝缘漆或氧化膜，片与片间相互绝缘，这样可以减少由于涡流造成的能量损失。铁芯内圆冲有均匀分布的槽，在槽中安放绕组。

定子绕组是异步电动机定子部分的电路，它由线圈按一定规律连接而成，如图3-9所示。三相异步电动机有三个独立的绕组，每个绕组包括若干线圈，每个钱圈又由苦干匝数构成。中小型电动机绕组的导线一般用高强度聚酯漆包圆铜线绕成，这种绕组叫散下绕组。在槽内线圈和铁芯间垫有青壳纸和聚酯薄膜作为槽绝缘。槽内有上、下两层，线圈之间还垫有层间绝缘材料，铁芯槽口上装有槽楔，槽楔是用竹、胶布板或环氧酚醛玻璃布板制成的。

电动机座的作用主要是固定和支撑定子铁芯。中小型异步电动机一般都采用铸铁机座，并根据不同冷却方式而采用不同的机座型号。在机座内圆中固定着铁芯。机座两端的端盖是支撑转子用的。轴承盖用于保护轴承。对于封闭式电动机，运行时产生的热量通过铁芯传给机座，再从机座表面的散热片散发到空气中去。为了加强散热的能力，在机座的外表面有很多均匀分布的散热片，以增大散热面积，风扇起轴向通风散热作用。风扇罩起安全防护作用。

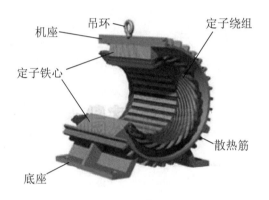

图3-9 三相交流电动机的定子

（2）转子

转子包括转子铁芯、转子绕组和轴，绕组转子的出线端短路连接。

转子铁芯也是电动机主磁通磁路的一部分，一般也由厚度为0.35mm～0.5mm冲槽的硅钢片叠成。铁芯固定在转轴或转子支架上。

转子铁芯与定子铁芯都是由彼此绝缘的硅钢片叠成的园筒，但二者所处位置不同；定子铁芯装在机座内；转子铁芯装在转轴上。另外，定子铁芯与转子铁芯冲槽位置也不同。定子铁芯内圆周表面冲有槽，用以放置定子绕组；而转子铁芯外圆周表面冲有槽，用以放置转子统组。

转子绕组分为笼式和线绕式两种。

笼式转子绕组是由嵌放在转子铁芯槽内的铜导电条组成。因转子铁芯的两端各有一个铜端环，分别把所有铜导电条的两端都焊接起来，形成一个短接的回路，如果去掉铁芯，只剩下它的转子绕组（包括导电条和端环），很像一个笼子，所以称为笼式转子，如图3-10（a）所示。

目前，中小型笼式电动机，大都是将转子铁芯直接压装在转轴上，它的端环也用铝液同时铸成，并且在端环上铸出许多叶片作为冷却用的风扇，如上图3-10（b）所示。这样，不但可以简化制造工艺和以铝代铜，而且，可以制成各种特殊形状的转子槽形和斜槽结构（即转子槽不与轴线平行而是歪扭一个角度），从而能改善电动机的启动性能，减少运行时的噪声。

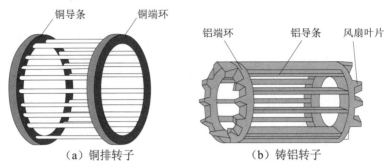

（a）铜排转子　　　　　　（b）铸铝转子

图3-10　笼式感应电动机的转子

线绕式转子绕组与定子绕组一样，也是由绝缘导线做成的三相绕组。三相绕组通常接成星形，它的三个引出线接到三个滑环上。这三个滑环也固定在转轴上，并且滑环与滑环之间、滑环与转轴之间都互相绝缘，三相绕组分别接到三个滑环上，靠滑环与电刷的滑动接融，再与外电路的三相可变电阻器相接，以便改善电动机的启动和调速性能，如图3-11所示。

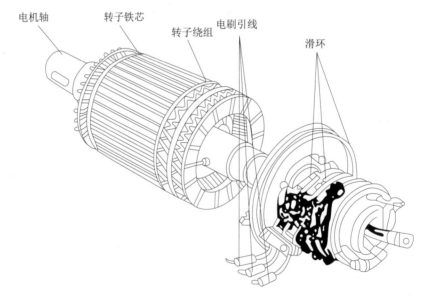

图3-11　绕线式感应电动机的转子

采用绕线式转子的异步电动机比鼠笼式异步电动机结构复杂，成本也较高，但具有较好的启动性能，即启动电流较小，启动转矩较大，因此，线绕式电动机适用于对启动有特殊要求的调速场所。

转轴是电动机输出机械能的重要部位，如上图所示，一般用中碳钢制成，可以承受很大的转矩。轴的两端用轴承支撑，固定在机座两端的端盖上。在后端（轴向端叫前端）盖外面轴上装着风扇，供轴向通风用。

（3）其他部分

端盖是支撑转子的，它把定子与转子连成一个整体，使转子能在定子铁芯内膛中转动。轴承盖与端盖连在一起，它起轴向固定轴承位置（也就是转子位置）和保护轴承的作用。

气隙是定子与转子间的空隙。气隙大小对电动机性能影响很大，气隙大了电动机空载电流大，电动机输出功率下降；气隙太小，定子、转子间容易相碰而转动不灵活。

2. 三相交流电动机的特点

三相交流电动机的基本特点是，转子绕组不需与其他电源相连，其定子电流直接取自交流电力系统。与其他电动机相比，感应电动机的结构简单、制造、使用、维护方便。运行可靠性高、重量轻、成本低。

以三相交流电动机为例，与同功率、同转速的直流电动机相比，前者重量只及后者的1/2，成本仅为1/3。感应电动机还便于按不同环境条件的要求，派生出各种系统产品。它还具有接近恒速的负载特性，能满足大多数生产机械拖动的要求。

交流电动机的局限性是，它的转速与其旋转磁场的同步转速有固定的转差率，因而调速性能较差，在要求有较宽的平滑调速范围的使用场合，不如直流电动机经济、方便。此外，感应电动机运行时，从电力系统吸引无功功率以励磁，这会导致电力系统的功率因数变化。因此，在大功率、低转速场合不如用同步电动机合理。

二、交流电动机的工作原理

三相交流感应电动机（Induction Machine）的定子绕组是一个固定的、对称的三相绕组。当电源的三相对称交流电输入感应电动机的定子绕组时，定子在三相电流通过时产生旋转磁场，受到旋转磁场产生的"感应"电磁力的作用，在转子绕组中产生感应电动势E和感应电流I，受定子电磁力的作用，使转子绕定子磁场的方向旋转，因此被称为感应电动机。

如果三相交流感应电动机的转子的转速与定子旋转磁场的转速同步时，转子绕组不能切割旋转磁场的磁力线，转子绕组中就不会产生感应电动势和感应电流，也就不会有电磁力来驱动转子转动。因此，只有在两者之间存在差异，即转子的转速n小于定子旋转磁场的转速n时（$n > n$）才能使转子与旋转磁场产生相对运动。旋转磁场转速与转子转速产生转速差，是三相交流感应电动机的必要条件，因此被称为异步电动机（Asynchronous Machine）。

1. 旋转磁场

三相异步电动机的定子绕组嵌放在定子铁芯槽内，按一定规律连接成三相对称结构。

三相定子绕组$U_1U_2V_1V_2W_1W_2$在空间互成120°，它可以连接成Y型，也可以连接成△型，如图3-12所示。

图3-13表示最简单的三相定子绕组AX、BY、CZ，它们在空间按互差120°的规律对称排列。并接成星形与三相电源U、V、W相联。则三相定子绕组便可通过三相对称电流，随着电流在定子绕组中通过，在三相定子绕组中就会产生旋转磁场，如图3-14所示。

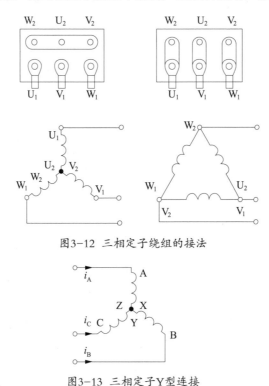

图3-12 三相定子绕组的接法

图3-13 三相定子Y型连接

三相交流感应电动机的定子三相绕组的电角度关系如下列所示：

$$\begin{cases} i_U = I_m \sin \omega t \\ i_V = I_m \sin(\omega t - 120°) \\ i_W = I_m \sin(\omega t + 120°) \end{cases}$$

当ωt=0°时，AX绕组中无电流，i_A=0；CZ绕组中的电流从C流入Z流出，i_C为正； BY绕组中的电流从Y流入B流出，i_B为负；由右手螺旋定则可得合成磁场的方向如图3-14（a）所示。

当ωt=120°时，BY绕组中无电流，i_B=0；AX绕组中的电流从A流入X流出，i_A为正；CZ绕组中的电流从Z流入C流出，i_C为负，；由右手螺旋定则可得合成磁场的方向如图3-14（b）所示。

当ωt=240°时，CZ绕组中无电流,i_C=0；AX绕组中的电流从X流入A流出,i_A为负； BY绕组中的电流从B流入Y流出,i_B为正；由右手螺旋定则可得合成磁场的方向如图3-14（c）所示。

可见，当定子绕组中的电流变化一个周期时，合成磁场也按电流的相序方向在空间旋转一周。随着定子绕组中的三相电流不断地作周期性变化，产生的合成磁场也不断地旋转，因此称为旋转磁场。

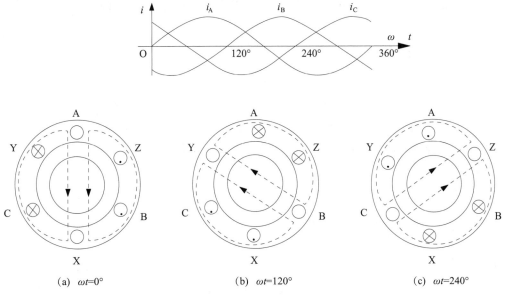

图3-14 旋转磁场的形成

定子三相绕组通入三相交流电即可产生旋转磁场。当三相电流不断地随时间变化时，所建立的合成磁场也不断地在空间旋转。电动机的转子转动的方向和磁场旋转的方向是相同的，如要电动机反转，必须改变磁场的旋转方向。在三相电流中，电流出现正幅值的顺序为U→V→W，因此磁场的旋转方向是与这个顺序一致的，即磁场的转向与通入绕组的三相电流的相序有关。如果将同三相电源连接的三根导线中的任意两根的一端对调位置，例如对调了V与W两相，则电动机三相绕组的V相与W相对调（注意：电源三相端子的相序未变），旋转磁场因此反转，电动机也就跟着改变转动方向。

2. 三相交流感应电动机的定子极数与定子绕组

三相交流感应电动机定子的极数不同时，定子绕组之间的夹角也不同。定子绕组极数p=1时，每相定子绕组上只有一个绕组线圈。当极数p=1时，定子绕组之间的夹角为120°。定子极数p=2时，每相定子绕组上有两个绕组线圈，当p=2时，定子绕组之间的夹角为60°。如此类推，p值增加，产生旋转磁场的极也增加，定子绕组之间的夹角也按一定比例减小。三相异步感应电动机的极数可以有1极、2极、3极、4极、6极等不同极数。

3. 旋转磁场的转速与转子的转速和转差率

若定子每相绕组由p个线圈串联，绕组的始端之间互差360°/p，将形成P对磁极的旋转磁场。旋转磁场的转速（同步转速）可用下式表示：$n = 60f1/p$

定子旋转磁场旋转切割转子绕组，转子绕组产生感应电动势，其方向由"右手螺旋定则"确定。由于转子绕组自身闭合，当有电流流过，并假定电流方向与电动势方向相同。转子绕组感应电流在定子旋转磁场作用下，产生电磁力，其方向由"左手螺旋定则"判断。该力对转轴形成转矩（称电磁转矩），并可见，它的方向与定子旋转磁场（即电流相序）一致，于是，电动机在电磁转矩的驱动下，顺着旋转磁场的方向旋转，形成一定的转子转速。

转子实际转速转速为：$n = 60f2/p$

电动机长期稳定运行时，电磁转矩T和机械负载转矩T_2相等，即$T=T_2$。

旋转磁场的同步转速和电动机转子转速之差与旋转磁场的同步转速之比称为转差率。描述转子转速与旋转磁场转速相差的程度。$s = (n_0 - n)/n_0$有转速差是异步电动机旋转的必要条件，异步的名称也由此而来。在正常运行范围内，异步电动机的转差率很小，仅在$0.01\sim0.06$之间。

三、交流感应电动机的控制技术

电子控制器是交流电动机驱动系统的控制中心，它的控制策略有多种形式。

为了实现交流电动机的高性能控制，许多新的控制方法被应用到电动汽车的交流电动机驱动系统中。其中，较为成功的是转速控制、变压变频控制、磁场定向控制（也称为矢量控制或解耦控制）、变极控制等。

1. 转速控制

由于交流电动机的直轴和交轴的磁场相互耦合，导致它的动态模型的高度非线性，使得交流电动机的控制比直流电动机要复杂得多。

交流电动机转速控制的基本方程式为：

$$n = n_s(1-s) = \frac{60f}{p}(1-s)$$

式中，n——转子转速；

      n_s——旋转磁场的同步转速；

      s——转差率；

      p——磁极对数；

      f——电源频率。

通过改变f、p和s来控制电动机的转速，一般采用控制多种变量的方法。高级的控制策略和复杂的控制算法如自适应控制、变结构控制和最优化控制等已经得以使用，以获得快速响应、高效率和宽转速范围。

2. 变压变频控制

变频控制是恒压控制，频率大于电动机额定频率；而变频变压控制是恒电压/频率比（简称压频比）的控制，频率低于电动机额定频率。交流电动机变频变压控制的功能如图3-15所示。

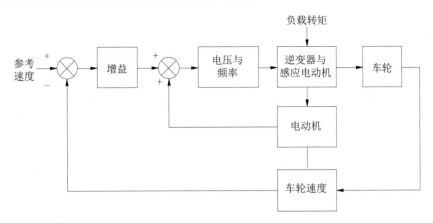

图3-15 变频变压控制的交流电动机驱动框图

在变频变压控制的交流电动机调速系统中，调速时希望保持电动机每极磁通量Φ_m为额定值不变，由$E=4.44f_1N_s\Phi_m$可知，须同时调节定子供电电源的电压和频率，使机械特性平滑地上下移动，并获得很高的运行效率。在调速时，转差功率不随转速变化，调速范围宽，无论是高速还是低速时效率都很高。

在变频变压控制中，需要考虑基频（额定频率）以下和基频以上两种情况。在基频以下调速时，要保持磁通不变，当频率从额定值向下降低时，必须同时降低电动势，即采用压频比为恒定值的控制方式，属于"恒转矩调速"。由于电源电压和定子阻抗引起的电动势下降不能忽略，使得控制性能变差，并可能产生振荡和不稳定现象。在基频以上调速时，频率从额定值向上升高，但定子电压不可能超过额定电压，最多只能保持额定，这将迫使磁通随频率成反比的降低，相当于直流电动机弱磁升速的情况，属于"恒功率调速"。

第四节　永磁电动机结构及控制技术

永磁驱动电动机的分类多种多样，根据输入电动机接线端的波形，可分为：永磁直流电动机和永磁交流电动机。

由于永磁交流电动机没有电刷、换向器或滑环，因此也可称为永磁无刷电动机。根据输入电动机接线端的交流波形，永磁无刷电动机可分为永磁同步电动机和永磁无刷直流电动机。输入永磁同步电动机的是交流正弦或近似正弦波，采用连续转子位置反馈信号来控制换向；而永磁无刷直流电动机输入的是交流方波，采用离散转子位置反馈信号控制换向。由于方波磁场与方波电流之间相互作用而产生的转矩比正弦波大。所以，永磁无刷直流电动机的功率密度大，但是由功率器件的换向电流引起的转矩脉动也大，而正弦波产生的转矩基本是恒转矩或平稳转矩，这与绕线转子同步电动机相同。

一、永磁电动机的分类

永磁电动机分为永磁直流电动机、永磁同步电动机、永磁无刷直流电动机、永磁混合式电动机。后三类统称为永磁无刷电动机，由于没有传统直流电动机的电刷和换向器，因此永磁无刷电动机几乎可与感应电动机竞争媲美。

1. 永磁直流电动机

用永磁体代替励磁线圈和磁极，传统的绕线式励磁直流电动机就变成了永磁直流电动机。使用永磁体可节省空间、减少励磁损失，因此永磁直流电动机的功率密度和效率较高，永磁体的磁导率低，因而可以减少永磁直流电动机的电枢反应，使换向得以改善。这些优点促进了它在电力驱动中的应用。

与绕线式励磁直流电动机类似，永磁直流电动机也采用变压控制的直流斩波器输入。二者的不同之处在于永磁直流电动机的励磁不能控制，而绕线励磁直流电动机的励磁电流可用另外一种斩波器单独控制，因此永磁电动机不能得到类似于绕线直流电动机的工作特性。

与绕线励磁直流电动机一样，永磁直流电动机的缺点是存在换向器和电刷。换向器会产生转矩波动，同时电刷会带来摩擦和射频干扰（RFI），而且换向器和电刷需要定期维护，因而它们在电力驱动中不再具有吸引力。不过，由于这类电动机控制简单，在低功率的电动汽车如电动自行车等中仍然有所应用。

2. 永磁同步电动机

在现代驱动电动机中，永磁无刷电动机是电力驱动感应电动机的最有力的竞争对手。

永磁无刷电动机的优点如下：由于电动机由高能永磁材料励磁，对于给定的输出功率，它的质量和体积能够大大减小，使得功率密度提高。由于转子无绕组，无铜损，其效率高于感应电动机。电动机发热主要集中在定子上，易于采取散热措施。永磁励磁不受制造缺陷、过热或机械损坏的限制，因而可靠性较高。转子电磁时间常数小，动态性能好。

永磁无刷电动机的设计主要考虑定子铁芯的内外直径、铁芯长度、气隙长度、永磁材料性能、磁极数、子槽数、定子齿宽和槽深、定子每相线圈的匝数、槽满率、永磁体的结构和尺寸、单位磁路的磁通密度、感应电流、单位热路的热阻抗、转速、转矩和效率、单位质量转矩，以及铜、磁性铁芯和永磁材料的质量。

用于电力驱动的永磁无刷电动机的结构与感应电动机相似，主要可选的结构有单电动机和多电动机驱动以及固定速比和可变速比变速器等。单电动机驱动系统的结构主要由永磁无刷电动机、电压型逆变器、电子控制器、减速器和差速器组成。与感应驱动电动机相比，其基本结构主要有两点不同：永磁无刷电动机不仅仅局限于三相，实际上更高相位的电动机可减小相电流，降低功率元件的额定电流；逆变器除了能为正弦波永磁无刷电动机产生PWM波，还要求能为方波永磁无刷电动机产生方波。

永磁同步电动机，如果励磁绕组用永磁体代替，传统的同步电动机就变成永磁同步电动机。正弦波定子电流和正弦反电动势相互作用产生转矩。因此，传统同步电动机广泛采用的d-q坐标变换同样适合永磁同步电动机。这类电动机在开环或闭环控制下都能运行，只在执行复杂控制策略时采用转子位置传感器。与绕线转子同步电动机类似，永磁同步电动机的转子与旋转磁场同步旋转，旋转磁场的转速取决于电源频率。与经典多相交流电动机的同步电动机和感应电动机类似，永磁同步电动机产生理想的恒转矩或称平稳转矩。

根据永磁体在转子上的安装位置不同，永磁同步电动机可分为表面式和内置式。表面式同步电动机的优点是结构简单，由于永磁体的磁导率接近空气，所以永磁同步电动机有较大的有效气隙，电枢反应大大降低。与表面式同步电动机相比，内置式永磁电动机有较高的磁显性，可产生额外的磁阻转矩分量，这在恒功率运行时是很有用的，将永磁体嵌入转子，可保持高速运行时的机械完整性。

永磁同步电动机的定子与传统同步电动机相同时，一种特殊的转子结构如图3-16所示。这种结构采用集中绕组技术，保持最大磁能积不变，增加气隙磁通密度，把永磁体嵌于转子内以保持恒速运行时的机械完整性，在转子内开气槽可使电枢反应降为最小，为避免气隙磁通的严重扭振，采用封闭的气槽。基于这种结构的三相四极3kW、32V、4800r/min正弦波钕铁硼永磁同步电动机。

永磁同步电动机的控制及其控制策略与感应电动机相似，如变频变压控制（VVVF）和矢量控制（FOC）仍可使用。而且采用d-q坐标变换，成熟的弱磁控制技术在电动机恒功率运行时容易实现。

由于电动汽车电池组所储存的能源非常宝贵，所以高效率的电动机驱动十分重要，尽管永磁无刷电动机与感应电动机相比效率高，但仍要对其进行效率优化控制。如图3-17所示为自我调节效率优化控制的永磁同步电动机。

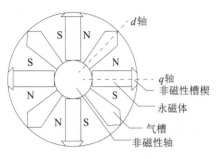

图3-16 永磁同步电动机的特殊转子

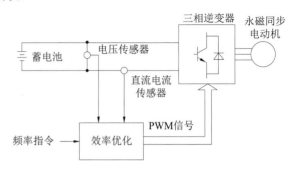

图3-17 自我调节效率优化控制的永磁同步电动机

小型电动汽车采用上述永磁同步电动机驱动半调制效率优化控制，其控制策略实质上是通过测量直流电路的电压和电流来调节逆变器PWM的输出电压，给定输入功率，此方法的输出功率最小。这样，不仅优化了电动机的效率，还优化了逆变器和电动机的效率。此控制策略的优点在于它不依赖电动机的损耗模型，因此对电动机的参数变化如电动机的温度变化不敏感，不需要像铁损这种复杂现象的精确模型。频率初始值与设定的V/Hz比的乘积决定初始PWM的输出电压。如果在频率很低时运行，则需要增加电压。用适当步距∣Δ∣来改变电压的幅值可执行半查询程序。通过测试来检查输入功率是增加还是减小。若输入功率增加，查询方向用框图ΔV＝-ΔV 返回；功率减小，查询方向不变。如果选择步距电压适当，则可向最优收敛。若同一方向有连续四步，通过框图V＝V＋4ΔV让步距放大四倍,这样可以快速向最优方向收敛。

3. 永磁无刷直流电动机

如果交换永磁直流电动机的定子和转子，就变成了永磁无刷直流电动机。这类电动机的显著优点是无刷，消除了电刷带来的许多问题，而且方波电流和方波磁场相互作用可产生大转矩。相解耦型永磁无刷直流电动机与永磁同步电动机相比，有更好的动态特性和弱磁控制能力。

由于相解耦，所以每相与传统直流电动机一样可以独立控制，因此用于直流电动机的控制技术在这类电动机中很容易实现，如速度反馈和电流反馈闭环控制系统。与感应电动机的矢量控制比较，由于没有矢量变换，这类电动机的控制更简单。通过调节电源电压，很容易实现电动机恒转矩运行。由于永磁无刷直流电动机输入的不是正弦波，所以传统的弱磁控制不能直接用在电动机恒功率运行区。为了解决这个问题，最近人们新开发了一种新的控制策略，当电动机在基速以上工作时，可用变压电动势来抵消或削弱旋转电动势使导通角提前，从而使恒功率工作范围变宽。通过选择适当的导通角，可以优化整个工作范围的效率。注意这种控制方法是通用的，可以用于其他永磁无刷直流电动机中。

相解耦型永磁无刷直流电动机的特点如下：

（1）与其他永磁无刷直流电动机类似，由于方波电流和方波磁通的相互作用，均方根值相同时能产生更大的转矩。

（2）由于相邻两极构成一对磁极，不同极对的磁路是独立的，这种多磁路的布置方式可减小铁磁轭，从而减小电动机体积和质量。

（3）由于定子绕组的极距等于槽距，可大大减少线圈的悬垂部分，这样可节省铜，从而使电动机体积和质量均减小。

（4）每极每相槽数是分数，在任何旋转位置，定子与转子之间产生的电磁力是一样的，消除了传统永磁无刷直流电动机齿槽效应带来的转矩波动。

（5）由于相解耦的自然特性，该电动机具有良好的动态特性，而且提供了过失容限工作的可能性。

（6）由于不能使用传统的恒功率运行的弱磁控制，人们开发了一种新型的导通提前角控制策略在高速恒功率区工作时采用变压电动势抵消旋转电动势。

（7）永磁体安装在转子表面或嵌入转子环内，表面磁铁型具有结构简单的优点，而嵌入型的优点是具有机械结构完整性，永磁体能得到保护，而且采用集中磁通排列能增强气隙磁通密度。

4. 永磁混合式电动机

如果在永磁直流电动机中加入附加励磁绕组，就可以加宽转速范围。关键是控制励磁，电流，在高速恒功率区运行时，对永磁体产生的气隙磁场进行弱磁控制。由于既有永磁体又用励磁绕组，所以叫永磁混合式电动机。永磁混合式电动机一般采用串联和并联结构。由于永磁体磁导率低，串联结构通常要求感应电动势比较高，所以没有并联结构受人们青睐。这类电动机的缺点是结构相对较复杂。

永磁混合式电动机的特点如下：

（1）采用独特的爪型转子结构，漏磁最小，结构紧凑。

（2）励磁绕组固定于定子内圈，使电动机轴向长度变短，材料消耗减少。

（3）由于既有永磁体又有励磁绕组，气隙磁通密度和功率密度高。通过采用磁通集中排列来安装永磁体，使其气隙磁通密度高于单独安装的永磁体。

（4）通过调节直流励磁电流的方向和大小，气隙磁通可以灵活调节。因此，转矩—转速特性能满足电动汽车驱动的特殊要求。

（5）调节励磁电流可减弱永磁体产生的气隙磁通，使恒功率运行速度范围显著提高。

（6）适当调节电源电压和直流励磁电流，可以优化电动机驱动整个运行范围的效率图。因此，可以提高电动汽车驱动性能，如爬坡时低速高转矩和巡航时高速低转矩工作区效率。

二、永磁无刷电动机结构及控制技术

永磁无刷电动机是目前前景最优和应用最广泛的电动机之一。

根据磁通的路径和电流的走向，基本上将永磁无刷电动机分为径向型、轴向型和直线型三类。从形态上分，永磁无刷电动机通常构成如图3-18所示的四种类型，由于径向型是最常见的类型，下面的讨论将集中于该形态的永磁无刷电动机。

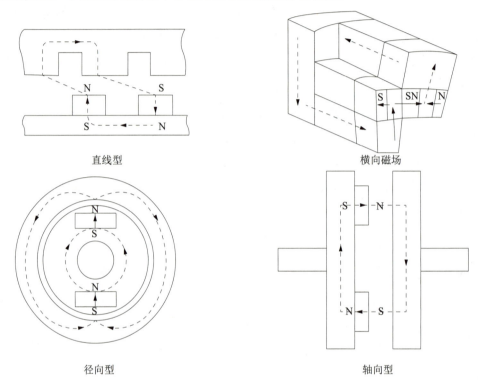

直线型

横向磁场

径向型

轴向型

图3-18 永磁无刷电动机磁路形态的基本类型

径向型永磁无刷电动机，根据永磁体的摆放位置可以进一步分为转子永磁型无刷电动机和定子永磁型无刷电动机；而根据施加电流和反电动势的波形可以分为永磁无刷交流（BLAC）电动机和永磁无刷直流（BLDC）电动机。

1. 永磁无刷电动机结构

（1）转子永磁无刷电动机结构

转子永磁型无刷电动机是目前最普遍的永磁无刷电动机。根据永磁体在转子的位置，它们可以进一步分为表面式、表面插入式、内置径向式和内置切向式结构，如图3-19所示。

这些转子永磁型无刷电动机的输出转矩主要由永磁转矩和磁阻转矩两部分组成。

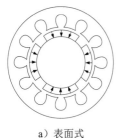 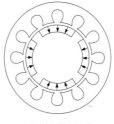 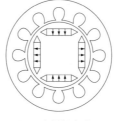 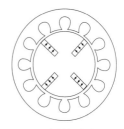

　　　a）表面式　　　　　　b）表面插入式　　　　　c）内置径向式　　　　　d）内置切向式

图3-19 转子永磁型无刷电动机结构类型

对于表面式结构的永磁无刷电动机来说，永磁体通过黏合剂黏贴在转子的表面。因为永磁体的磁导率接近于空气的磁导率，所以有效气隙是空气气隙和永磁体的径向厚度之和。因此，相应的电枢反应和电枢绕组的电感都比较小。另外，由于定子绕组的电感d轴和q轴分量基本相同，这种结构的永磁无刷电动机的磁阻转矩接近于零。

对于表面插入式结构的永磁无刷电动机来说，永磁体是插入或者埋入到转子的表面。因此，q轴分量的电感就比d轴分量的电感要大，从而产生附加的磁阻转矩。另外，由于永磁体是在转子里面，可以克服高速旋转时的离心力，因而具有较好的机械强度。

对于内置径向式结构的永磁无刷电动机来说，永磁体被径向磁化并且埋入到转子的里面。和表面插入式结构相似，永磁体受到保护，可以高速运转。另外，由于其d轴和q轴分量呈现凸极性，从而会产生附加的磁阻转矩。与表面插入式结构不同，这种内置径向式结构采用的是条状的永磁体，因而更加容易插入到转子里面，也容易加工。

对于内置切向式结构的永磁体无刷电动机来说，永磁体被切向磁化并且埋入到转子里面。这种结构具有的显著优点是其气隙的磁通密度可以比永磁体的剩磁密度高，因此也被称为聚磁式结构。另外，这种结构也具有较好的机械完整性和额外的磁阻转矩。但是，由于其在永磁体端部的漏磁严重，通常需要采用具有起隔磁作用的轴或套圈。

（2）定子永磁无刷电动机结构

定子永磁型无刷电动机，顾名思义其永磁体位于定子上，并且通常定、转子都具有凸极结构，因此它们通常也被称为双凸极类永磁无刷电动机。

由于该类电动机的转子既没有永磁体也没有绕组，因此该类电动机的机械结构简单、可靠，特别适用于高速运行。根据永磁体的形状和位置，它们可以进一步细分为轭部直线式、轭部曲线式、齿部表面式和齿部嵌入式磁体结构等类型，如图3-20所示。

a）轭部直线式

b）轭部曲线式

c）齿部表面式

d）齿部嵌入式

图3-20 定子永磁型无刷电动机结构类型

轭部直线式磁体结构是最广泛被采用于双凸极类永磁电动机的结构。尽管定、转子都是由凸极构成，但是永磁转矩要远大于磁阻转矩。随着转子的旋转，每一匝线圈的磁链变化都是单极性的，因此这种结构的电动机特别适合无刷直流（BLDC）的运行模式。另外，当转子设计成斜槽的方式时，则适合于永磁同步（BLAC）的运行模式。

轭部曲线式磁体结构跟上面的结构非常相似，主要的不同是永磁体的形状，其永磁体的形状是环形的。另外，由于有更多的空间可以容纳永磁体，这种双凸极电动机具有更高的气隙磁通密度。它的主要缺点是制造这种环形的永磁体有一定的难度，并且不把它们嵌入定子里面。

齿部表面式磁体结构的电动机通常又称为磁通反向式永磁无刷电动机，这主要是因为每一匝线圈的磁链随着转子的转动都是极性相反的，每一个定子齿部都有一对相反极性的永磁体贴在表面，因此磁链的变化都是双极性的。但是，由于永磁体是黏贴在定子齿的表面，它们更容易部分退磁，另外，永磁体的涡流损耗也相对较大。

齿部嵌入式磁体结构的电动机通常又称为磁通切换式永磁无刷电动机。这种结构的特点是，永磁体嵌入相邻两个定子齿中间，形成一个"三明治"式结构，而相邻的永磁体是切向磁化的一对组合，因此具有聚磁效应。与转子永磁型无刷电动机相比，这种结构的电动机具有更低的电枢反应，因而可以提供更大的负载能力。由于其反电动势的波形更接近于正弦波，所以这种结构的电动机适用于BLAC运行模式。

2. 永磁无刷电动机驱动系统

永磁无刷电动机驱动系统实际上结合了当前电动机的最新驱动技术，并包括了最新的电力电子技术、自动控制技术、电源技术、材料技术等。只有将相关的技术全面整合，并且控制好成本，才能成功开发出应用于电动汽车的永磁无刷电动机驱动系统。

一般来说，永磁无刷电动机驱动系统由直流电源、功率变换器、永磁无刷电动机、传感器和控制器等部件组成，如图3-21所示。

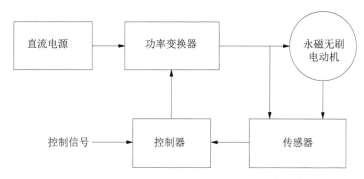

图3-21 永磁无刷电动机驱动系统基本构成

其中直流电源是提供电能的设备，在电动汽车上，通常由相应的电池模块提供。

功率变换器是连接电源和电动机的"能量开关"，将电源功率以一定的逻辑关系分配给电动机的各相绕组，从而使电动机产生持续不断的电磁转矩。

永磁无刷电动机则实现电能到机械能的转换，并带动负载进行机械运动。

传感器包括位置传感器和电流等电信号传感器，其中位置传感器检测电动机转子磁极的位置信号，而电流等电信号传感器则是检测电动机电枢电流等相关电信号的装置。

控制器通过采集检测到的传感器信号，进行逻辑处理，产生相应的开关信号和其他指令，而开关信号则指示功率变换器按一定顺序导通。

总而言之，永磁无刷电动机驱动系统继承了传统电动机驱动系统的优点，并进一步利用了最新的各种技术，形成其独有的特点。

永磁无刷电动机驱动系统应用于电动汽车上，具有以下几个独特的优点：

（1）一个最大的优点是其效率高、功率密度大。由于其采用了高磁能积的稀土材料，因此可以大大提高气隙磁通密度和能量转换的效率。另外，采用稀土永磁材料后，电动机的体积可以大大缩小，重量可以相应减小，从而有效提高了功率密度。

（2）瞬态特性通常都比较好。这主要是由于采用了高性能的永磁材料，体积得以减小，从而有较低的转动惯量、更快的响应速度。

（3）寿命通常都比较长，而且可靠性高。由于其取消了传统的电刷和换向器，因此无需定期更换这些部件，维护更加简单。

（4）与传统的电动机驱动系统相比，更加灵活。由于其采用电子功率器件作为换向装置，控制更加灵活；另外，传感器检测的信号都可以传递到控制器，而控制参数则可以直接指示开关器件的导通。因此，可调参数多，控制的灵活度也得以提高。

（5）其发展也进一步带动了相关技术的进步，反之亦如此。如稀土永磁材料的出现，使永磁无刷电动机得到很大的推广和应用。而永磁无刷电动机的广泛应用又推动了开关功率器件的更新换代。

（6）其多样性也与永磁材料的发展密不可分。各种永磁材料的出现，为永磁无刷电动机的发展提供了坚实的基础。而永磁材料本身的多样性，也为电动机驱动系统的开发提供了灵活多变的选择。

总体而言，永磁无刷电动机驱动灵活、可控性强，适用于不同的工业应用场合。在电动汽车的应用上，前景光明，是电动汽车电动机驱动系统的可靠选择之一。

3. 永磁无刷电动机控制技术

永磁无刷电动机的控制涉及电动机控制技术的方方面面，这里主要针对永磁无刷电动机的基本运行原理、恒功率运行、最有效率控制、直接转矩控制、人工智能控制、无传感器控制等作基本的介绍。

（1）无刷直流和永磁同步运行模式

永磁无刷电动机有两种基本的运行模式——即无刷直流（BLDC）和永磁同步（BLAC）。实际上，如果不过度关注转矩密度、转矩平滑性和效率，那么任何一种永磁无刷电动机都可以在这两种模式下运行。对于以永磁同步（BLAC）模式运行的电动机驱动系统来说，它们以正弦波电流运行，气隙磁通呈现为正弦波，因此它们需要高精度的位置信号来实现闭环控制，从而需要昂贵的位置传感器，如光电编码器。相反，对于以无刷直流（BLDC）模式运行的电动机驱动系统来说，它们以方波电流运行，气隙磁通呈现为锯齿波，因此他们仅仅需要的是价格低廉的传感器来检测相电流的换相角度。但是，以永磁同步（BLAC）模式运行的电动机驱动系统却可以开环运行，而以无刷直流（BLDC）模式运行的电动机驱动系统缺必须有闭环控制。

（2）恒功率运行

电动汽车上的电动机驱动系统通常要求运行在很宽的速度范围区间，特别是巡航时的高速恒功率区。不同类型的永磁无刷电动机驱动系统可以采用不同的方法来实现恒功率运行。

对于以永磁同步（BLAC）模式运行的电动机驱动系统来说，可以通过弱磁控制来实现恒功率运行。所以相关的比值越大，弱磁能力就越大。关于永磁同步（BLAC）电动机弱磁控制的研究已经比较成熟。对于以无刷直流（BLDC）模式运行的电动机驱动系统来说，恒功率运行更加复杂，因为其运行的波形不再是正弦波，所以d-q轴变换和相应的弱磁控制都不能有效应用。尽管这样，相关的恒功率控制还是可以通过导通角控制来实现。

永磁无刷电动机的转矩-速度特性如图3-22所示。

图3-22（a）表示有无采用弱磁控制或导通角相关控制的特性曲线。可见，通过相关的控制，恒功率区的速度范围可以有效地加宽。

图3-22（b）是以永磁同步（BLAC）和无刷直流（BLDC）模式运行的电动机转矩-速度特性比较的曲线。可以发现，与无刷直流（BLDC）以120°导通的控制方式的电动机系统相比，永磁同步（BLAC）电动机驱动系统可以提供更大的转矩和功率。但是，当无刷直流（BLDC）以180°导通控制的电动机驱动系统能够有更优的高速功率特性，其代价是牺牲了低速的转矩性能。另外某些研究表明，具有多极多相的无刷直流（BLDC）的电动机驱动系统，可以通过改变其反电动势来实现恒功率运行。而分裂绕组的双凸极永磁电动机系统则可以通过改变绕组的匝数来实现恒功率运行。

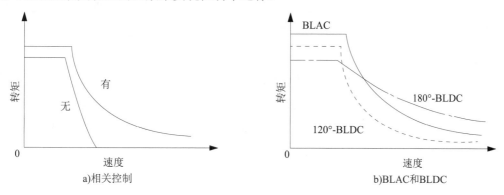

图3-22 永磁无刷电动机转矩-速度特性

（3）效率最优控制

永磁无刷电动机驱动系统的效率最优控制（EOC）对于电动汽车来说非常有吸引力，因为电动汽车本身携带的能源都是有限的。不同类型的永磁无刷电动机可以采用不同的方法来实现效率最优控制。对于转子永磁型以永磁同步（BLAC）模式驱动的电动机系统，通过在线调节输入电压和d轴电枢电流可以使输入的功率损耗达到最小，从而实现效率最优控制。

对于混合励磁型以永磁同步（BLAC）模式驱动的永磁电动机，而电励磁绕组又采用直流励磁，由于电枢电流和电励磁电流两个电流参数的同时存在，效率最优控制就变得更加灵活，理论上，通过电枢电流和电励磁电流的在线协调控制，能实现电动机的效率最优控制。

目前，在电动汽车驱动上作效率最优控制的研究并不多见，相关的论文和报告较少。因此，在该领域对永磁无刷电动机作进一步的深入研究具有较大的意义和前景。

（4）直接转矩控制

直接转矩控制（DTC）对于电动汽车电动机驱动来说，变得越来越有吸引力，特别是那些双轴电动机驱动系统，更需要转矩的快速响应。直接转矩控制并不依赖于电流控制，也对电动机参数变化不敏感。对于以永磁同步（BLAC）模式驱动的电动机来说，直接转矩控制可以独立控制转矩和磁链两个变量。按照预定的转矩和磁链曲线，控制器可以通过逆变器输出相应的电压矢量，从而使转矩和磁链按照预定曲线运行。

目前，对永磁无刷电动机的直接转矩控制研究，已有相关的方法和经验。但是，对于其在电动汽车场合的特殊要求，需要结合其复杂的运行工况进行控制，难度和复杂性则会加大。另外，对于多轴传动下的直接转矩控制，则还有待进一步研究。

三、永磁无刷直流电动机结构及控制技术

1. 永磁无刷直流电动机的类型

永磁无刷直流电动机按照工作特性，可以分为具有直流电动机特性的无刷直流电动机和具有交流电动机特性的无刷直流电动机。

（1）具有直流电动机特性的无刷直流电动机

具有直流电动机特性的无刷直流电动机，反电动势波形和供电电流波形都是矩形波，所以又称为矩形波同步电动机。这类电动机由直流电源供电，借助位置传感器来检测主转子的位置，由所检测出的信号去触发相应的电子换相线路以实现无接触式换相。显然，这种无刷直流电动机具有有刷直流电动机的各种运行特性。

（2）具有交流电动机特性的无刷直流电动机

具有交流电动机特性的无刷直流电动机，反电动势波形和供电电流波形都是正弦波，所以又称为正弦波同步电动机。这类电动机也由直流电源供电，但通过逆变器将直流电变换成交流电，然后去驱动一般的同步电动机。因此，它们具有同步电动机的各种运行特性。

以下主要介绍具有直流电动机特性的无刷直流电动机。

2. 无刷直流电动机的结构与特点

现以具有直流电动机特性的无刷直流电动机为例，介绍其结构与特点。

（1）无刷直流电动机的结构

无刷直流电动机主要由电动机本体、电子换向器和转子位置传感器三部分构成。

① 电动机本体。电动机本体主要由定子和转子两部分组成。

定子是电动机本体的静止部分，它由导磁的定子铁芯、导电的电枢绕组及固定铁芯和绕组用的一些零部件、绝缘材料、引出部分等组成，如机壳、绝缘片、槽锲、引出线及环氧树脂等。

转子是电动机本体的转动部分，是产生激磁磁场的部件，由永磁体、导磁体和支撑零部件等组成。

② 电子换向器。电子换向器由功率开关和位置信号处理电路构成，主要用来控制定子各绕组通电的顺序和时间。无刷直流电动机本质上是自控同步电动机，电动机转子跟随定

子旋转磁场运动，因此，应按一定的顺序给定子各相绕组轮流通电，使之产生旋转的定子磁场。无刷直流电动机的三相绕组中通过的电流是120°电角度的方波，绕组在持续通过恒定电流的时间内产生的定子磁场在空间是静止不动的。而在开关换相期间，随着电流从一相转移到另一相，定子磁场随之跳跃了一个电角度。而转子磁场则随着转子连续旋转。这两个磁场的瞬时速度不同，但是平均速度相同，因此能保持"同步"，无刷直流电动机由于采用了自控式逆变器即定子换向器，电动机输入电流的频率和电动机转速始终保持同步，电动机和逆变器不会产生震荡和失步，这也是无刷直流电动机的优点之一。

一般来说，对电子换向器的基本要求是：结构简单，运行稳定可靠，体积小、重量轻，功耗小，能按照位置传感器的信号进行正确换向，并能控制电动机的正反转，应能长期满足不同环境条件的要求。

③ 位置传感器。位置传感器在无刷直流电动机中起着检测转子磁极位置的作用，为功率开关电路提供正确的换向信息，即将转子磁极的位置信号转换成电信号，经位置信号电路处理后控制定子绕组换相。由于功率开关的导通顺序与转子转角踏板，因而位置传感器与功率开关一起，起着与传统有刷直流电动机的机械换向器和电刷相类似的作用。

位置传感器的种类比较多，可分为电磁式位置传感器、光电式位置传感器、磁敏式位置传感器等。电磁式位置传感器具有输出信号大、工作可靠。寿命长等优点，但其体积比较大，信噪比较低且输出为交流信号，需整流滤波后才能使用。光电式位置传感器性能比较稳定，体积小、重量轻，但对环境要求较高。磁敏式位置传感器的基本原理为霍尔效应，对环境适应性强、结构简单、体积小、安装灵活方便、易于机电一体化等优点而被越来越广泛应用。

霍尔位置传感器由传感头和信号轮两部分组成。其信号轮要与电动机主转子一同旋转，以指示电动机主转子的位置，可以直接利用电动机的永磁转子，也可以在转轴端部位置上另外安装永磁转子，电动汽车永磁电动机多采用电动机轴端安装。传感头一般是由三个霍尔传感头，按一定的间隔，等距离地安装在传感器定子上，以检测电动机转子的位置。

位置传感器的构成原则有两点，首先位置传感器在一个电周期内所产生的开关状态是不重复的，每一个开关状态所占的电角度应相等。其次位置传感器在一个电周期内所产生的开关状态数应和电动机的工作状态数相对应。如果位置传感器输出的开关状态能满足以上条件，那么总可以通过一定的逻辑变换将位置传感器的开关状态与电动机的换向状态对应起来，进而完成换向。

常见的120°电角度布置三个霍尔传感头A、B、C所组成的霍尔位置传感器的输出状态如表3-2。

表3-2 120° 电角度布置的霍尔位置传感器的输出状态表

序列 \ 霍尔信号	A	B	C
1	1	0	0
2	1	1	0
3	1	1	1

（2）无刷直流电动机的特点

无刷直流电动机作为电动汽车用电动机，具有以下特点：

① 外特性好，非常符合电动汽车的负载特性，尤其是具有低速大转矩特性，能够提供大起动转矩，满足电动汽车的加速要求。

② 可以在低、中、高宽速度范围内运行，而有刷电动机由于受机械换向器的影响，只能在中低速下运行。

③ 效率高，尤其是在轻载车况下，仍能保持较高的效率，这对保存珍贵的电池能量是很重要的。

④ 过载能力强，过载能力比Y系列电动机提高两倍以上，可满足电动汽车的抗负载波动性的需要。

⑤ 再生制动效果好。应无刷直流电动机转子具有很高的永久磁场，在汽车下坡或制动时电动机可完全进入发电机状态，给电池充电，同时起到电制动作用，减轻机械制动负担。

⑥ 无机械换向器，采用全封闭式结构，可靠性高。体积小、重量轻，比功率大。

⑦ 电动机控制系统比异步电动机简单。

⑧ 缺点是电动机本身比交流电动机复杂，控制器比有刷直流电动机的控制要复杂。

3. 无刷直流电动机的工作原理

无刷直流电动机的工作原理与有刷直流电动机的工作原理基本相同。它是利用电动机转子位置传感器输出信号控制定子换向线路去驱动逆变器的功率开关器件，使电枢绕组依次馈电，从而在定子上产生跳跃式的旋转磁场，拖动电动机转子旋转。同时，随着电动机转子的转动，转子位置传感器又不断送出位置信号，不断地改变电枢绕组的通电状态，使得在某一磁极下导体中的电流方向保持不变，这样电动机就旋转起来了。

无刷直流电动机定子绕组通常采用三相星形接法，需要应用三相全桥控制电路，其工作原理如图3-23所示。

由V1～V6六只IGBT功率管构成的驱动全桥可以控制绕组的通电状态。按照功率管的通电方式，可以分为两两导通和三三导通两种控制方式。由于两两导通方式提供了更大的电磁转矩而被广泛采用。在两两导通方式下，每一瞬间有两个功率管导通，每隔1/6周期即60° 电角度换相一次，每只功率管持续导通120° 电角度，对应每相绕组持续导通120°，在此期间相电流方向保持不变。为保证产生最大的电磁转矩，通常需要使绕组合成磁场与转子磁场保持垂直。由于采用换相控制方式，其定子绕组产生的是跳变的磁场，使得该磁场与转子磁场的位置保持在60°～120°相对垂直的范围区间。

功率管的换相信号需要从位置传感器的状态得出，换相时刻也就是相序信号状态改变的时刻。因此位置传感器和三相绕组对应关系的确定对于电动机的正确运行非常重要。

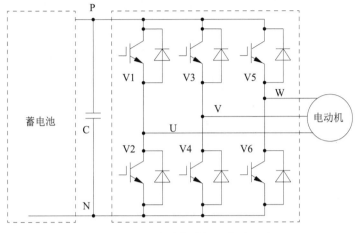

图3-23 无刷直流电动机工作原理图

4. 无刷直流电动机的控制技术

按照获取转子位置信息的方法划分，无刷直流电动机的控制方法可以分为有位置传感器控制和无位置传感器控制两种。

（1）有位置传感器控制

有位置传感器控制方法是指在无刷直流电动机定子上安装位置传感器来检测转子旋转过程中的位置，将转子磁极的位置信号转换成电信号，为电子换相电路提供正确的换相信息，以此控制电子换相电路中的功率开关管的开关状态，保证电动机各相按顺序导通，在空间形成跳跃式的旋转磁场，驱动永磁转子连续不断地旋转。

无刷直流电动机中常用的位置传感器有电磁式位置传感器、光电式位置传感器、磁敏晶体管式位置传感器、霍尔元件位置传感器等。

有位置传感器控制方法和控制电路比较简单，控制系统成本低，从而得到了比较广泛的应用。然而，有位置传感器控制方法有其自身不可避免的许多缺点。由于位置传感器的存在，电动机结构变得复杂，增加了电动机成本；电动机与控制部分的连接线增加，降低了系统的可靠性，且维修困难；在高温、冷冻、湿度大、有腐蚀物质、空气污浊等工作环境及振动、高速运行等工作条件下，都会降低传感器的可靠性；若传感器损坏，还可能发生连锁反应引起逆变器等器件的损耗；传感器的安装精度对电动机的运行性能有较大的影响，相对增加了生产工艺的难度。

由此可见，虽然有位置传感器的驱动方式简单、方便，但在很多特殊场合，无法使用传感器检测转子位置。因此位置传感器的存在，在一定程度上限制了无刷直流电动机的进一步推广和应用。

（2）无位置传感器控制

无刷直流电动机的无位置传感器控制，无需安装传感器，使用场合广，相对于有位置传感器方法有较大的优势，因此，无刷直流电动机的无位置传感器控制近年来已成为研究的热点。

无刷直流电动机的无位置传感器控制中，电动机的运转仍然需要检测转子旋转过程中的位置信号，以控制电动机换相。因此，如何通过软硬件间接获得可靠的转子位置信号，成为无刷直流电动机无位置传感器控制的关键。当前无位置传感器控制中大多是利用检测定子电压、电流等容易获取的物理量实现转子位置的估算。归纳起来，可以分为反电动势法、电感法、状态观测器法、电动机方程计算法、人工神经网络法等。

反电动势法是通过检测电动机输出的反电动势来确定转子的位置，使电动机正确换相。现在的无传感器控制中，大部分使用的是这种方法。

四、永磁同步电动机结构及控制技术

永磁同步电动机（Permanent Magnet synchronous motor，PMSM）的定子绕组与普通同步电动机的定子绕组一样。永磁同步电动机是用径向内置永久磁铁磁极或混合永久磁铁磁极，形成可同步旋转的转子磁极，代替其他形式的励磁式电动机的转子励磁绕组。由于它们定子产生的旋转磁场与转子产生的磁场共同以同样的频率旋转，因此，这种同步电动机称为永磁同步电动机。

1. 永磁同步电动机的结构与特点

（1）永磁同步电动机的结构

永磁同步电动机分为正弦波驱动电流的永磁同步电动机和方波驱动电流的永磁同步电动机。这里介绍的主要是以三相正弦波驱动的永磁同步电动机。

永磁同步电动机的结构示意图如图3-24所示，与传统电动机一样，主要由定子和转子两大部分组成。

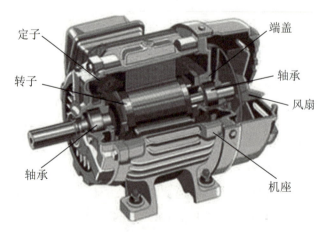

图3-24 永磁同步电动机结构

定子与普通感应电动机基本相同，由电枢铁芯和电枢绕组构成。电枢铁芯一般采用

0.5mm硅钢冲片叠压而成，对于具有高效率指标或频率较高的电动机，为了减少铁耗，可以考虑使用0.35mm的低损耗冷轧无取向硅钢片。电枢绕组则普遍采用分布、短距绕组；对于极数较多的电动机，则普遍采用分数槽绕组；需要进一步改善电动势波形时，也可以考虑采用正弦绕组或其他特殊绕组。

转子主要由永磁体、转子铁芯和转轴等组成。其中永磁体主要采用铁氧体永磁和钕铁硼永磁材料；转子铁芯可根据磁极结构的不同，选用实心钢，或采用钢板或硅钢片冲制后叠压而成。

与普通电动机相比，永磁同步电动机还必须装有转子永磁体位置检测器，用来检测磁极位置，并以此对电枢电流进行控制，达到对永磁同步电动机驱动控制的目的。

按照永磁体在转子上位置的不同，永磁同步电动机的磁极结构可分为表面式和内置式两种。表面式转子磁路结构中，永磁体通常呈瓦片形，并位于转子铁芯的外表面上，永磁体提供磁通的方向为径向。内置式结构的永磁体位于转子内部，永磁体外表面与定子铁芯内圆之间有铁磁位置制成的极靴，极靴中可以放置铸铝笼或铜条笼，起阻尼或起动作用，动、稳态性能好，广泛用于要求有异步起动能力或动态性能高的永磁同步电动机。

（2）永磁同步电动机的特点

永磁同步电动机与其他电动机相比，具有以下特点：

① 用永磁体绕线式同步电动机转子中的励磁绕组，从而省去了励磁线圈、滑环和电刷，以电子换向实现无刷运行，结构简单，运行可靠。

② 永磁同步电动机的转速与电源频率间始终保持准确的同步关系，控制电源频率就能控制电动机的转速。

③ 永磁同步电动机具有较硬的机械特性，对于因负载的变化而引起的电动机转矩的扰动具有较强的承受能力，瞬间最大转矩可以达到额定转矩的3倍以上，适合在负载转矩变化较大的工况下运行。

④ 永磁同步电动机转子为永久磁铁无需励磁，因此电动机可以在很低的转速下保持同步运行，调速范围宽。

⑤ 永磁同步电动机与异步电动机相比，不需要无功励磁电流，因而功率因素高，定子电流和定子铜耗小，效率高。

⑥ 体积小、重量轻。近年来随着高性能永磁材料的不断应用，永磁同步电动机的功率密度得到很大提高，比起同容量的异步电动机来，体积和重量都有较大的减少，使其适合应用在许多特殊场合。

⑦ 结构多样化，应用范围广。永磁同步电动机由于转子结构的多样化，产生了特点和性能各异的许多品种，在各个领域几乎无处不在。

⑧ 由于永磁同步电动机转子为永磁体，无法调节，必须通过加定子直轴去磁电流分量来削弱磁场，这会增大定子的电流，增加电动机的铜耗。

2. 永磁同步电动机的工作原理

永磁同步电动机实际上是一种凸极式电动机，一般永磁同步电动机在定子结构上采用与三相交流电动机相似的三相对称绕组，交流电源通过交—直—交电压型逆变器或直—交电压型逆变器，调制为电压可变化的三相正弦波电压，输入永磁同步电动机三相对称绕组后，产生三相对称的三相电流，在正弦波定子电流和正弦波反电动势的作用下，气隙中产生旋转磁场，带动转子跟随旋转磁场同步旋转。

转子的转速为n，旋转磁场的转速为n_s： $n = n_s = 60f_s / P_n$

当永磁磁阻同步电动机的磁极对数P_n一定时，旋转磁场的转速变化是取决于三相正弦波电压频率f_s的变化，如图3-25所示。

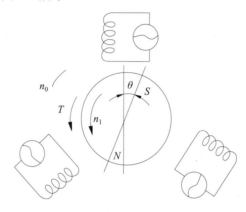

图3-25 永磁同步电机原理示意图

永磁同步电动机的运行特性主要是机械特性和工作特性。

永磁同步电动机稳态正常运行时，转速始终保持同步且不变，因此，其机械特性为平行于横轴的直线，调节电源频率来调节电动机转速时，转速将严格地与频率成正比例变化，如图3-26所示。

永磁同步电动机的工作特性是指当电源电压恒定时，电动机的输入功率P_1、电枢电流I_1、效率η、功率因素$\cos\varphi$等随输出功率变化的关系，如图3-27所示。可以看出，在正常工作范围内，永磁同步电动机的功率因素比较平稳，效率特性也能保持较高的水平。电动机的输入功率和电枢电流近似与输出功率成正比例。

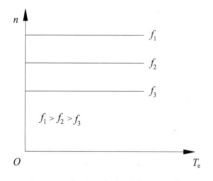

图3-26 永磁同步电动机机械特性

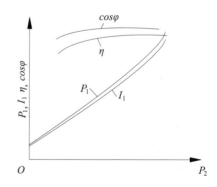

图3-27 永磁同步电动机工作特性

3. 永磁同步电动机的控制技术

为了提高永磁同步电动机控制系统性能，使其具有更快的响应速度和更高的转速精度以及更宽的调速范围，其动、静响应能够与直流电动机系统相媲美，提出了各种新型控制策略用于永磁同步电动机控制。

（1）恒压频比开环控制（VVVF）

恒压频比开环控制（VVVF）的控制变量为电动机的外部变量即电压和频率。控制系统将参考电压和频率输入到实现控制策略的调制器中，最后由逆变器产生一个交变的正弦电压施加在电动机的定子绕组上，使之运行在指定的电压和参考频率下。按照这种控制策略进行控制，使供电电压的基波幅值随着速度指令成比例的线性增长，从而保持定子磁通的近似恒定。

恒压频比开环控制（VVVF）控制策略简单，易于实现，转速通过电源频率进行控制，不存在异步电动机的转差和转差补偿问题。但同时，由于系统中不引入速度、位置等反馈信号，因此无法实时捕捉电动机状态，致使无法精确控制电磁转矩；在突加负载或者速度指令时，容易发生失步现象；也没有快速的动态响应特性。因此，恒压频比开环控制，只是控制电动机磁通而没有控制电动机的转矩，控制性能差，通常只用于对调速性能要求一般的通用变频器上。

（2）矢量控制

矢量控制理论的基本思想为：以转子磁链旋转空间矢量为参考坐标，将定子电流分解为相互正交的两个分量，一个与磁链同方向，代表定子电流励磁分量，另一个与磁链方向正交，代表定子电流转矩分量。分别对他们进行控制可获得像直流电动机一样良好的动态特性。因其控制结构简单，控制软件实现较容易，已被广泛应用到电动机的调速控制系统中。

永磁同步电动机矢量控制策略与异步电动机矢量控制策略有些不同。由于永磁同步电动机转速和电源频率严格同步，其转子转速等于旋转磁场转速，转差恒等于零，没有转差功率，控制效果受转子参数影响小。因此，在永磁同步电动机上更容易实现矢量控制。

（3）直接转矩控制

永磁同步电动机（PMSM）直接转矩控制（DTC）系统的原理结构，如3-28示意图所示。实际过程中，开关信号是由转矩和定子磁链的给定值与反馈值的偏差经滞环比较得到的。而转矩和定子磁链的给定值由电磁转矩和定子磁链估算模型计算得到的。

根据直接转矩控制系统结构，可以得到其控制过程：对于逆变器输出的三相电流 i_A、i_B、i_C 通过3/2变换得到 i_α、i_β；由逆变器的电压状态与逆变器的开关状态以及直流电压 V_{dc} 之间的关系，可以得到 u_α、u_β。由磁链模型得到磁链在 $\alpha\beta$ 坐标系上的分量 Ψ_α、Ψ_β，再由 Ψ_α、Ψ_β、i_α、i_β 通过转矩模型，得到转矩T，与PI速度调节器输出的转矩给定的 T^* 进行滞环比较，输出结果用来决定开关状态。把 Ψ_α、Ψ_β 求平方和，得到的 $|\Psi_s|$ 与磁链给定 Ψ_s^* 进行比较，由滞环比较器输出结果。同时利用 Ψ_α、Ψ_β 判断磁链所在区域，确定θ值，

综合调节器的输出以及θ值，合理选择开关矢量以确定逆变器的开关状态。

直接转矩控制不需要传统矢量控制里复杂的旋转坐标变换和转子磁链定向，转矩取代电流成为受控对象，电压矢量则是控制系统唯一的输入，直接控制转矩和磁链的增加或减小，但是转矩和磁链并不解耦，对电动机模型进行简化处理，没有占空比（PWM）信号发生器，控制结构简单，受电机参数变化影响小，能够获得极佳的动态性能。

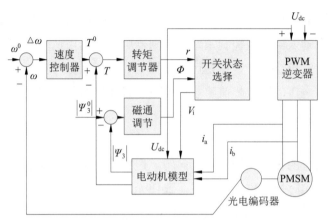

图3-28 永磁同步电动机（PMSM）直接转矩控制系统结构图

第五节　开关磁阻电动机结构及控制技术

开关磁阻电动机（Switched Reluctance Motor，SRM）是继直流电动机和交流电动机之后，又一种极具发展潜力的新型电动机。开关磁阻电动机控制系统是继变频调速系统、无刷直流电动机调速系统之后发展起来的最新一代无级调速系统，是集现代微电子技术、数字技术、电力电子技术、红外光电技术及现代电磁理论、设计和制作技术为一体的光、机、电一体化高新技术。它的调速系统兼具直流、交流两类调速系统的优点。

开关磁阻电动机驱动系统主要由开关磁阻电动机、功率变换器、传感器和控制器四部分组成。如图3-29所示。

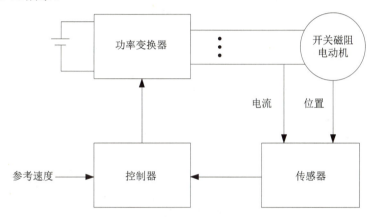

图3-29　开关磁阻电动机驱动系统的基本构成

其中开关磁阻电动机是系统的主要组成部分，功率变换器是连接电源和电动机的开关器件，用于提供开关磁阻电动机所需的电能；功率变换器的结构形式一般与供电电压、电动机相数以及主开关器件种类有关；传感器主要用来反馈位置及电流信号，并传送给控制器；控制器是系统的中枢，起决策和指挥作用，主要是针对传感器提供的转子位置、速度和电流反馈信息以及外部输入的指令，实时加以分析处理，进而采取相应的控制决策，控制功率变换器中主开关器件的工作状态，实现对开关磁阻电动机运行状态的控制。

一、开关磁阻电动机的结构与特点

1. 开关磁阻电动机的结构

开关磁阻电动机（SRM）由双凸极的定子和转子组成，其定、转子的凸极均由普通硅钢片叠压而成，极数互不相等。转子既无绕组也无永磁体，定子极上绕有集中绕组，径向相对的两个绕组联接起来，称为"一相"，SRM电动机可以设计成多种不同相数结构，且定、转子的极数有多种不同的搭配。相数多、步距角小，有利于减少转矩脉动，但结构复杂，且主开关器件多，成本高，SRM结构如图3-30所示。

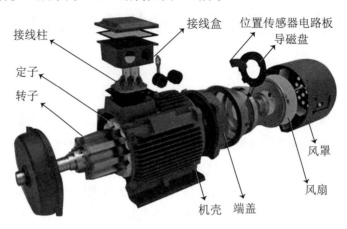

图3-30 开关磁阻电动机结构图

开关磁阻电动机根据相数和定、转子的极数配比，开关磁阻电动机可以设计成不同的结构，现今应用较多的是三相(6/4)结构、四相(8/6)结构、六相(12/8)结构。如图3-31所示。

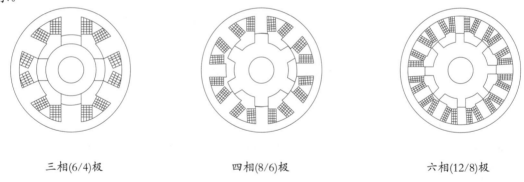

三相(6/4)极　　　　　四相(8/6)极　　　　　六相(12/8)极

图3-31 开关磁阻电动机的基本结构

2. 开关磁阻电动机的特点

开关磁阻电动机与其他电动机相比，具有以下特点：

（1）开关磁阻电动机有较大的电动机利用系数，可以是感应电动机利用系数的1.2～1.4倍。

（2）电动机的结构简单，转子上没有任何形式的绕组；定子上只有简单的集中绕组，端部较短，没有相间跨接线。因此，具有制造工序少、成本低、工作可靠、维修量小等特点。

（3）开关磁阻电动机的转矩与电流极性无关，只需要单向的电流激励，理论上功率变换电路中每相可以只用一个开关元件，且与电动机绕组串联，不会像PWM逆变器电源那样，存在两个开关元件直通的危险。所以，开关磁阻电动机驱动系统调速线路简单，可靠性高，成本低于占空比（PWM）交流调速系统。

（4）开关磁阻电动机转子的结构形式对转速限制小，可制成高转速电动机，而且转子的转动惯量小，在电流每次换相时又可以随时改变相匝转矩的大小和方向，因而系统有良好的动态响应。

（5）开关磁阻电动机驱动系统可以通过对电流的导通、断开和对幅值的控制，得到满足不同负载要求的机械特性，易于实现系统的软启动和四象限运行等功能，控制灵活。又由于开关磁阻电动机驱动系统是自同步系统运行，不会像变频供电的感应电动机那样在低频时出现不稳定和振荡问题。

（6）由于开关磁阻电动机采用了独特的结构和设计方法以及相应的控制技巧，其单独处理可以与感应电动机相媲美，甚至还略占优势。开关磁阻电动机驱动系统的效率和功率密度在宽广的速度和负载范围内都可以维持在较高水平。

（7）开关磁阻电动机转矩脉动现象较大，因此开关磁阻电动机传动系统的噪声与震动比一般电动机大。电动机的出线头较多，而且还有位置检测器出线端，且开关磁阻电动机控制复杂。

二、开关磁阻电动机工作原理与运行特性

1. 开关磁阻电动机的工作原理

开关磁阻电动机的磁阻随着转子磁极与与定子磁极的中心线对准或错开而变化。因为电感与磁阻成反比，所以当转子磁极在定子磁极中心线位置时，相绕组电感最大；当转子磁极中心线对准定子磁极中心线时，相绕组电感最小。

因为开关磁阻电动机的运行原理"磁阻最小原理"——磁通总要沿着磁阻最小的路径闭合，所以具有一定形状的铁芯在移动到最小磁阻位置时，必须使自己的主轴线与磁场的轴向重合。

图3-32为四相8/6极开关磁阻电动机，图中仅画出其中一相绕组（A）的连接情况。由于定子、转子均为凸极结构，故每相绕组的电感L随转子的位置改变而改变。

当B相绕组施加电流时，由于磁通总是选择磁阻最小的路径闭合，为减小磁路的磁阻，转子将顺时针旋转，直到转子极2与定子极B的轴线重合，此时磁阻最小（电感最大）；当切断绕组B的电流，给绕组A施加电流，磁阻转矩使得转子极1与定子极A相对。

若以图中定、转子所处的相对位置作为起始位置，由于转矩反向一般指向最近一对定子、转子极相对的位置，根据转子位置传感器反馈的位置信号，则依次给D→A→B→C相绕组通电，转子即会逆着励磁顺序以逆时针方向连续旋转；反之，若依次给B→A→D→C相通电，则电动机即会沿顺时针方向转动。可见，SRM的转向与相绕组的电流方向无关，

而仅取决于相绕组通电的顺序。另外，从图中还可以看出，当主开关器件S_1、S_2导通时，A相绕组从直流电源U_S吸收电能；而当S_1、S_2关断时，绕组电流经续流二极管VD_1、VD_2继续流通，并回馈给电源U_S。因此，SRM传动的共性特点是具有再生作用，系统效率高。

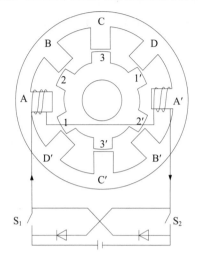

图3-32 四相8/6极开关磁阻电动机示意图

开关磁阻电动机典型的磁场分布如图3-33所示。

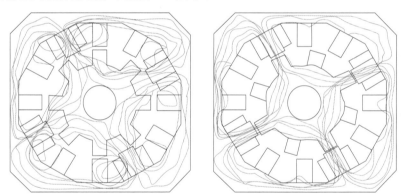

图3-33 开关磁阻电动机典型的磁场分布

2. 开关磁阻电动机的运行特性

开关磁阻电动机运行特性可分为3个区域：恒转区域、恒功率区、自然特性区（串励特性区），如图3-34所示。

开关磁阻电动机一般运行在恒转矩区和恒功率区。在这两个区域内，电动机的实际运行特性可控。通过控制条件，可以实现在实线以下的任意实际运行特性。

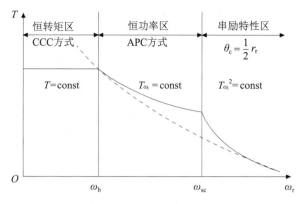

图3-34 开关磁阻电动机运行特性

在恒转矩区，电动机转速较低，电动机反电动势小，因此需采用电流斩波控制（CCC）方式。

在恒功率区，旋转电动势较大，开关器件导通的时间较短，因此电流较小。当外加电压和开关角一定的条件下，随着角速度的增加，转矩急剧下降，此时可采用角度位置控制（APC）方式，通过按比例地增大导通角来补偿，延缓转矩的下降速度。

在串励特性区，电动机的可控条件都已达极限，运行特性不再可控，呈现自然串励运行特性，因此电动机一般不运行在此区域。

电动机运行时存在着第一、第二两个临界运行点，采用不同的可控条件匹配可得到两个临界点的不同配置，从而得到各种各样所需的机械特性。

临界运行点对应的转速称为临界转速，是开关磁阻电动机运行和设计时要考虑的重要参数。第一临界转速是开关磁阻电动机开始运行于恒功率特性的临界转速，定义为开关磁阻电动机的额定转速，对应的功率即为额定功率；第二临界转速是能得到额定功率的最高转速，是恒功率特性的上限，可控条件都达到了极限，当转速再增加时，输出功率将下降。

三、开关磁阻电动机的控制技术

开关磁阻电动机不同于常规的感应电动机，因其自身结构的特殊性，既可以通过控制电动机自身的参数（如开通角、关断角）来实现，也可以用适合于其他电动机上的控制理论，如PID控制、模糊控制等，对功率变换器部分进行控制，进而实现电动机的速度调节。

开关磁阻电机驱动系统（Switched Reluctance Drive system，SRD）的主要性能特点如下：

（1）系统效率高：在其宽广的调速范围内，整体效率比其他调速系统高出至少10%，在低转速及非额定负载下高效率则更加明显。

（2）调速范围宽，低速下可长期运转：在零到最高转速的范围内均可带负荷长期运转，电机及控制器的温升均低于工作在额定负载时的温升。

（3）高起动转矩，低起动电流：起动转矩达到额定转矩的150％时，起动电流仅为额定电流的30％。

（4）可频繁起停，及正反转切换：可频繁起动和停止，频繁正反转切换。在有制动单元及制动功率满足时间要求的情况下，起停及正反转切换可达每小时一千次以上。

（5）三相输入电源缺相或控制器输出缺相不烧电机：三相输入电源缺相，或者欠功率运行或者停机，不会烧毁电机和控制器。

（6）过载能力强：当负载短时远大于额定负载时，转速会下降，保持最大输出功率，不会出现过流现象。当负载恢复正常时，转速恢复到设定转速。

（7）功率器件控制错误不会引起短路：上下桥臂功率器件和电机的绕组串联，不存在发生功率器件由于控制错误或干扰导致短路而烧毁的现象。可靠性高；由于开关磁阻电动机的转子无绕组和鼠笼条，电动机可高速运转而不变形，机械强度和可靠性均高于其他类电机。转子无永磁体，可有较高的允许温升。

功率变换器是开关磁阻电机驱动系统的重要组成部分，并直接影响系统的成本和性能，其所起的主要作用有：连接电源与电动机，为其正常运行提供电能，满足所需要的机械能转换；开关作用，使绕组与电源接通或断开；续流作用，为绕组储能的回馈提供路径。由于开关磁阻电动机的转矩反向与绕组电流反向无关，仅取决于绕组通电的顺序，即只需要单反向绕组电流，所以功率变换器设计较为简单、灵活。

与直流电动机类似为降低噪声，开关磁阻电动机载波频率应高于10KHZ。理想的功率变换器主电路结构应同时具备以下条件：

（1）少而有效的主开关器件；

（2）可以将全部电源电压加给电动机绕组；

（3）可以通过主开关器件调制，有效控制每相电流；

（4）可以迅速增加相绕组电流；

（5）在负半周绕组磁链减少的同时，能将能量回馈给电源。

开关磁阻电动机驱动系统的功率变换器种类很多，下面介绍几种：

1. 双开关型功率变换器

双开关型功率变换器电路每相具有两个主开关器件及两个续流二极管，当两个主开关同时导通时，电源向电动机绕组供电；同时断开时，相电流通过续流二极管续流，将电动机绕组中磁场储能与电能形式迅速回馈电源，实现强迫换相。

图3-35所示为双开关型功率变换器电路。该电路尤其适用于电动汽车的开关磁阻电动机的驱动。它利用两个功率器件来独立控制每相电流，利用两个续流二极管把存储的磁场能回馈给电动汽车电池充电。尽管在这种电路拓扑结构中，每相需要两个功率器件，逆变器成本要高于一个功率器件的逆变器，但其变换器可以单独控制每相绕组而不受其他绕组运行的影响。因此，可以实现两相同时工作，互不影响，从而增加转矩，提升电动汽车驱动性能。

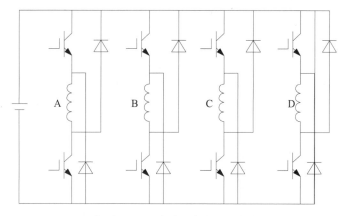

图3-35 双开关型功率变换器电路

2. 双绕组型功率变换器

该功率变换器电路中，每相有主、副两个绕组，主、副绕组双线并绕，同名端反接，匝数比为1:1。当主开关导通时，电源对主绕组供电；当主开关关断时，靠磁耦合将主绕组的电流转移到副绕组，通过二极管续流，向电源迅速回馈电能，实现强迫换相。图3-36所示为开关磁阻电动机双绕组型功率变换器电路。

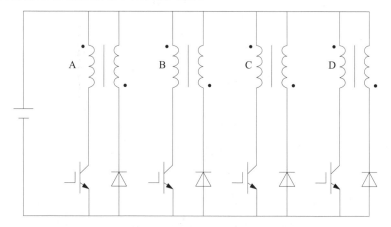

图3-36 开关磁阻电动机双绕组型功率变换器电路

3. 电容裂相型功率变换器

电容裂相型功率变换器电路是指将整流输出的电压通过双电容裂相形成的电路，其电容同时还起到滤波、存储绕组回馈能量作用。采用这种电路，可对电动机的各相进行独立控制，每相只需要一个主开关器件和一个续流二极管。因为裂相电容上的电压需要保持平衡，同两个并联的绕组数必须相等，且上下桥电容只能轮流或同时给电动机绕组供电，因此功率变换器只适用于相数为偶数的开关磁阻电动机。图3-37所示电容裂相型功率变换器电路。

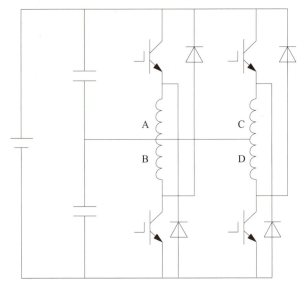

图3-37 开关磁阻电动机电容裂相型功率变换器电路

知识拓展

一、交流感应电动机的控制系统

三相交流感应电动机是一个多变量（多输入输出）系统，其中变量电压（电流）、频率、磁通、转速之间又互相影响，所以其又是强耦合的多变量系统。如何对这样一个非线性、多变量、强耦合的复杂系统进行有效控制，成为研究的重点。把经典理论与现代控制理论相结合，已经形成了诸多有效的控制策略与方法。

目前对感应电动机的调速控制系统主要有恒压频比开环控制（VVVF）、转差控制、矢量控制（VC）以及直接转矩控制（DTC）等。

（1）恒压频比开环控制（VVVF）实际上只控制了电动机磁通而没有控制电动机的转矩，采用这样的控制系统对感应电动机来讲根本谈不上控制性能，通常只用于对调速性能要求一般的通用变频器上。

（2）转差控制是根据感应电动机电磁转矩和转差频率的关系来直接控制电动机的转矩的，可以在一定的转差频率范围内，一定程度上通过调节转差来控制电动机的电磁转矩，从而改善调速系统的控制性能，但其控制理论是建立在感应电动机的稳态数学模型基础上的，它适合于电动机转速变化缓慢或者对动态性能要求不高的场合。

（3）矢量控制理论采用矢量分析的方法来分析交流电动机内部的电磁过程，是建立在交流电动机的动态数学模型基础上的控制方法。它模仿对直流电动机的控制技术，将交流电动机的定子电流解耦成互相独立的产生磁链的分量和产生转矩的分量。分别控制这两个分量就可以实现对交流电动机的磁链控制和转矩控制的完全解耦，从而达到理想的动态性能。

现在使用的矢量控制系统，分为有传感器和无传感器的矢量控制方法。

（4）直接转矩控制是将电动机输出转矩作为直接控制对象，通过控制定子磁场向量控制电动机转速。它不需要复杂的坐标变换，也不需要依赖转子数学模型，只要通过控制PWM型逆变器的导通和切换方式，控制电动机的瞬间输入电压，改变磁链的旋转速度来控制瞬时转矩，使系统性能对转子参数呈现鲁棒性。并且这种方法被推广到弱磁调速范围。逆变器的PWM采用电压空间向量控制方式，性能优越。但同时不可避免地产生转矩脉动、调速性能降低的问题。此外，该方法对逆变器开关频率提高的限制较大，定子电阻对电动机低速性能也有较大影响。如在低速区，定子电阻的变化引起的定子电流和磁链的畸变，以及转矩脉动、死区效应和开关频率等问题。

二、永磁同步电动机的控制技术的矢量控制

由于永磁同步电动机输出电磁转矩对应多个不同的交、直轴电流组合，不同组合对应着不同的系统效率、功率因素以及转矩输出能力，因此永磁同步电动机有不同的电流控制策略。

（1）$i_d=0$控制

目前，在永磁同步电动机伺服系统中，$i_d=0$矢量控制是主要的控制方式。通过检测转子磁极空间位置d轴，控制逆变器功率开关器件导通与关断，使定子合成电流为位于q轴，此时d轴定子电流分量为0，永磁同步电动机电磁转矩正比于转矩电流，即正比于定子电流幅值，只需控制定子电流大小就可以很好地控制永磁同步电动机的输出电磁转矩。

（2）最大转矩/电流比控制

在电动机输出相同电磁转矩下使电动机定子电流最小的控制策略称为最大转矩/电流比控制。

最大转矩/电流比控制实质是求电流极值的问题，可以通过建立辅助方程，采用牛顿迭代法求解。但是，计算量较大，在实际应用中系统实时性无法满足，只有通过离线计算出不同电磁转矩对应的交、直轴电流，以表的形式存放于DSP中，实际运行时根据负载情况查表求得对应的i_d、i_q进行控制。

（3）弱磁控制

永磁同步电动机弱磁控制思想来自他励直流电动机调磁控制。对于他励直流电动机，当其电枢端电压达到最高电压时，为使电动机能运行于更高转速，采取降低电动机励磁电流的方法，以平衡电压。在永磁同步电动机电压达到逆变器所能输出的电压极限后，要想继续提高转速，也要采取弱磁增速的办法。

永磁同步电动机励磁磁动势由永磁体产生，无法像其他励直流电动机那样通过调节励磁电流实现弱磁。传统方法是通过调节定子电流对i_d和i_q，增加定子直轴去磁电流分量实现弱磁升速。为保证电动机电枢电流幅值不超过极限值，转矩电流分量i_q应随之减小，因此这

种弱磁控制过程本质上就是在保持电动机端电压不变情况下减小输出转矩的过程，永磁同步电动机直轴电枢反应比较微弱，因此需要较大的去磁电流才能起到去磁增速作用。在电动机工作在额定电流情况下，去磁电流的增加有限，因此采用这种方法所能得到的弱磁增速范围也是有限的。

练习题

一、判断题

1. 电动汽车应用高电压驱动系统对汽车动力性能的提高极为有利。（　　）
2. 电动汽车所采用的直流电动机中，小功率电动机采用的是永磁式直流电动机，大功率电动机采用的是绕组励磁式直流电动机。（　　）
3. 三相交流电动机的基本特点是，转子绕组不需与其他电源相连，其定子电流直接取自交流电力系统。（　　）
4. 永磁直流电动机和永磁交流电动机的区别是输入电动机接线端的波形不同。（　　）
5. 由于永磁同步电动机定子为永磁体，因此称为永磁同步电动机。（　　）

二、选择题

1. 电动汽车常用的电动机类型是（　　）。
   A. 直流电动机、交流电动机、异步电动机、同步电动机
   B. 开关磁阻电动机、交流电动机、异步电动机、同步电动机
   C. 直流电动机、无刷电动机、异步电动机、同步电动机
   D. 直流电动机、开关磁阻电动机、异步电动机、同步电动机
2. 以下不是直流电动机转速主要控制方法的是（　　）。
   A. 电枢调压控制
   B. 磁场控制
   C. 电枢回路控制
   D. 电枢回路串电阻控制
3. 电动汽车交流感应电动机控制策略通常是（　　）。
   A. 转速控制、变压控制、磁场定向控制、变极控制
   B. 转速控制、变频控制、磁场定向控制、变极控制
   C. 转速控制、变压变频控制、磁场定向控制、变极控制
   D. 转速控制、变压变频控制、磁场变向控制、变极控制

4. 以下不是电动汽车永磁同步电动机控制技术的是（　　）。

    A. 恒压频比开环控制

    B. 矢量控制

    C. 直接转矩控制

    D. 电流控制

5. 开关磁阻电动机驱动系统由（　　）。

    A. 开关磁阻电动机、逆变器、传感器和控制器四部分组成

    B. 开关磁阻电动机、功率变换器、逆变器和控制器四部分组成

    C. 开关磁阻电动机、功率变换器、传感器和逆变器四部分组成

    D. 开关磁阻电动机.、功率变换器、传感器和控制器四部分组成

三、简答题

1. 电动汽车对驱动系统的特殊要求是哪些？

2. 何为三相交流感应电动机？

3. 何为永磁同步电动机？

4. 简述永磁同步电动机的工作原理。

5. 开关磁阻电动机的结构特点是什么？应用较多的结构有哪些？

第四章　纯电动汽车典型结构与控制技术

纯电动汽车（Electric Vehicles，缩写EV），是完全以车载可充电电池（如铅酸电池、镍氢电池或锂离子电池等）为动力能源，用电机驱动车轮行驶，符合道路交通、安全法规各项要求的车辆。

近几年来，我国各汽车厂家都加入新能源汽车研制行列，各种类型纯电动汽车快速进入市场，发展迅速。如北汽EV系列、比亚迪EV系列、众泰EV系列、荣威E50、江铃EV系列等。2016年1～12月我国纯电动汽车产销分别完成41.7万辆和40.9万辆，比上年同期分别增长63.9%和65.1%。随着人们对环保意识的加强和新能源汽车技术的提高，纯电动汽车产销必将持续保持上涨趋势。

第一节　北汽EV160/200纯电动汽车结构特点及控制技术

北汽纯电动汽车EV160/200车型是北京新能源汽车公司在北汽E150平台上开发，车身、底盘等部分零部件延用E150车型的原厂零部件。新能源系统为全新设计，本车型的技术特点是既传承了北京汽车的成熟技术又融合了新能源汽车的新技术。

北汽EV160/200纯电动汽车的新能源系统可分为四个子系统：电能源系统、电驱动系统、整车控制系统和辅助控制系统。这些子系统中主要电器设备有电机控制器、高压控制盒、DC-DC转换器、车载充电机等（参见图4-1），这些电器装置是纯电动汽车实现多工况持续长距离行驶的关键总成或部件。

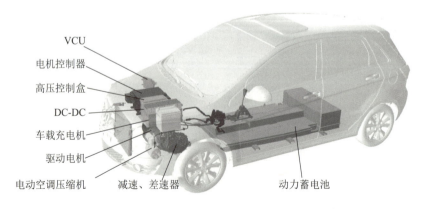

图4-1　北汽EV160纯电动汽车基本结构

一、纯电动汽车电能源系统

北汽EV160/200纯电动汽车的电能源系统主要由主电源蓄电池和充电系统构成。

1. 主电源蓄电池

主电源蓄电池（动力电池）是纯电动汽车驱动系统的唯一能源，其主要功用有：提供动力源；电量计算；温度、电压、漏电检测；充放电控制、预充电控制；电池一致性检测；系统自检和异常情况报警等。

主电源蓄电池（动力电池）组成部件主要有：动力电池模组、电池管理系统（BMS）、动力电池箱和辅助元器件等四部分。

动力电池模组放置在一个密封并且屏蔽的动力电池箱里面。电池管理系统（BMS）实时采集各电芯的电压、各温度传感器的温度值、电池系统的总电压值和总电流值等数据，实时监控动力电池的工作状态；动力电池使用可靠的高压接插件和高压控制盒等辅助元器件输出直流高压电，由电机控制器转变为三相交流高压电，驱动电机工作；并通过CAN数据总线与整车控制模块（VCU）或充电机之间进行通讯，对动力电池系统进行综合管理。

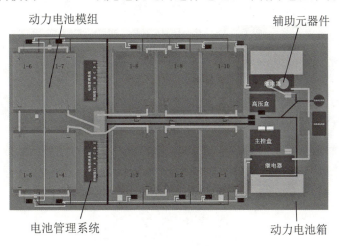

图4-2 动力电池系统基本组成

（1）动力电池模组

北汽EV160汽车的动力电池采用磷酸铁锂电池，众多的电池颗粒通过串、并联形成一定电能量的动力电池组。磷酸铁锂电池最大优势是具有很高的安全性及良好的循环寿命，动力电池衰减率较低，满充满放3000次以后电量仍高于80%。磷酸铁锂电池高温性能较好，但低温充放电性能较差。在低温时充电对电池寿命有极大的影响，在低温放电时其放电容量及放电功率也有所下降，因此冬季低温时整车会出现续驶里程降低及动力性下降的现象。

车辆运行中，需注意动力电池组电量显示数值。在电量低于30%后，需要注意行驶里程，并尽快对其进行充电处理，以免因电量过低导致动力电池组报警，车辆瘫痪。雨天行车应注意积水，当车辆需涉水时，应确认积水深度小于电池包外箱体下表面，防止可能的短路对电池系统的损害。车辆长时间放置不使用时，应确保每月正常满充放电一次，保持动力电池组良好状态，避免因长时间闲置，动力电池组自放电发生单体不一致故障。

电池单体是构成动力电池模组的最小单元。一般由正极、负极、电解质（或电解液）及外壳等构成，电池单体即电芯，可以实现电能与化学能之间的直接转换。

电池模块由一组并联的电池单体组合而成，是电池单体在物理结构和电路上连接起来的最小分组，电池模块也常被称为电芯，可作为一个单元替换，该组合的额定电压与电池单体的额定电压相等，而电容量则大大增加，如图4-3所示。

电池模组是由多个电池模块或电池单体串联组成的一个组合体，电池模组的电压即动力电池的额定电压，其电流即为最小电容量电池模块允许输出的最大电流，如图4-4所示。

动力电池总电压以及电容量的形成：

动力电池额定电压=电池单体额定电压×电池单体串联数

动力电池的电容量=电池单体容量×电池单体并联数量

动力电池的总能量=动力电池额定电压×动力电池电容量

动力电池重量比能量=动力电池系统总能量÷动力电池系统重量

北汽EV160纯电动汽车主电源蓄电池，其主要技术参数见表4-1。

图4-3 电池单体或模块

图4-4 电池模组

表4-1 北汽EV160/200纯电动汽车动力电池组主要参数

项目	PPST-25.6kWh
额定电压	320V
电芯容量	80Ah
额定能量	25.6kWh
电芯供应商	ATL
总质量	295kg
总体积	240L
工作电压范围	250~365V
能量密度	86Wh/kg
体积比能量	107Wh/L

（2）电池管理系统（BMS）

电池管理系统（BMS）是电池保护和管理的核心部件，在动力电池系统中，它的作用就相当于人的大脑。电池管理系统（BMS）不仅要保证电池安全可靠的使用，而且要充分发挥电池的能力和延长使用寿命，作为动力电池和整车控制模块（VCU）以及驾驶者沟通的桥梁，通过控制接触器控制动力电池组的充放电，并向整车控制模块（VCU）上报动力电池系统的基本参数及故障信息。

电池管理系统（BMS）主要包括数据采集单元、计算以及控制单元、均衡单元、控制执行单元和通信单元，如图4-5所示。

电池管理系统（BMS）具备通过电压、电流及温度检测等功能实现对动力电池系统的过压、欠压、过流、过高温和过低温保护，继电器控制、SOC（荷电状态）估算、充放电管理、均衡控制、故障报警及处理、与其他控制器通信功能等功能；此外电池管理系统还具有高压电路绝缘检测功能，以及为动力电池系统加热功能。

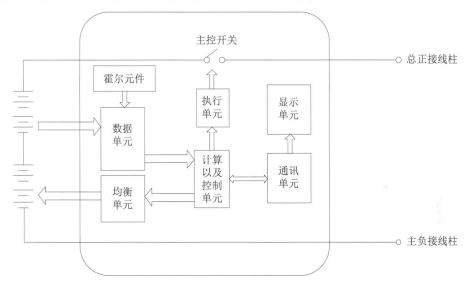

图4-5 电池管理系统（BMS）组成示意图

电池管理系统（BMS）的基本组成按性质可分为硬件和软件，按功能分为数据采集单元和控制单元。电池管理系统（BMS）的硬件主要由主板、从板及高压盒组成，还包括采集电压线、电流、温度等数据的电子器件等（参见图4-6）。BMS的软件包括监测电池的电压、电流、SOC值、绝缘电阻值、温度值，通过与VCU、充电机的通讯，来控制动力电池系统的充放电。

图4-6 动力电池中的BMS

（3）动力电池箱

动力电池箱具有承载和保护动力电池模组及电气元件的作用，主要包含保险丝盒、上盖和下托盘等，如图4-7所示。电池箱体用螺接连接在车身底板下方，其

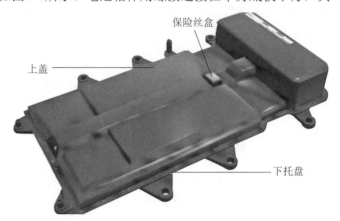

图4-7 动力电池箱外形结构

防护等级为IP67，螺栓拧紧力矩为80～100N·m。整车维护时需观察电池箱体螺栓是否有松动，电池箱体是否有破损严重变形，导线连接密封件是否完整，确保动力电池可以正常工作。保险丝盒用于切断动力电池内部的高压电路，防止发生触电事故。驾驶者一般接触不到，仅供专业人员检修时使用。

（4）辅助元器件。辅助元器件主要包括动力电池系统内部的电子电器元件，如熔断器、继电器、分流器、接插件、紧急开关、烟雾传感器等。辅助电器元件用于动力电池组中连接各电池模组并形成电路，根据驾驶员操作意图接通或切断动力电池组与其他电器装置的安全连接。动力电池系统中还有加热装置以保障低温充、放电能够安全进行；绝缘电阻监测系统以检测电池组与箱体、车体等之间的绝缘状况，具有电池系统短路断电功能，如图4-8所示。

图4-8 动力电池部分辅助元器件

2. 充电系统

充电系统是纯电动汽车的能源补给系统，动力电池系统充电分为常规充电（俗称慢充）、快速充电（俗称快充）和制动能量回收三种方式。

（1）充电系统充电方式

1）慢充方式。慢充方式是纯电动汽车使用车载充电器为动力电池进行补充的方式，充电时间较长，一般需要6~8小时，充电时应采用慢充（即车载充电）方式为宜。慢充方式是使用220V单相交流电，通过升压和整流，将220V AC变换为320V DC高压电给动力电池进行充电。

慢充系统作为纯电动汽车电能源的核心之一，动力电池的充电过程由电池管理系统（BMS）进行控制及保护，慢充系统各关键部件相互连接和通信关系如图4-9所示。

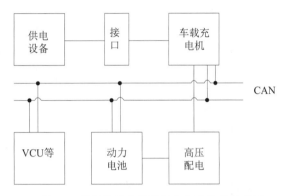

图4-9 慢充系统各关键部件相互关系示意图

慢充系统主要部件有：供电设备（220V AC插座、充电桩或挂壁式充电机等）、车载充电机、慢充接口、车内高压线束、高压配电盒、车载充电机等。

北汽EV160/200汽车动力电池慢充系统充电过程特点：

动力电池电芯的温度范围在0℃~55℃之间，才可以充电，当有温度点高于55℃或低于0℃时，电池管理系统（BMS）将自动切断充电电路，充电将停止以保护高、低压部件。

动力电池组充电前通过温度传感器检测箱体内部温度，若有低于0℃的温度点，便启动加热模式；闭合加热片，进行加热内循环，待所有电芯温度点高于5℃，停止加热，随即启动充电程序。加热过程中充电桩电流显示为4A~6A；充电过程中充电桩电流显示为12A~13A。如果单体电压差大于300mV，电池管理系统（BMS）则控制充电停止，立即报充电故障。

北汽EV160/200汽车使用车载充电机充电，充电电流与温度关系见表4-2。

表4-2 车载充电机充电时充电电流与温度关系表

温度	小于0℃	0℃~55℃	大于55℃
可充电电流	0A	10A	0A
备注	当电芯最高电压高于3.6V时，充电电流降低到5A；当电芯最高电压高于3.7V时，充电流降到0A，BMS请求停止充电		

北汽EV160/200汽车动力电池加热状态与充电状态的差异：

加热状态时，电池管理系统（BMS）将闭合负极继电器和加热继电器，通过电加热模块（PTC）给动力电池组内的电芯进行加热，此时PTC相当于一个电阻负载，充电机对负载直接供电，此时充电机不判断其输出端电压即闭合继电器开始工作。

充电状态时，电池管理系统（BMS）将闭合正极和负极继电器，车载充电机将先判断其输出端电压值，当检测到电压值满足充电条件后，充电机将闭合其输出端继电器，并开始对动力电池充电。

充电过程中如发现无充电电流，充电异常终止，充电过程中出现烟雾，异常声响等，需马上断开充电电源，并通知相关专业人员进行检测和处理相关故障。

锂离子电池在充电或放电过程中，电池管理系统（BMS）始终严密监控，原因是锂离子电池是不能过充或过放的，这是由锂离子电池工作机理所决定的。

当锂离子电池放电时，锂离子不能完全移向正极，必须保留一部分锂离子在负极，以保证下次充电时的锂离子畅通嵌入通道，否则，电池寿命就相当短。为了保证碳层中放电后留有部分锂离子，也就是锂离子电池不能过放电，这就要严格限制放电终止最低电压。同时，根据锂离子工作原理最高充电终止电压应为4.2V，不能过充，否则会因正极L材料中的Li离子拿走太多时，造成晶型瘫塌，而使电池表现出寿命终结状态。由此可见，锂离子充/放电控制精度要求相当高，既不能过充，也不能过放，否则都将影响电池寿命，

2）快充方式。快充方式是依靠充电站中的地面充电机，采用直流充电模式为纯电动汽车动力电池进行充电的方式，充电时间一般0.5小时左右可以使动力电池电能量补充至80%。快充方式是纯电动汽车长距离行驶过程中进行快速补充电能量或应急充电的方式。快充系统通过充电枪接收地面充电机输送的与纯电动汽车动力电池电压相匹配的直流电，将直流高压大电流通过连接导线直接给动力电池进行快速充电。

纯电动汽车的快速充电过程是使用地面充电机的充电枪，通过快充CAN数据线获取纯电动汽车动力电池电压、SOC、温度等信息，对快充系统和动力电池进行检测且无异常，则启动地面充电机进行快速充电。快充系统各关键部件及相互通信关系如图4-10所示。

纯电动汽车快充系统主要部件有：电源设备（快充桩和快充枪）、快充接口、车内高压线束、高压配电盒和动力电池等。

北汽EV160/200汽车动力电池快充系统充电过程特点：

动力电池电芯的温度范围在5℃～55℃之间，才可以进行快速充电；当动力电池的温度点高于55℃或低于5℃时，电池管理系统将自动切断快充电路，快速充电立即停止以保护动力电池及相关高压部件。

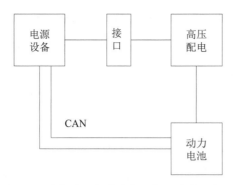

图4-10 快充系统各关键部件相互关系示意图

在快速充电前，地面充电机通过快充CAN数据线从电池管理系统（BMS）获取动力电池箱体内部温度。若箱体内部温度低于或等于5℃的温度点，则首先启动加热模式；闭合加热片，进行加热内循环，待所有温度点大于等于7℃，停止加热，随即启动充电程序。如果充电过程中温度降低至5℃以下时，地面直流充电机则立即停止对纯电动汽车动力电池组进行充电。

快充时的电流显示值范围在13.2A～46.2A之间；快充充电的电流受动力电池内部温度影响而发生变化。

快充采用地面直流充电机充电，充电电流与温度关系见下表4-3。

表4-3 地面充电机快充中充电电流与温度关系表

温度	小于5℃	5℃～15℃	15℃～45℃	大于45℃
可充电电流	0A	20A	50A	0A
备注	恒流充电至343V（电池组端电压）/3.5V（单体电压）以后转为恒压充电方式			

快充和慢充的流程基本相同，都是采用恒流—恒压充电方法，在不同温度范围内以恒定电流充电至动力电池组端电压达到或最高单体电压达到此温度条件下的规定电压值；然后以恒定电压充电至电流逐渐减小至低于0.8A后停止充电。在充电过程中，如果单体电压差大于300mV时，电池管理系统（BMS）将控制停止充电，立即报充电故障。

3）制动能量回收方式。制动能量回收方式是指具有电驱动系统的新能源汽车在减速制动（滑行或制动）或下坡时将汽车的部分动能或势能，通过电动机转换为电能回馈存入动力电池中。制动能量回收方式是根据加速踏板和制动踏板的开度、车辆行驶状态信息以及动力电池的状态信息（如SOC值）来判断某一时刻能否进行制动能量回馈。在满足安全性能、制动性能以及驾驶员舒适性的前提下，回收部分能量。包括减速滑行和制动过程中的电机制动转矩控制。

北汽EV160/200纯电动汽车动力电池组可接受由电机产生的最大感应电动势的回馈电压是365V；动力电池可以接受回馈电流SOC（荷电状态）范围为［0～90%］。

制动能量回收过程中，在不同温度条件下脉冲回馈电流与持续时间关系见下表4-4。

表4-4 制动能量回收过程中脉冲回馈电流和持续时间关系表

温度	小于0℃	0℃~10℃	10℃~45℃	45℃~55℃	大于55℃
脉冲回馈电流	0A	40A	120A	40A	0A
持续时间	0s	15s	15s	15s	0s

能量回收过程中，动力电池可以在不同温度条件下接受的最大持续回馈电流见表4-5。

表4-5 动力电池在不同温度时可接受最大持续回馈电流表

温度	小于0℃	0℃~10℃	10℃~45℃	45℃~55℃	大于55℃
最大持续回馈电流	0A	10A	80A	24A	0A

（2）充电系统关键部件

1）车载充电机。车载充电机（On-board Charger）是新能源汽车动力电池实现电能量补充的电器，具有效率高、体积小、耐受恶劣工作环境等特点，如4-11所示。车载充电机主要功能是将220V 单相交流电转换为320V 高压直流电，对动力电池进行充电，同时提供过压、欠压、过流、欠流等多种保护措施，当充电系统出现异常时会立即切断供电。

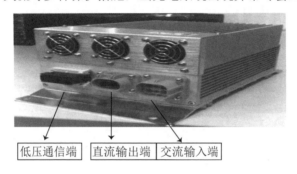

低压通信端　直流输出端　交流输入端

图4-11 北汽EV160/200汽车车载充电机

车载充电机在充电过程中需要协调充电桩、电池管理系统（BMS）等部件，具有CAN数据通讯功能，其工作状态及指令均由电池管理系统（BMS）发出的指令进行控制，包括工作模式指令、动力电池允许最大电压、充电允许最大电流、加热状态电流值。当收到允许充电信号后，车载充电机将输入220V交流电，通过升压电路和滤波整流后，输出适合的电压和电流给动力电池进行充电。

车载充电机充电过程：

① 插上充电枪，220V AC通电；

② 充电枪接通的低电压唤醒了整车控制系统（VCU）；

③ 电池管理系统（BMS）检测动力电池的充电需求；

④ 电池管理系统（BMS）给车载充电机发送工作指令并闭合动力电池正、负极继电器；

⑤ 车载充电机开始工作，对动力电池进行充电；

⑥ 电池管理系统（BMS）检测到动力电池充满电后，给车载充电机发送停止充电指令；

⑦ 车载充电机停止工作；

⑧ 动力电池断开正极和负极继电器。

北汽EV160/200汽车车载充电机的主要技术参数：

输入电压：220V±15% AC；输出电压：240~410V DC；

效率：满载大于90%；冷却方式：风冷；防护等级：IP66。

2）DC-DC转换器。北汽EV160/200汽车DC-DC转换器（DC-DC converter）相当于传统汽车的发电机，主要功用是将动力电池的320V高压直流电转换为12V低压直流电给低压铅酸蓄电池及全车低压用电设备供电。DC-DC转换器共有4处接线口，依次分别为低压输出负极（单针）、低压输出正极（单针）、低压控制端（三针）、高压输入端（四针），如图4-12所示。DC/DC转换器具有效率高、体积小、耐受恶劣工作环境等特点。

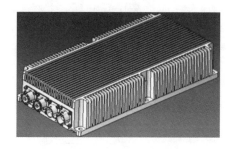

图4-12 DC/DC转换器

北汽EV160/200纯电动汽车的DC-DC转换器为单向降压型。DC-DC转换器包括IGBT（绝缘栅极双极型晶体管）、变压器以及电容等元器件，把动力电池组的高压直流电逆变成高压交流电，通过变压器把高压交流电转变为低压交流电，最后由整流滤波器转换成低压直流电。

DC/DC转换器工作过程如图4-13所示。ECU控制IGBT2和IGBT3导通时，动力电池组的电流从正极端流经IGBT2至变压器初级绕组上端，向下流过初级绕组，经IGBT3到动力电池组负极端，完成回路。同理，IGBT1和IGBT4导通时，电流流经IGBT1至变压器初级绕组下端，向上流过初级绕组，经IGBT4回到负极端，完成回路。

当IGBT2、IGBT3和IGBT1、IGBT4交替导通过程中，在变压器初级绕组中产生不同方向的交变磁场，所以在变压器次级绕组产生12V感应交流电，完成了交流电压降压转换过程。12V交流电经全波整流、滤波，形成平稳的12V直流电压输出。

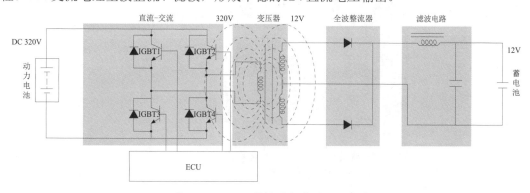

图4-13 DC-DC转换器电路原理示意图

DC/DC转换器降压变换工作过程：

① 打开点火开关至ON位置，或车载充电机220V AC通电；

② 车辆12V蓄电池，或充电枪接通的低电压唤醒整车控制系统（VCU）；

③ 整车控制系统（VCU）发送给DC/DC转换器工作使能信号；

④ DC/DC转换器开始工作，向低压铅酸蓄电池及全车低压用电设备供电；车辆启动以后动力电池将代替12V电压蓄电池，通过 DC/DC转换器为整车提供12V低压电。

北汽EV160/200汽车DC/DC转换器的主要技术参数：

输入电压：240～410V DC；输出电压：14V DC；

效率：峰值大于88%；冷却方式：风冷；防护等级：IP67。

3）高压控制盒。高压控制盒（亦称高压配电盒）主要实现对动力电池的电能进行输入、输出及分配，实现对支路（其他）高压电器的电路接通、切断和保护。

北汽EV160/200汽车高压控制盒共有4个高压接线口和1个低压接线口，分别用于连接快充接口、动力电池、电机控制器和其他高压器件（车载充电机、DC/DC转换器、电动压缩机和PTC加热器）的高压接插件以及低压控制插件，如图4-14所示。

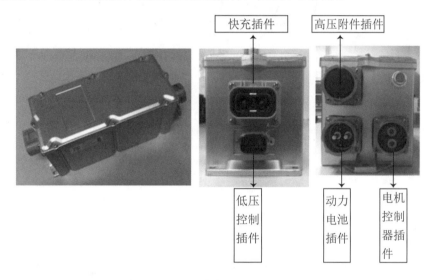

图4-14 北汽EV160/200汽车高压控制盒及各接线口注解图

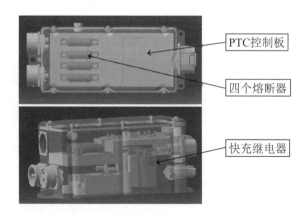

图4-15 北汽EV160/200汽车高压控制盒内部结构示意图

高压控制盒内部主要由电加热（PTC）控制电路板、熔断丝、快充继电器以及高、低压电路线束等组成，如图4-15所示。四个熔断丝按图从上往下，分别是电加热（PTC）熔断丝（20A）、电动压缩机熔断丝（32A）、DC/DC转换器熔断丝（10A）和车载充电机熔断丝（25A）。快充继电器串接在快充接口与动力电池之间，快充继电器除了车辆在进行直流快速充电时闭合通电，其它时候都处于断开状态，这是为了使车辆前端的快速充电接口在车辆处于待运行状态时不接通高压电路，避免使用者误接触快充接口的高压端子，保证安全使用。

4）充电接口。北汽EV160/200汽车的充电接口是完成与充电桩或随车便捷式的充电枪进行物理连接的接口，是确认连接、控制引导和完成充电的连接器。北汽EV160/200汽车的慢充和快充接口功能定义都执行国家标准GB/T 20234-2011规定。

慢充接口位置在汽车左侧后方，为7孔接口，接口触头标示如图4-16所示。

慢充接口技术参数：额定电压：250V AC；额定电流：16A。

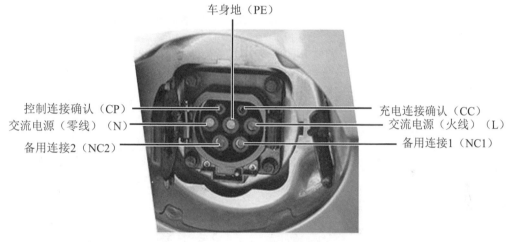

图4-16 车辆慢充（交流）接口触头标示图

北汽EV160/200汽车慢充（交流）接口7对触头的电气参数和功能定义见表4-6。

表4-6 慢充（交流）接口各触头电气参数和功能定义表

触头编号/标识	额定电压和额定电流	功能定义
1-（L）	250V 16A	交流电源
2-（NC1）	———	备用触头
3-（NC2）	———	备用触头
4-（N）	250V 16A	中线
5-（PE）	———	保护接地，连接供电设备地线和车辆底盘地线
6-（CC）	30V 2A	充电连接确认
7-（CP）	30V 2A	控制连接确认

快充接口位置在汽车前方的北汽标志后方，为9孔接口，接口触头标示如图4-17所示。

快充接口技术参数：额定电压，320V DC；额定电流，125A。

图4-17 车辆快充（直流）接口触头标示图

北汽EV160/200汽车快充（直流）接口9对触头的电气参数和功能定义见表4-7。

表4-7 快充（直流）接口各触头电气参数和功能定义表

触头编号/标识	额定电压和额定电流	功能定义
1-（DC+）	320V　125A	直流电源正，连接直流电源正与电池正极
2-（DC-）	320V　125A	直流电源负，连接直流电源负与电池负极
3-（PE）	---	保护接地，连接供电设备地线和车辆底盘地线
4-（S+）	30V　2A	充电通信CAN_H，连接非车载充电机与电动汽车的通信线*
5-（S-）	30V　2A	充电通信CAN_L，连接非车载充电机与电动汽车的通信线*
6-（CC1）	30V　2A	充电连接确认1
7-（CC2）	30V　2A	控制连接确认2
8-（A+）	30V　20A	低压辅助电源正，连接非车载充电机为电动汽车提供的低压辅助电源
9-（A-）	30V　20A	低压辅助电源负，连接非车载充电机为电动汽车提供的低压辅助电源
*非车载充电机控制装置和车辆控制装置应有CAN总线终端电阻，为120Ω。 通信线采用屏蔽双绞线，非车载充电机端屏蔽层接地		

二、纯电动汽车电驱动系统

　　北汽EV160/200纯电动汽车的电驱动系统是纯电动汽车的核心部分，是车辆行驶的主要执行机构，其性能决定着纯电动汽车运行性能的好坏，直接影响车辆动力性、经济性和用户驾乘感受。可见，电驱动系统是纯电动汽车中十分重要的部分。

　　电驱动系统主要由驱动电机（TM）、驱动电机控制器（MCU）和减速器总成构成，通过高低压线束、冷却管路，与整车其他系统作电气、散热装置和机械连接，减速器总成是将驱动电动机的转速降低、扭矩升高，以实现车辆驱动的扭矩和转速需求。如图4-18所示。

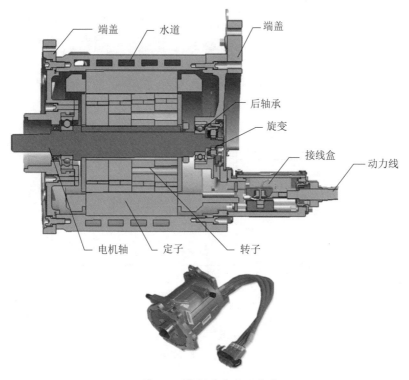

图4-18 电驱动系统示意图

整车控制器（VCU）根据驾驶员意图信号发出各种指令，电机控制器响应并反馈，实时调整驱动电机输出，以实现整车的待行、前行、倒车、停车、能量回收以及驻车等功能。电驱动系统的主要功能是将动力电池中的电能高效地转化为车轮的机械能，并能够在汽车减速或制动时，将车轮的机械能转化为电能充入动力电池组，前者是将电能转化为机械能，后者是将机械能转化为电能。电驱动系统另一个重要功能是通信和保护，实时进行状态和故障检测，保护驱动电机系统和整车安全可靠运行。

1. 驱动电动机（TM）

北汽EV160/200纯电动汽车的驱动电动机采用三相交流永磁同步电机（PMSM）。驱动电动机组件主要由内置永磁体的转子组件、定子绕组、旋转变压器、温度传感器、接线盒组件、冷却循环水道和壳体等组成，如图4-19所示。

驱动电机是以磁场为媒介进行机械能和电能相互转换的电磁装置，是驱动电动汽车行驶的动力装置，动力总成的核心部件，承担着电能转化的功能。在正常行驶时驱动电机将储存在动力电池中的电能高效率地通过转速和转矩形式转化为驱动汽车行驶的机械能；在车辆减速或制动过程中的一部分动能反馈为电能，为动力电池充电。

北汽EV160/200汽车的驱动电动机是依靠内置传感器旋转变压器和温度传感器来提供电动机的主要工作信息，即检测电动机的转速和工作温度；具有效率高、体积小、重量轻及可靠性高等优点，且能将电动机自身的运行状态等信息采集到驱动电机控制器。

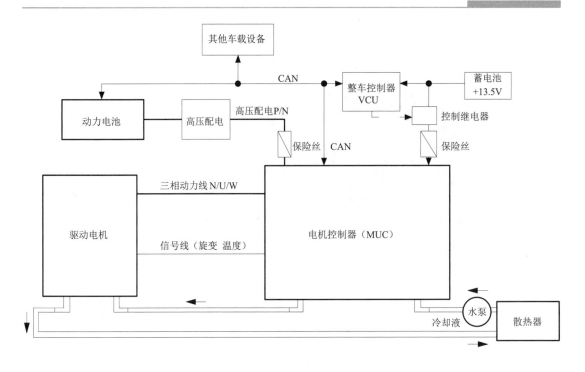

图4-19 永磁同步驱动电机（PMSM）结构图

北汽EV160/200纯电动汽车永磁同步驱动电动机基本技术参数：

基速：2812rpm；　　转速范围：0～9000rpm；

额定功率：30kW；　　峰值功率：53kW；

额定扭矩：102N·m；　　峰值扭矩：180 N·m；

重量：45kg；　　防护等级：IP67。

（1）旋转变压器

旋转变压器（resolver/transformer）简称旋变，是一种电磁式传感器，又称同步分解器。它是一种测量角度用的小型交流电动机，用来测量旋转物体的转轴角位移和角速度。

旋转变压器的工作原理和普通变压器基本相似，区别在于普通变压器的初级、次级绕组是相对固定的，所以输出电压和输入电压之比是常数；而旋转变压器的初级、次级绕组则随转子的角位移发生相对位置的改变，因而其输出电压的大小随转子角位移而发生变化，输出绕组的电压幅值与转子转角成正弦、余弦函数关系，或保持某一比例关系，或在一定转角范围内与转角成线性关系。

北汽EV160汽车采用的正余弦旋转变压器（见图4-20），其输出信号电压与转子转角成正余弦旋函数关系，用以检测电机转子位置，控制器解码后可以获知电机转速，所以也应该称为电动机转速及位置传感器。

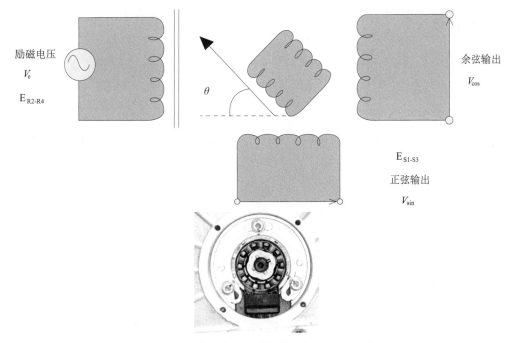

励磁电压
V_e
E_{R2-R4}

余弦输出
V_{cos}

E_{S1-S3}

正弦输出
V_{sin}

θ

图4-20 正余弦旋转变压器结构和原理示意图

（2）温度传感器

温度传感器用以检测电机定子绕组的工作温度，并将温度信号传输给电机控制器（MCU），电机控制器及时调节工作电流、调整电机水冷却系统的冷却强度，以保护电机避免过热。

北汽EV160汽车采用的PT1000温度传感器是铂热电阻式温度传感器，如图4-21所示。PT1000温度传感器中的金属铂（Pt）的阻值会随温度变化而变化，并且具有很好的稳定性。

温度传感器PT后的1000即表示它在0℃时阻值为1000Ω。其原理是：当PT1000在0℃时候它的阻值为1000Ω，随着温度上升它的阻值是成匀速增涨的。利用铂的这种物理特性制成的传感器也称为铂电阻温度传感器。

PT1000
温度传感器

图4-21 PT1000温度传感器

2. 电机控制器（MCU）

电机控制器（MCU）的主要作用是根据整车控制器（VCU）发出的车辆工作状态的各项指令，实时调整驱动电动机输出，以实现控制驱动电动机的转速、转向、扭矩和停止等要求。电机控制器（MCU）另一个重要作用是通信和保护，实时进行状态和故障检测，及时反馈给整车控制器（VCU），保护电驱动系统和整车安全可靠运行。

北汽EV160汽车电机控制器（MCU）采用的是三相两电平电压源型逆变器，是电驱动系统的控制中心，又称智能功率模块，如图4-22所示。

电机控制器（MCU）是驱动电动机各工况工作的控制部件，以IGBT（绝缘栅双极型晶体管）模块为核心，辅助驱动集成电路和主控集成电路等。在驱动电机系统中，驱动电机的输出动作主要是靠控制单元给定命令执行，即控制器输出命令。电机控制器（MCU）主要是将输入的直流电逆变成电压、频率可调的三相交流电，供给三相交流永磁同步电机使用。因此，电机控制器（MCU）主要由DC-AC逆变模块、AC-DC整流模块、温度保护模块以及电子控制器等组成。

电机控制系统使用了如下传感器来提供驱动电动机的工作信息。

电流传感器：用以检测电机工作的实际电流（包括母线电流、三相交流电流）；

电压传感器：用以检测供给电机控制器工作的实际电压（包括动力电池电压、12V蓄电池电压）；

温度传感器：用以检测电机控制系统的工作温度（包括模块温度、电机控制器温度）。

北汽EV160/200纯电动汽车电机控制器基本技术参数：

输入电压：336V DC；　工作电压范围：265～410V DC；

控制电源：12V；　控制电源电压范围：9～16V；

标称容量：85KVA；重量：9kg；　防护等级：IP67。

IGBT模块　　电流传感器

图4-22　电机控制器（含内部IGBT模块、霍尔式电流传感器）

（1）DC-AC逆变模块

电机控制器（MCU）的DC-AC逆变模块，其作用是将动力电池的高压直流电交替转变为三相交流电，驱动电动机运转。电子控制器是通过控制DC-AC逆变模块中IGBT（绝缘栅双极型晶体管）的导通和截止，完成直流电向交流电的转换。

当电子控制器（MCU）控制IGBT2和IGBT4导通时，动力电池电流从电池正极流经IGBT2到电动机定子绕组的V相进、从U相出，通过IGBT4回到动力电池负极，形成回路。电动机在定子绕组V相和U相产生磁场，驱动转子旋转，如图4-23所示。

同理，当IGBT3和IGBT5导通时，电流经IGBT3从W相进、V相出，在定子绕组W相和V相产生磁场；当IGBT1和IGBT6导通时，电流经IGBT1从U相进、V相出，在定子绕组U相和V相产生磁场。可见，连续调节电机控制器IGBT的导通频率，在电动机三相定子绕组中便会形成连续的旋转磁场，电机转子的转速随之发生改变。

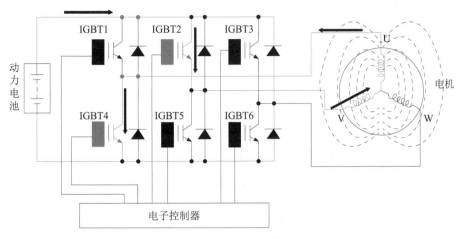

图4-23 DC-AC逆变模块工作原理示意图

（2）AC-DC整流模块

AC-DC整流模块是运用二极管的单向导通特性，在汽车减速或制动中，驱动电动机被转换成交流发电机时，对电机感应生成的三相交流电进行整流，转换成直流电反馈并储存到动力电池中，即为能量回收，如图4-24所示。

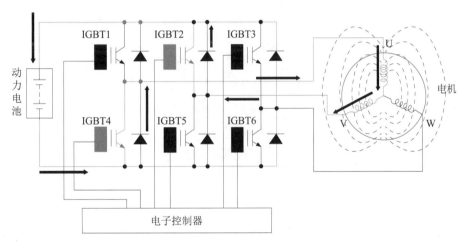

图4-24 AC-DC整流模块工作原理示意图

（3）温度保护模块

纯电动汽车电驱动系统的电动机和电机控制器（MCU）是在大电流、大扭矩或高转速等变工况下工作，其工作温度将会越来越高。但是，电机及控制器等电器元件对于工作温度非常敏感且非常重要，这些电器元件和导线在持续升高的温度条件中长时期运行，将使表面绝缘层破坏而发生短路，甚至发生燃烧等恶性事故。

电驱动系统的电动机和电机控制器（MCU）的温度保护条件如下：

纯电动汽车驱动电机的工作温度应在120℃以下；当电机控制器（MCU）监测到驱动电动机温度传感器拾取的温度信号：120℃≤温度＜140℃时，电机控制器（MCU）将电动机减小电流降低功率运行；当电动机工作温度≥140℃时，电机控制器（MCU）将电动机电流立即降为0，即停机。

当电机控制器（MCU）监测到电器散热基板温度≥85℃时，即启动超温保护，立即停机。当控制器监测到散热基板工作温度信号：85℃≥温度≥75℃时，电机控制器（MCU）立即降低电流输出，降功率运行。

（4）电子控制器

电子控制器是驱动电机系统的控制中心，又称智能功率模块，以IGBT（绝缘栅双极型晶体管）模块为核心，辅以驱动集成电路、主控集成电路。对所有的输入信号进行处理，并将驱动电机控制系统运行状态的信息通过CAN数据 2.0网络发送给整车控制器（VCU）。驱动电机控制器内含故障诊断电路。当诊断出异常时，它将会激活一个错误代码，发送给整车控制器（VCU），同时也会把存储该故障码和数据。

3. 减速器总成

纯电动汽车的传动系统一般都选用固定传动比的减速器和差速器。

北汽EV160/200纯电动汽车的减速器总成也同样采用的是固定减速比的二级减速器。减速器总成是一款前置前驱减速器，采用左右式分箱体、两级传动结构设计，如图4-25所示。其主要功能是将整车驱动电机的转速降低、扭矩升高，以实现整车对驱动电机的扭矩和转速需求。

图4-25 北汽EV160减速器总成

北汽EV160汽车减速器总成具有体积小、结构紧凑的特点；前进档和倒档都采用两级传动比的共用结构设计，车辆前行和倒退是通过电动机的正、反转来实现。减速器总成按功用和位置分为四大组件：箱体、输入轴组件、中间轴组件和差速器组件，如图4-26所示。

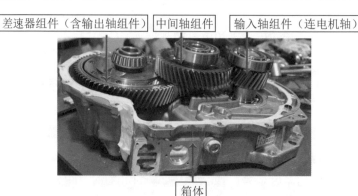

图4-26 北汽EV160汽车减速器总成基本结构

三、纯电动汽车整车控制系统

1. 整车控制系统主要特性

整车控制系统相当于新能源汽车的大脑，负责在整车行驶过程中接收来自驾驶员的各项操作指令、诊断分析整车及部件状态，综合判断，向各个部件控制器发送控制质量，是整车按照驾驶员预期安全行驶，如图4-27所示。

纯电动汽车整车控制系统主要特性有：

工况识别、整车能量管理、制动能量回收控制功能、电机转矩控制、电动辅助部件控制（电动助力转向、电动空调、电动暖风、电动真空泵）、故障诊断、系统安全监控等，详见表4-8。

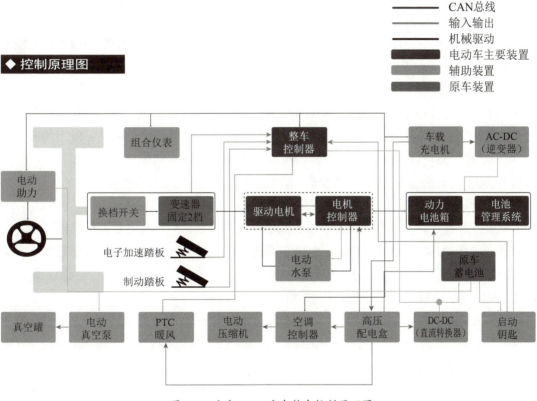

◆ 控制原理图

图4-27 北汽EV160汽车整车控制原理图

表4-8 北汽EV160汽车第二代整车控制器主要功能表

序号	功能	备注
1	驾驶员意图分析	
2	驱动控制	
3	制动能量回馈控制	
4	整车能量优化管理	
5	充电过程管理	
6	高低压上下电控制	
7	故障诊断与管理	
8	整车CAN总线网关及网络化管理	

2. 整车控制主要功能

（1）驾驶员意图解释

新能源汽车在驾驶过程中，需要对驾驶员操作信息及控制命令进行分析处理，也就是将驾驶员的加速踏板信号和制动信号根据某种规则，转化成电机的需求转矩命令。因而驱动电机对驾驶员操作的响应性能完全取决于整车控制的电子加速踏板解释结果，直接影响驾驶员对汽车性能的控制效果和操作感觉。

（2）驱动控制

整车控制器（VCU）根据驾驶员对车辆的操纵输入（加速踏板、制动踏板以及选档开关）、车辆状态、道路及环境状况，经分析和处理，向整车管理系统（VMS）发出相应的指令，控制电机的驱动转矩或功率来驱动车辆，以满足驾驶员对车辆驱动的动力性要求；同时根据车辆状态，向整车管理系统（VMS）发出相应的指令，保证安全性和舒适性。

（3）制动能量回馈控制

整车控制器（VCU）根据加速踏板和制动踏板的位置、车辆行驶状态信息以及动力电池的状态信息(如SOC值)来判断某一时刻能否进行制动能量回馈，在满足安全性能、制动性能以及驾驶员舒适性的前提下，将部分动能转换为电能而储存于动力电池。制动能量回馈控制包括滑行制动和刹车制动过程中的电机制动转矩控制。

根据加速踏板和制动踏板信号，制动能量回收分为两个阶段，简单的划分条件是：第一阶段是在车辆行驶过程中驾驶员松开加速踏板但没有踩下制动踏板开始；第二阶段是在驾驶员踩下制动踏板后开始。

制动能量回馈控制的原则是能量回收制动不应该干预ABS的工作，因为制动能量回馈控制是利用电机减速制动转矩来实现的，所以在ABS控制车轮制动器过程中制动能量回收会部分抵消ABS的作用，会部分影响制动效能和制动方向稳定性。

因此，当ABS进行制动力调节时，制动能量回收不应该工作；当ABS报警时，制动能量回收不应该工作；当电驱动系统出现故障时，制动能量回收不应该工作。

（4）整车能量优化管理

北汽EV160/200汽车通过对车载能源提供的动力元件系统进行协调和管理，提高整车能量利用效率,延长续驶里程。整车能量优化管理包括两部分:高压动力元件主要包含电机驱动系统（MCU）、电池管理系统（BMS）、电子空调系统（ETC）/电加热（PTC）系统等；低压动力元件主要包含DC/DC、电动制动真空泵、电动转向助力系统等,如图4-28所示。

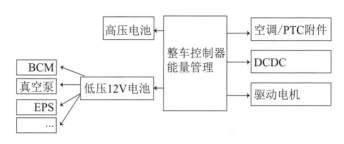

图4-28 北汽EV160汽车整车能量优化管理示意框图

（5）充电过程控制

充电过程是实现电池能量补充的过程，在电池使用过程中起着重要的作用。充电过程控制是保障电池充电的安全性，充分利用电池的当前状态信息实现充电过程的控制。

整车控制器（VCU）与电池管理系统（BMS）共同进行充电过程中的充电功率控制，整车控制器（VCU）接收到充电信号后，应该禁止高压系统上电，保证车辆在充电状态下处于行驶锁止状态；并根据电池状态信息限制充电功率，以保护电池。

（6）高压上下电控制

纯电动汽车的高压上下电过程如同传统汽车的内燃机及其他底盘和车身电气系统启动进入待行驶状态、停驶熄火的过程。由于纯电动汽车使用电动机驱动车轮，电动机与车轮是同步运转的，电动机驱动的汽车没有传统内燃机需要启动进入怠速这一过程；新能源汽车只要高压电系统接通，车辆即处于待行驶状态，因此车辆的高压上下电控制是整车控制器（VCU）的主要控制内容。

整车控制器（VCU）根据驾驶员对行车钥匙开关的控制，进行动力电池的高压继电器开关控制，以完成高压设备的电源通断和预充电控制。

高压上下电过程处理基本方法：协调各相关部件的上电与下电流程，包括电机控制器（MCU）、电池管理系统（BMS）等部件的供电,预充电继电器、主继电器的吸合和断开时间等。

高压上电基本流程：

① 整车控制器（VCU）监测到电机控制器（MCU）"初始化完成"、电池管理系统（BMS）"初始化完成"、附件电气（ACC）"初始化完成"后，闭合高压主继电器，50ms后发送"高压上电指令"。

② 电池管理系统（BMS）先闭合负极端继电器，100ms后，再闭合预充电继电器；当电池管理系统（BMS）检测到"动力电池电压"达到要求后，闭合正极端继电器。100ms后，断开预充电继电器，再过100ms后，当监测到"动力电池电压"正常后，在网络上更改

正极端继电器和预充电继电器状态；并发送"预充电完成"报文。

③ 整车控制器（VCU）监测到电池管理系统（BMS）"预充电完成"、检测各分系统无故障，且电机控制器（MCU）上报的"直流母线电压"正常后，此时点亮仪表的"READY"灯，同时发送"保持当前状态指令"。

④ 整车控制器（VCU）监测到档位信号为"D"或"R"时，发送"驱动电机使能指令"，驱动整车按选择档位运行，高压上电结束。

高压下电基本流程：

① 整车控制器（VCU）监测到钥匙档位从ON转到ACC后，整车控制器（VCU）断开高压主继电器，50ms后发送"高压下电指令"；电池管理系统（BMS）立即断开正极端和负极端继电器。

② 整车控制器（VCU）监测到电池管理系统（BMS）的正极端继电器、负极端继电器和预充电继电器均为"断开状态"时，发送"保持当前状态指令"。

③ 当电池管理系统（BMS）接收到"保持当前状态指令"后，电池管理系统（BMS）回复一帧"执行保持当前状态指令"，之后BMS停止发送任何报文，进入休眠模式。

④ 整车控制器（VCU）接收到电池管理系统（BMS）发送的"执行保持当前状态指令"后，VCU停止发送任何报文，VCU休眠，高压下电结束。

（7）故障诊断与处理

整车控制器（VCU）连续监视整车电控系统，进行故障诊断，并及时进行相应安全保护处理。根据电控系统各传感器的输入信号以及其他通过CAN数据线通讯得到的电机、电池、充电机等信息，对各种故障进行判断、等级分类、报警显示；及时存储故障信息，供车辆维修时查询。汽车组合仪表显示的故障指示灯只是报出故障类型和部分故障码。

在行车过程中，整车控制器（VCU）根据电机、电池、电子稳定系统（EPS）、DC/DC转换器等电器部件故障、整车CAN网络故障及VCU硬件故障进行综合判断，确定整车的故障等级，并进行相应的控制处理。确保车辆及高压系统安全。

表4-9 北汽EV160/200新能源汽车故障分级及处理方式

故障等级	名称	故障内容	故障处理方式
一级	致命故障	动力电池温度过高、绝缘电阻过低等	紧急断开高压继电器，切断动力电池高压输出
二级	严重故障	绝缘电阻低、温度不均匀等	二级电机故障零功率限制；二级电池故障20A放电电流限功率控制
三级	一般故障	高压过低、充电电流较大等	进入跛行工况/降功率限制
四级	轻微故障	不影响行车安全的附件电器故障	四级故障属于维修提示，只有仪表显示，VCU不对整车进行限制 四级制动能量回收故障，仅禁止行车制动能量回收，行驶不受影响

（8）整车CAN数据线网络化管理

北汽EV160/200汽车的车载网络系统除了保留了北汽传统内燃机汽车的车身电控系统CAN数据线网络（舒适系统、信息娱乐系统等）、底盘电控系统CAN数据线网络（ABS系统、电动助力转向系统等），还增加了新能源CAN（EV BUS）和快充CAN（FC BUS），整车新增加的CAN数据线网络化管理架构如图4-29所示。

在整车的网络管理中，整车控制器（VCU）是信息控制的中心，负责信息的组织与传输，网络状态的监控，网络节点的管理，信息优先权的动态分配以及网络故障的诊断与处理等功能。通过新能源 CAN（EV BUS）线协调电池管理系统（BMS）、电机控制器（MCU）、电动空调压缩机（EAS）、车载充电机（CHG）、数据采集终端（RMS）等模块相互通信，完成整车的动力电池的充放电以及性能检测等管理、驱动电动机的转速和扭矩等控制。当纯电动汽车需要快速充电时，则通过快充CAN（FC BUS）线获取电池管理系统（BMS）、新能源汽车快充设备（快速充电桩DC-CHM）、数据采集终端（RMS）等模块信息，对快充系统和动力电池进行检测且无异常，则启动快充设备（快速充电桩DC-CHM）对动力电池进行快速充电。

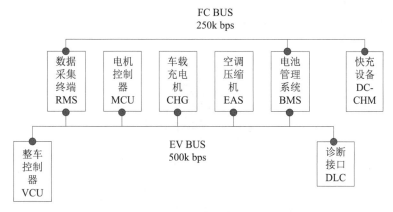

图4-29 北汽EV160汽车整车控制系统架构图

第二节　上汽荣威E50纯电动汽车结构特点及控制技术

　　荣威E50纯电动轿车是由上汽集团历时三年自主研发，汇集众多国际先进技术，合力打造出的一款通过电池和电机有机结合，实现零排放、纯电驱动的新能源车。不同于多数纯电动车是在原有内燃机车型上升级而来，荣威E50采用专为纯电动力而全新开发的整车平台，可以说是一款完全意义上的纯电动汽车。荣威E50在电机、电池的布置和车身的设计过程中，充分考虑了整车性能和人机工程之间的平衡，既获得最好的车内空间，又满足了整车性能目标的要求，减少了碰撞时对人体的伤害，无愧定位为"都市精品纯电小车"。

　　由于是纯电动汽车，荣威E50的前脸上没有传统动力车必需的发动机进气的格栅，而是采用了短促的车鼻设计，与前挡风玻璃A柱平滑地融合一体，有效地降低了风阻，改善了空气动力学。独特的海豚式短吻两厢车身设计传递出更人性化的设计理念，车内使用空间利用率更大，空间布置更合理，如图4-30所示。车身外形整体体现出强烈的科技感，同时也很好地凸显出了纯电动汽车的特性。

图4-30　荣威E50纯电动汽车

　　荣威E50纯电动汽车采用前轮驱动形式，驱动系统（电动机、集成电子箱）被安放在车头前部，高压电池包布置车身底部稍靠后的位置，车载充电机和12V蓄电池则安放在后备箱底部，如图4-31所示。据介绍，由于荣威E50汽车在设计之初就已经对纯电动汽车的部件布置进行了考量，通过合理优化，保证整车安全性的同时，提高了车辆的操控性和空间利用率。

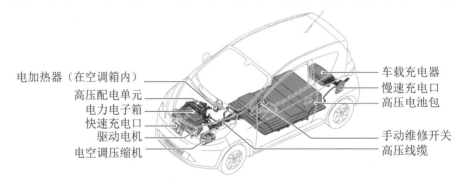

图4-31　荣威E50纯电动汽车结构

一、荣威E50汽车高压电池包+高压配电单元的电能源系统

荣威E50汽车的电能源系统需要向整车提供持续的、稳定的电能量，以满足电驱动系统各工况的运行。电能源系统主要由高压电池包、高压配电单元、充电系统、高压电池冷却系统组成，如图4-32所示。纯电动车行驶完全依赖动力电池存储的能量，电池容量越大，可以实现的续驶里程越长。高压电池系统起着向永磁同步电机提供电能以及向动力传动系统输出功率的作用，另外还贮存通过快速充电或者慢速充电补充的能量，还贮存通过减速和制动能量再生系统回收的能量。

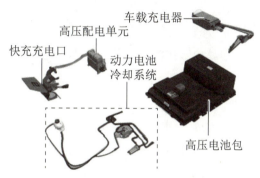

图4-32 荣威E50汽车电能源系统基本组成

1.高压电池包

荣威E50纯电动汽车用的是A123（专业开发和生产锂离子电池和能量存储系统的美国公司）的AMP20 Prismatic Pouch电池单体，电芯材料采用磷酸铁锂，电池单体电压为3.22V。

高压电池组由5个电池模块，279个电芯组成。电池额定容量为60Ah，额定电压是DC 300.3 V，高压电池组总能量18.018kWh，高压电池包总重量230Kg。

高压电池包除了279个电芯还有：电池管理控制器、电池高压电力分配单元、电池检测模块、电池信息采集和均匀模块、高低压插件和水冷却系统等组成部分，如图4-33所示。

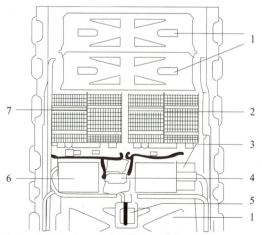

1-电池模块（27串3并）；2、7-电池模块（6串3并）；3、6-电池管理控制器
与信息采集和均衡模块；4-电池检测模块；5-手动维修开关

图4-33 荣威E50纯电动汽车高压电池包

高压电池包的基本功能是，通过4路独立的CAN数据网络，分别与整车控制器（VCU）、车载充电机、快速充电口（外部直流充电桩）和内部控制模块通讯。提供高压电池包的状态给整车控制器（VCU），通过不同高压继电器的通断，实现各个高压回路的通断，使其实现充放电管理和高压电池包电池状态的指示。加强高压安全管理，实现绝缘电阻检测、高压互锁检测、碰撞检测功能，具备故障检测管理及处理机制。实现车载充电机和非车载充电机的连接线检测和充电管理，控制整车的充电状态和充电连线状态灯的指示。

高压电池包各基本组成及功能特点：

（1）电池模块。向驱动电机提供持续和稳定的电能量，由3个大模块（27串3并）、2个小模块（6串3并），整个高压电池组由93个单体串联，每个单体都是3个电芯并联，因此高压电池组共由279个电芯组成。高压电池包总能量18.018kWh，可用能量为16 kWh。

（2）电池管理控制器。汇总内部控制器采集的电池信息，通过一定的控制策略，向整车控制器（VCU）提供电池运行的信息，响应整车高压回路通断命令，实现对电池的充放电和热管理。

（3）高压电力分配单元。通过不同高压继电器的通断，实现各个高压回路的通断。

（4）电池检测模块。实现电流检测和绝缘检测等功能。

（5）电池采集和均衡模块。实现电池电压和温度的采集；电池均衡功能：每个大模块由2个电池采集和均衡模块管理，每个小模块由1个电池采集和均衡模块管理。

（6）高电压线束及接插件。连接各电池端子，形成高电压回路；完成信息采集、低压唤醒和控制指令的低压回路。

（7）冷却系统附件。电池内部由冷却板和冷却水管等组成；连接外部的电池冷却器-膨胀阀、电子水泵、储水壶和水管等，形成电池散热水冷却循环水路。

2. 充电系统

荣威E50纯电动汽车充电方式与设施和国产各品牌纯电动汽车一样，符合国标要求，分为快充和慢充两种，参见图4-31。慢充利用车载充电器，使用220V交流电6小时可充满，慢充结束后自行对电池做均衡保养，延长使用寿命；快充功能可在30分钟内将电池充满80%。快充和慢充采用与国标一致的物理接口和通讯协议。

快速充电口通过高压导线与高压配电单元（PDU）连接在一起，安装在汽车前方的水箱上的横梁上，主要作为给高压电池包快速补充电能的接口。直流充电桩的高压直流电，通过此充电口，给高压电池包补充电能。

慢速充电口与车载充电机相连接，固定在车身侧围（左侧后方）上，主要作为民用电给车载充电机的连接端口，将民用电的220V交流电源，通过此充电口，提供给车载充电机。

荣威E50汽车还提供随车充电线（亦称便捷式随车充电线），装备在车辆后备箱的随车工具盒之上。随车充电线主要功能为将民用220V交流电源引到慢充（交流）充电口；同时，具有连接指示和交流电路过流保护功能。

荣威E50汽车充电系统提供快速充电口、车载充电机与电池管理系统（BMS）之间的

CAN数据通讯。基于电池管理系统的需求,实现在最大功率范围内为高压电池组充电。为了高压安全,提供输出反接保护、高压端口残压控制、故障自关断功能。车载充电机采用风冷的方式进行冷却,实现热管理和热控制。

3. 高压配电单元(PDU)

高压配电单元位于前舱中,安装固定在电力电子箱(PEB)和高压配电单元(PDU)托盘上。主要作用是将高压电池包的高压电分配给各高压电器,主要有电力电子箱(PEB)、高压电池包、电空调压缩机(EAC)、电加热器(PTC)和快充充电器;同时,可以对电空调压缩机和电加热器(PTC)高压回路起过流保护作用,如图4-34所示。

图4-34 荣威E50汽车高压配电单元(PDU)

高压配电单元(PDU)通过5组高压线束分别与各高压电器连接,实现高压电的连接和分配,高压配电单元(PDU)内部高压线束连接和分配如图4-35所示。

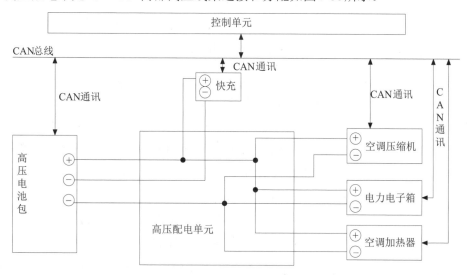

图4-35 高压配电单元(PDU)高压线束连接示意图

高压配电单元(PDU)的主要高压连接线束有:

(1)高压配电单元(PDU)线束,位于车身底板下,连接在高压电池包和PDU中间,主要功能为将高压电池包直流电引到PDU上。

(2)电力电子箱(PEB)线束,位于前舱的电力电子箱(PEB)后方,连接在高压配电单元（PDU）与电力电子箱（PEB）之间，主要功能是将来自高压电池包的高压直流电，通过电力电子箱（PEB）按车辆行驶工况需求转换成高压大电流的三相交流电，以驱动电机。

（3）电空调压缩机线束，位于前舱中，连接在高压配电单元（PDU）与电空调压缩机之间，主要作用是将高压配电单元（PDU）上的高压直流电引给电空调压缩机。

（4）电加热器（PTC）线束，从乘客舱在车身前围处穿到前舱和底板下，主要作用是连接高压配电单元（PDU）和电加热器（PTC），将高压配电单元（PDU）的高压直流电引给电加热器（PTC）。

（5）快充充电接口线束，通过高压配电单元（PDU）使快充充电接口与高压电池包相连，当接通外部直流充电桩时，可将快充充电接口引入的高压直流电传给高压电池包。

荣威E50汽车的高压配电单元（PDU）有一个很大的特点，在快充充电接口途径高压配电单元（PDU）与高压电池包的连接线束中没有设置高压通断继电器。从图4-34高压配电单元（PDU）高压线束连接示意图中又可以看到快充充电接口与其它所有高压电器是并联连接关系，这就出现了当快充充电接口接通外部充电桩高压电路时，车内所有高压电器都带高压电的现象；或者当动力电池包通过高压配电单元（PDU）对任何高压电器供电时，快充充电接口也会带有高压电。因此，荣威E50汽车的动力电池包连接线束采用了1根主正和2根主负高压线束连接方式，在高压配电单元（PDU）中将快充充电接口与其它高压电器分成两个高压回路（主负高压线不共用），以分别接通的方式，解决快充充电接口电路与其他高压电器电路相互影响高压安全的问题。

4. 电动冷却系统

荣威E50纯电动汽车冷却系统分为两个独立的系统，分别是电力电子箱（PEB）/驱动电机冷却系统、高压电池包冷却系统（ESS）。冷却系统运用热传导的原理，通过冷却液在各个独立的冷却系统回路中循环，使电力电子箱（PEB）/驱动电机、高压电池包保持在最佳的工作温度。

整个冷却系统有2个电子水泵，分别是电力电子箱（PEB）/驱动电机冷却液泵和高压电池包冷却液泵。电力电子箱（PEB）/驱动电机冷却液泵通过安装支架固定在前右纵梁上，高压电池包冷却液泵则安装在车身左后方底盘上。电力电子箱（PEB）/驱动电机冷却系统软管布置在前舱内，高压电池包冷却系统（ESS）软管布置在前舱内和后地板总成下。

电力电子箱（PEB）/驱动电机冷却系统和高压电池包冷却系统（ESS）都采用卸压阀式注塑冷却液膨胀水箱。电力电子箱（PEB）/驱动电机冷却系统膨胀水箱安装在右纵梁右悬架前部，溢流管连接到散热器左水室顶部，出液管连接到电力电子箱（PEB）/驱动电机冷却液泵上。高压电池包冷却系统（ESS）膨胀水箱安装在电力电子箱（PEB）托盘上，溢流管连接到电池冷却器出液管上，出液管连接到冷却水管三通上。

电力电子箱（PEB）/驱动电机冷却系统采用和内燃机汽车相类似的两端带有注塑水箱的铝制横流式散热器和冷却风扇总成。电池冷却器是高压电池包冷却系统（ESS）的一个关键部件，它负责将高压电包组维持在一个适当的工作温度范围内，使高压电池组的放电性能处于最佳状态。电池冷却器主要由热交换器、带电磁阀的膨胀阀（TXV）、管路接口和支架组成。热交换器主要用于高压电池包冷却液和制冷系统的制冷剂的热交换，将高压电池包中的热量通过制冷剂散发到空气中。

高压电池包冷却系统（ESS）电动水泵和冷却循环控制简述如下（参见图4-36）：

高压电池包冷却系统（ESS）由电池管理系统（BMS）负责控制电动水泵，电动水泵会在高压电池包温度上升到32.5℃时开启，在温度低于27.5℃时关闭，电池管理系统（BMS）发出要求电池冷却器膨胀阀关闭和电动水泵运转的信号。当电子控制空调模块（ETC）收到来自电池管理系统（BMS）的膨胀阀电磁阀开启的信号要求，电子控制空调模块（ETC）首先打开电池冷却器膨胀阀的电磁阀，并给可根据负荷变速的电动空调压缩机（EAC）发启动信号。高压电池组最适宜温度值为20℃～30℃。

正常工作时，当高压电池组的冷却液温度在30℃以上时，电子控制空调模块（ETC）会限制乘客舱制冷量，冷却液温度在48℃以上，电子控制空调模块（ETC）会关闭乘客舱制冷功能，增大电池冷却器膨胀阀制冷剂的流量，加大高压电池组的冷却强度，但除霜模式除外。

电子控制空调模块（ETC）只控制冷却液温度，而冷却液与高压电池包内部的热交换（即温度调节）由电池管理系统（BMS）控制。

当车辆处于直流快速充电时，由于快速充电是大电流充电模式，电子控制空调模块（ETC）会被网关模块唤醒，此时高压电池包冷却系统进入正常工作模式，这是快速充电冷却的必要条件。

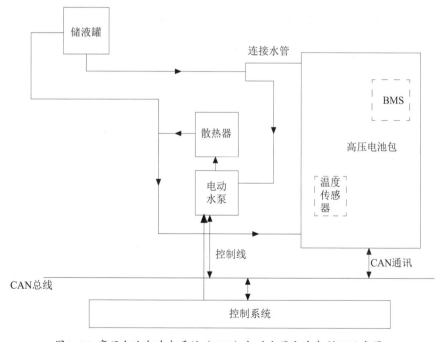

图4-36 高压电池包冷却系统（ESS）电动水泵和冷却循环示意图

二、荣威E50汽车永磁同步电机+集成式电子箱的驱动系统

荣威E50纯电动汽车除了高压电池包+高压配电单元的电能源系统，永磁同步电机+集成式电子箱的驱动系统同样是纯电动汽车的重要组成部分。

电驱动系统是新能源汽车运行中的主要执行机构，相当于电动车行驶的"躯干"。荣威E50纯电动汽车的电驱系统主要由驱动电机组件、电力电子箱组件、减速器组件、冷却系统组件等组成，如图4-37所示。

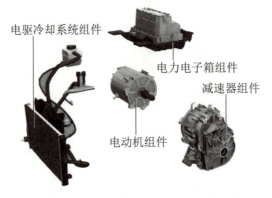

电驱冷却系统组件
电力电子箱组件
减速器组件
电动机组件

图4-37 荣威E50汽车驱动系统基本组成示意图

电驱动系统各组件之间的相互关联如图4-38所示。从图中可以认识到电驱动系统与高压电能源系统的连接和工作关系，还可以了解电驱动系统冷却系统的组成方式和冷却循环原理。由于电力电子箱（PEB）和驱动电机的最佳工作温度范围不同，且驱动电机工作温度范围高于电力电子箱（PEB），所以散热器经水泵抽出的冷却液先流过电力电子箱（PEB），然后再通过驱动电机外壳夹层间的循环水道后返回散热器散热。

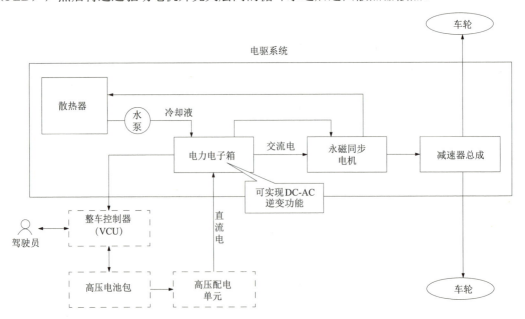

图4-38 荣威E50汽车驱动系统相互关联示意图

1. 驱动电机（TM）

荣威E50纯电动汽车驱动电机为三相交流永磁同步电机，工作电压250V～345V AC，接受电力电子箱（PEB）的控制，是整个车辆的动力源。荣威E50汽车驱动电机额定功率/转速/转矩：28.00kW/3000rpm/90N.m；电机峰值功率/转速/转矩：52.00kW/8000rpm/ 155N.m；0～50公里加速为5.3s，最高时速达到130Km/h，对于一辆行走于城市的纯电动小车来说动力已足够。

荣威E50纯电动汽车的驱动电机是采用完全自主研发的永磁同步电机，整体采用防水防尘设计，具有较高的稳定性。搭配是集成式的电力电子箱（电机控制器），将逆变器和高低压直流转换器集成在一块，如图4-39所示，一定程度减少电子箱的体积与重量，有利于这种小型车的底盘布置。

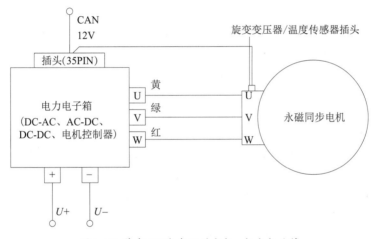

图4-39 荣威E50汽车驱动电机-电力电子箱

荣威E50纯电动汽车的驱动电机选用新能源汽车主流类型的永磁同步电机，使用温度传感器监测电机工作温度，以便调节冷却系统的冷却强度来维持电机最佳工作温度范围；采用正余弦旋转变压器来检测和确定电机转子的转速和位置，使整车控制器（VCU）通过电力电子箱（PEB）对驱动电机实现转速和转向的控制。

2. 电力电子箱（PEB）

电力电子箱（PEB）是控制驱动电机的电器组件，是新能源汽车驱动控制系统的主要部件，安装在前舱的前方和驱动电机的上方，如图4-40所示。电力电子箱（PEB）内部智能集成了DC-AC逆变器、DC-DC转换器、AC-DC整流器及电机控制器（MCU）等电路，使电力电子箱的体积明显缩小，减少接插件和线束，提高可靠性和安全性。

图4-40 荣威E50汽车电力电子箱（PEB）

荣威E50汽车的电力电子箱（PEB）输入电压280V DC。在车辆运行过程中，电力电子箱（PEB）通过电流传感器、电压传感器及温度传感器等信号采集，并通过CAN数据网络进行传输。电力电子箱（PEB）在高速CAN上与整车控制单元（VCU）、组合仪表（IPK）、车身控制模块（BCM）等控制器通讯，且电力电子箱（PEB）带有自诊断功能，确保电驱动系统安全运行。

电力电子箱（PEB）系统的主要功能是：

（1）驱动电机

电力电子箱（PEB）将300.3V直流高压电转换为工作电压250V～345V交流电，驱动电机在电机控制单元（MCU）的控制下进行高精度与高效能的扭矩以及速度调节。

（2）DC-DC转换

将高压直流电转换成低压直流电供给低压用电器和蓄电池，低压电电压值为系统设定值。

（3）电压电源管理

当快速充电或者点火钥匙打开的状态下，电压电源管理单元（PMU）将通过整车控制单元（VCU）给电力电子箱（PEB）发送一个目标电压，电力电子箱（PEB）向电压电源管理单元（PMU）返回状态值；当点火钥匙关闭时，电力电子箱（PEB）将断开高压系统和电压系统，电压范围在11V～16V。

（4）仪表显示

① 电机温度显示：在仪表右上方，用点亮格数显示电机温度。

表10 电机温度显示

电机温度表显示（点亮格数）	电机相对应温度
1格	40℃
2格	60℃
3格	85℃
4格	120℃
5格	140℃
6格	155℃

② 驱动电机功率输出显示：在仪表右下方，用点亮格数显示电机输出功率。

表11 驱动电机功率输出显示

驱动电机功率表显示（点亮格数）	驱动电机相对应功率
1格	-10kW
2格	0kW
3格	0kW
4格	10kW
5格	20kW
6格	30kW
7格	40kW
8格	50kW

③ 电力电子箱（PEB）实时向组合仪表（IPK）发送驱动电机与逆变器工作温度，当温度超过限值（140℃）时仪表将点亮警报灯。

（5）自动冷却功能

电力电子箱（PEB）的温度传感器实时监控其工作温度，因此电力电子箱（PEB）的工作温度将会被控制在合适范围区间（75℃以下）。

3. 电力电子箱（PEB）/驱动电机冷却系统

冷却系统利用热传导的原理，将热量从电力电子箱（PEB）/驱动电机组件传递到冷却液中，再从电力电子箱（PEB）/驱动电机组件传递到散热器上，通过冷却风扇吹动气流，将热量传递到大气中。当系统处于较低温度时，电动水泵不工作。当温度上升后，电动水泵运转，冷却液在电动水泵、电力电子箱（PEB）、驱动电机、散热器、电动水泵之间循环（参见图4-38），使电力电子箱（PEB）/驱动电机组件保持在最佳的工作温度范围。

冷却系统的温度是由冷却水温度（ECT）传感器来测量的，该传感器向电力电子箱（PEB）发送信号，根据需要控制冷却风扇的运转。冷却水温度（ECT）传感器由电力电子箱（PEB）通过CAN数据总线显示在组合仪表（IPK）。

占空比（PWM）控制的冷却风扇由整车控制单元（VCU）发控制指令，冷却风扇工作时，整车控制单元（VCU）发出占空比（PWM）控制指令，使冷却风扇在20%～90%的占空比（PWM）范围内的8个档位的转速运转，以满足不同的冷却负荷要求。

冷却风扇开启条件：冷却风扇开启取决于空调制冷开关（A/C）和电力电子箱（PEB）冷却液温度这两个重要因素。当电动空调压缩机（EAC）启动或电力电子箱（PEB）冷却液温度高于75℃时，冷却风扇开始工作。

冷却风扇停止工作条件：如果电力电子箱（PEB）冷却液温度低压65℃，并且电动空调压缩机（EAC）关闭，冷却风扇停止工作。

点火开关关闭，电动空调压缩机（EAC）关闭后，电力电子箱（PEB）冷却液温度仍高于65℃，冷却风扇将继续工作。如果此时环境温度低于10℃，冷却风扇会工作30s，环境温度高于10℃，冷却风扇会工作60s。

电力电子箱（PEB）的工作温度不能超过75℃，最合适的工作温度应该低压65℃时。将温度控制在75℃以下可以更好地延长电力电子箱（PEB）和驱动电机的使用寿命。

电力电子箱（PEB）开始工作时，电动冷却液泵便会立即打开，冷却液温度（ECT）传感器向电子控制空调模块（ETC）提供温度信号。电力电子箱（PEB）将设定的冷却液温度与电力电子箱（PEB）冷却液温度（ECT）传感器的信号进行比较，从而判断是否需要使用电力电子箱（PEB）冷却液温度（ECT）传感器信号启动并控制冷却风扇转速。

4. 减速器组件

荣威E50汽车采用大多数纯电动汽车配置的二级减速的定速减速器和差速器，如图4-41所示。为驾驶员提供4个档位位置选择：驻车档（P）、倒档（R）、空档（N）、前进档（D）。驻车档（P）采用机械式的锁止装置，采用棘轮锁止机构锁定主减速器从动齿轮。

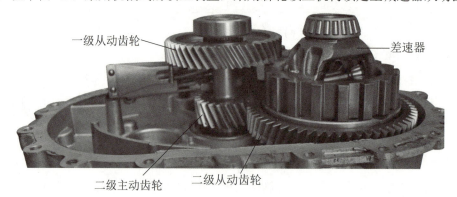

一级从动齿轮　　　差速器

二级主动齿轮　　　二级从动齿轮

图4-41　荣威E50汽车减速器组件

三、荣威E50汽车智能整车控制系统

上汽集团开发的荣威E50纯电动汽车智能整车控制系统，拥有20多个ECU控制单元，集成国际先进水平的CAN-BUS系统，能有效提高外控制器之间的传输速度，从而保证系统的稳定与安全性。

智能整车控制系统主要由整车控制单元（VCU）、各主要传感器（档位信号、制动踏板信号、加速踏板信号以及布置在驱动电机和高压电池包内的传感器等）、执行模块和器件等组成。智能整车控制系统的主要功能是根据加速踏板信号和档位状态解释驾驶员的驾驶意图，依据电能源系统和电驱动系统状态协调电动力系统输出驱动力。另外，智能整车控制系统还具有冷却风扇控制、仪表显示等辅助功能，智能整车控制系统控制逻辑如图4-42所示。

智能整车控制系统主要功能特点详述如下：

1. 驾驶员意图分析—制动与加速

整车控制单元（VCU）首先读取换档控制单元（SCU）的档位信息（P/R/N/D）以及制

动开关信号；然后整车控制单元（VCU）根据加速踏板的位置信号，发送控制指令给驱动电机控制单元（MCU）进行驱动电机输出状态控制。

重要提示：当车辆处于充电状态，外部充电线与车辆连接时，整车控制单元（VCU）将接收到电池管理系统（BMS）的正在充电进行中的信息，此时整车控制单元（VCU）禁止车辆移动。

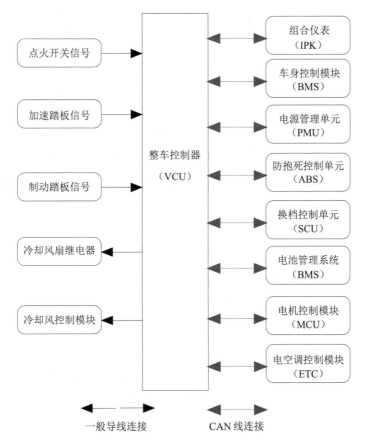

图4-42 荣威E50汽车智能整车控制逻辑示意图

2. 动力模式管理

整车控制单元（VCU）能够根据车辆状态获取期望的扭矩信息，并将这些信息发送到驱动电机控制单元（MCU），以调节电功率的形式控制驱动电机运行。

此时，电池管理系统（BMS）实时监控高压电池包的状态并反馈给整车控制单元（VCU），整车控制单元（VCU）结合这些状态信息及当前的功率输出需求来平衡高压电功率的使用。

如果电空调压缩机或电加热（PTC）装置也进入工作状态，整车控制单元（VCU）则必须根据电能量状况适当限制电空调压缩机或电加热（PTC）装置的电功率输出，即整车控制单元（VCU）动力限制模式开始工作。

3. 制动能量回收

车辆在滑行或者减速时，整车控制系统能够进行制动能量的回收。制动能量通过驱动电机转换为电能储存到高压电池包中。

重要提示：当防抱死制动系统（ABS）功能被激活或者防抱死制动系统（ABS）发生故障时，整车控制系统将关闭该功能。

4. 辅助功能

（1）冷却风扇控制。整车控制单元（VCU）根据热管理策略控制冷却风扇的工作。

（2）支持低压电源管理。整车控制单元（VCU）从电源管理单元（PMU）获得低压蓄电池电量风险信息来控制风扇负载的工作情况。整车控制单元（VCU）从电源管理单元（PMU）获得设置的低压值，发送到驱动电机控制单元（MCU）以控制DC/DC的转换值。

（3）仪表显示。组合仪表上的动力系统就绪（READY灯）、动力系统故障（故障报警灯）、低压充电系统故障指示灯的信号都来自于整车控制单元（VCU）。

（4）换档锁止的释放。在整车控制单元（VCU）与车身控制模块（BCM）的安全检验通过后，整车控制单元（VCU）才通知换档控制模块（SCU）释放换档机构，否则换档机构将被锁止而无法工作。

（5）快速充电下的辅助功能。当车辆与外部快速充电桩连接而处于快速充电模式下，整车控制单元（VCU）仅仅只能控制冷却风扇和DC/DC转换器的工作。

此外，整车控制单元（VCU）对高压安全进行管理与控制的有：对高压电池包绝缘失效的控制，实时监测高压电池与车身结构之间的隔离程度；实时监控高压互锁电路（HVIL），以防高压电器或线束在接通高压电时被意外打开。

第三节　纯电动汽车辅助控制系统

纯电动汽车辅助控制系统与传统内燃机汽车不同之处，即主要区别和特点是电动力转向系统（EPS）、电动真空泵及防抱死制动（ABS）系统、电子空调系统（ETC）、温度调节与控制、辅助电源管理模块等系统和装置。

一、纯电动汽车电动力转向系统

对于纯电动汽车而言，采用电动力转向系统（EPS）是必然选择，因为纯电动汽车本身没有内燃机以及依靠内燃机驱动的液动力等其它助力转向系统的动力来源，只能来自电动机，所以纯电动汽车动力转向系统的选择只能是电动助力转向系统（EPS）或者电动液压助力转向系统（EHPS），一般来讲都是趋向于选择电动力转向系统（EPS）。

电动力转向系统（EPS）是一种直接依靠电机提供辅助扭矩的动力转向系统。根据电动机布置位置不同，电动力转向系统（EPS）可分为：转向柱助力式、齿轮助力式、齿条助力式3种。

转向柱助力式电动力转向系统（EPS）的电动机固定在转向柱一侧，通过减速机构与转向轴相连，直接驱动转向轴助力转向。齿轮助力式电动助力转向系统（EPS）的电动机和减速机构与转向机主动小齿轮相连，直接驱动齿轮助力转向。齿条助力式电动力转向系统（EPS）的电动机和减速机构则直接驱动齿条提供助力。

不同类型的电动力转向系统（EPS）基本原理是相同的：扭矩传感器与转向轴（主动齿轮）连接一起，当转向轴转动时，扭矩传感器开始工作，把输入轴和输出轴在扭杆作用下产生的相对转动位移变成电信号传给电动力转向控制模块（EPS ECU），电动力转向控制模块（EPS ECU）根据车速传感器和扭矩传感器的信号决定电动机的旋转方向和助力电流的大小，从而完成实时控制助力转向。因此电动力转向系统（EPS）可以很容易地实现在车速不同时提供电动机不同的助力效果，保证汽车在低速行驶时轻便灵活，高速行驶时稳定可靠。因此电动力转向系统（EPS）转向特性的设置具有较高的自由度。

北汽EV160/200纯电动汽车选用齿轮助力式电动力转向系统（EPS）形式，而荣威E50纯电动汽车则采用转向柱助力式电动力转向系统（EPS）结构。

1. 北汽EV160/200纯电动汽车电动力转向系统

电动助力转向系统（EPS）是由助力电机、扭矩传感器和电子控制单元（ECU）等组成，如图4-43所示。电子控制单元（ECU）根据扭矩传感器、电机转子位置以及车速等各相关传感器输出的信号计算所需的转向助力，并通过功率放大模块控制助力电机的转动，电机的输出经过减速机构减速增扭后驱动齿轮齿条机构产生相应的转向助力。

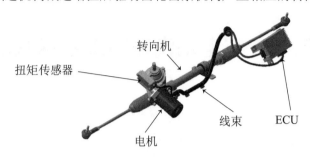

图4-43 北汽EV160/200纯电动汽车电动力转向系统（EPS）

北汽EV160/200汽车电动力转向系统（EPS）的电机总成安装在转向机上，电机总成由一个蜗杆、一个蜗轮和一个直流电机组成。当蜗杆与安装在转向机输入车轮的蜗轮啮合时，它降低电机转速并把电机输出力矩传递到转向机齿条上。扭矩传感器由二个带孔圆环、线圈、线圈盒及电路板组成，扭矩传感器获得方向盘上操作力大小和方向信号，并把它们转换为电信号，传递到电动力转向模块（EPS ECU）。

北汽EV160/200汽车电动力转向系统（EPS）主要技术参数：

助力电机：永磁直流电机，额定电压12V DC，额定电流52A，额定转矩2.34N.m，功率360W。

控制器：额定电压12V DC，工作电压范围9~16V，工作电流范围0~90A。

传感器：非接触式传感器，额定电压5V DC；

转向系统理论最大输出助力8.3KN，总圈数2.84圈，使用温度-40℃~120℃，允许最大助力工作时间<1min。

北汽EV160/200汽车电动力转向系统（EPS）的电气原理如图4-44所示，其控制策略简述如下：

（1）当车辆处于停车下电状态，电动力转向系统（EPS）不工作（EPS不进行自检、不与整车控制单元（VCU）通讯、助力电机不工作）；当钥匙开关处于ON档，ON档继电器吸合后电动力转向系统（EPS）开始工作。

（2）车辆正常运行时，电动力转向系统（EPS）根据接收来自整车控制单元（VCU）的车速信号、唤醒信号及来自扭矩传感器的扭矩信号和助力电机的转子位置、转速、电流、电压信号等进行综合判断，以控制助力电机的扭矩、转速和方向。

（3）电动力转向控制单元在上电200ms内完成自检，上电200ms后可以与CAN线交互信息，上电300ms后输出转向故障和转向状态（上报帧470帧），上电1200ms后输出版本信息帧（471帧）。

（4）当电动力转向系统（EPS）检测到故障时，通过CAN总线向整车控制单元（VCU）发送故障信息，并采取相应的处理措施。

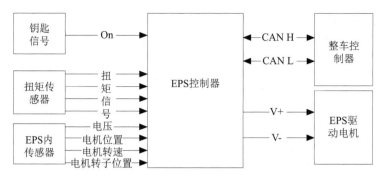

图4-44 北汽EV160/200汽车电动力转向系统（EPS）电气原理图

2. 荣威E50纯电动汽车电动力转向系统（EPS）

荣威E50纯电动汽车电动力转向系统（EPS）主要由以下主要部件组成：转向机总成、扭矩传感器、减速机构、助力电机、电动力转向控制模块等，如图4-45所示。

荣威E50汽车电动力转向系统（EPS）主要部件的特点简述如下：

（1）电动力转向控制模块

电动力转向控制单元（ECU）的功能是根据扭矩传感器信号和车速传感器信号，进行逻辑分析与计算后，发出指令，控制助力电机动作。此外，电动力转向控制单元（ECU）还有安全保护和自我诊断功能，电动力转向控制单元（ECU）通过采集车速、扭矩、整车控制单元（VCU）等相关信号，判断电动力转向系统（EPS）工作状态是否正常，一旦发现系统异常，转向助力将自动取消，同时电动力转向控制单元（ECU）将进行故障诊断分析。

（2）转向助力电机

电动力转向助力电机的功能是根据转向控制单元（ECU）的指令输出适宜的辅助扭矩，是电动力转向系统（EPS）的动力源，荣威E50汽车采用无刷永磁式直流电机。助力电机对电动力转向系统（EPS）的性能有很大影响，是电动力转向系统（EPS）的关键部件之一，所以电动力转向系统（EPS）对助力电机有很高要求，不仅要求低转速大扭矩、波动小、转动惯性小、尺寸小、质量轻、而且要求可靠性高、易控制。

（3）扭矩传感器

扭矩传感器是基础在转向管柱内部，其功能是测量驾驶员作用在转向盘上的力矩大小与方向，以及转向盘转角的大小和方向。是电动力转向系统（EPS）的控制信号。扭矩测量系统比较复杂且成本高，所以精确、可靠、低成本的扭矩传感器是决定电动力转向系统（EPS）能否可靠使用且占领市场的关键因素之一。荣威E50汽车采用在转向轴位置加一扭杆，通过测量扭杆的变形得到扭矩信号。

（4）减速机构

电动力转向系统（EPS）的减速机构与助力电机相连，起着降速增扭作用。常采用蜗轮蜗杆机构，也有采用行星齿轮机构。有的电动力转向系统（EPS）还配用离合器，装在减速机构一侧，这是为了保证电动力转向系统（EPS）只在预先设定的车速行驶范围内起作用。当车速达到某一值时，离合器分离，助力电机停止工作，转向系统转为手动转向。

此外，当助力电机发生故障时，离合器也将自动分离。

荣威E50汽车电动力转向系统（EPS）采用蜗轮蜗杆减速机构。

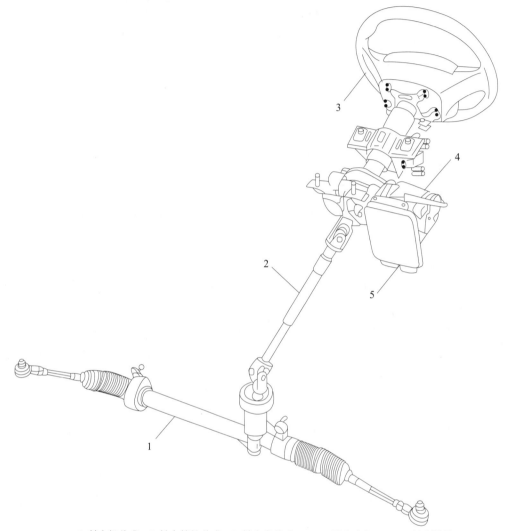

1-转向机总成；2-转向管柱总成；3-转向盘总成；4-EPS助力电机；5-EPS控制模块

图4-45 荣威E50汽车电动力转向系统（EPS）电气原理图

在使用电动力转向控制模块（EPS ECU）控制动力转向电机以便操作转向机，电动力转向系统（EPS）可以减少车辆转向所需力量的大小。

电动力转向控制模块（EPS ECU）也使用扭矩传感器、电机转动传感器、辅助电池电压电路和CAN数据电路的组合来执行系统功能。电动力转向控制模块（EPS ECU）将通过CAN数据电路监测来自整车控制单元（VCU）的车速信息，以确定车辆转向所需助力的大小。在低速情况下，提供较大的转向助力以便在驻车操作中进行转向。在高速情况下，提供较小的转向助力以便提高路感和方向稳定性。

电动力转向控制模块（EPS ECU）使用扭矩传感器、电机转动传感器、车速和系统温度输入计算值的组合来确定所需转向助力的大小。电动力转向控制模块（EPS ECU）连续监测数字扭矩传感器的扭矩并定位电流信号。随着转向柱转动和转向轴转动，通过扭矩信号电路监测转向输入和输出轴，然后用电动力转向控制模块（EPS ECU）来处理，以计算转动扭矩。电动力转向控制模块（EPS ECU）处理电机位置传感器的电压信号和数字扭矩传感器的定位电流信号，以检测和计算转向盘角度。

电动力转向控制模块（EPS ECU）通过控制助力转向电机的电流，来回应数字扭矩传感器信号以及电机转动传感器电压信号的改变。电动力转向控制模块（EPS ECU）控制脉宽调制电机驱动电路，以驱动三相助力电机。电动力转向控制模块（EPS ECU）和助力电机总成与转向机壳体基座连续并帮助转向机小齿轮根据转向盘的转动进行左右移动。

电动力转向控制模块（EPS ECU）可以计算内部系统温度，以保护电动力转向系统（EPS）不受高温损坏。为了降低过高的系统温度，电动力转向控制模块（EPS ECU）将减小流向助力电机的指令电流，即减小转向助力。电动力转向控制模块（EPS ECU）可以检测电动力转向系统（EPS）中的故障。当检测到电动力转向系统（EPS）出现故障时，仪表上转向警告灯会点亮。

二、纯电动汽车电动助力制动和电动机再生制动系统

1.纯电动汽车电动助力制动系统

现代中小型客车都采用带助力装置的液压制动系统，传统内燃机客车的制动系统真空助力装置的真空源来自于发动机进气歧管，对于纯电动汽车或燃料电池汽车，发动机总成被拆除后，制动系统由于没有真空动力源而丧失真空助力功能而使制动效能下降，这将增加驾驶员制动操作力且影响制动安全性。因此需要对制动系统真空助力装置进行改制，而改制的核心问题是产生足够压力的真空源。为了使替代的电动真空泵能够满足传统汽车的制动装置的真空度需求，除了产生足够的真空度，还要为电动真空泵电动机设计合适的工作时间。所以替代原发动机的真空度源的电动真空泵的技术要求是：需要在4~5s可产生50kPa以上的真空度并予以保持，以满足液压制动性能的要求。

电动真空助力制动系统一般控制过程如下：

（1）接通汽车12V电源，压力延时开关闭合，真空泵大约工作30s后开关断开，此时真空罐内真空度大约为80kPa。

（2）当真空罐内真空度下降到55kPa时，压力延时开关再次闭合。

（3）当真空罐内真空度下降到大约34kPa时，压力报警器发出信号。

如果真空泵控制开关有很明显的短时间开启和关闭，说明发生了泄漏。根据这个控制策略设计的间歇性真空发生系统，该间歇性真空发生系统的基本工作原理为：当纯电动汽车上电时，12V电源接通，压力延时开关和压力报警器开始压力自检，如果真空罐内的真空度小于55kPa，压力膜片将会挤压触点，从而接通电源，真空泵开始工作；当真空度增加到55kPa时，压力延时开关断开，然后通过延时继电器使真空泵继续工作大约30s后停止。每

次驾驶员有制动动作时，压力延时开关都会自检，从而判断电动真空泵是否应该工作；如果真空罐内的真空度低于34kPa时，真空助力器不能提供有效的真空助力，此时压力报警器将会发出信号，提醒驾驶员注意行车速度和提前采取制动措施。

电动真空泵控制也可采用电控单元控制，只要把压力开关换成绝对压力传感器，电动真空泵由控制单元控制继电器即可。国内的一些纯电动汽车里，电动真空助力制动系统主要由真空助力器压力传感器、整车控制器（VCU）、电动真空泵继电器和真空泵电动机组成的一个闭环真空度控制系统，保证制动时真空助力器的正常工作。

北汽EV160/200汽车电动助力制动系统的电动真空助力系统主要有：电动真空泵、真空罐、压力传感器（报警器）、电子控制模块等组成，如图4-46所示。

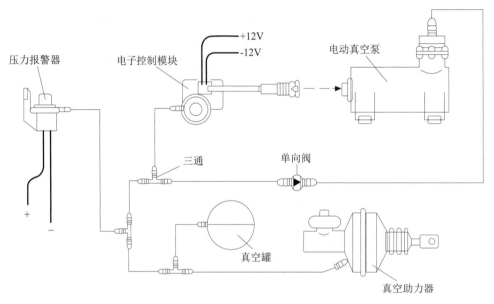

图4-46 北汽EV160/200汽车电动真空助力系统示意图

北汽EV160/200汽车电动真空助力系统主要部件电动真空泵和真空罐的结构见图4-47、图4-48，其主要性能参数：

工作电流：≯15A；　　最大工作电流：≯25A；

额定电压：12V DC；

转速：1700 r/min；

真空度范围：真空泵工作区间：50～75kPa；最大真空度＞85kPa；真空度≮34kPa报警；

测试容积为2L时，抽至真空度55kPa，压力形成时间≯4s；

抽至真空度70kPa，压力形成时间≯7s；

真空度从40kPa抽至85kPa，压力形成时间≯4s；

延时模块接通闭合的真空度：55kPa；延时时间：15s；

压力传感器：供电电压：5±0.25V；输出电压：0.5±5V。

图4-47 北汽EV160/200汽车电动真空泵结构图

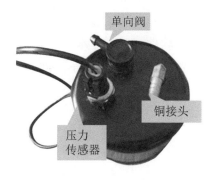

图4-48 北汽EV160/200汽车真空罐结构图

电动真空助力系统的工作过程为：当纯电动汽车上电完成时，12V电源接通，电子控制模块开始自检，如果真空罐内的真空度小于设定值，压力传感器输出相应电压值至控制器，此时电子控制模块控制电动真空泵开始工作。当真空度达到设定值后，压力传感器输出相应电压值至电子控制模块，此时电子控制模块控制真空泵停止工作；当真空罐内的真空度因制动消耗，真空度小于设定值时，电动真空泵再次开始工作，如此循环，以减轻制动过程驾驶员的操纵力，并且还可提高制动效能。

2. 纯电动汽车电动机再生制动系统

再生制动是电动汽车所独有的，也可称为制动能量回收系统。在减速或制动（减速滑行或者施加制动）时将车辆的部分动能转化为电能，转化的电能储存在储存装置中，如各种蓄电池和超级电容等，最终增加电动汽车的行驶里程。如果储能器已经被完全充满，再生制动就不能实现，所需的制动力就只能由常规的液压制动系统来提供。现在几乎所有的电动汽车都安装了这再生—液压制动系统，从而可实现节约制动能、回收部分制动动能，并为驾驶员提供常规制动性能。

一般而言，当电动汽车在道路上放开加速踏板滑行或踩下制动踏板制动时，再生制动系统起动。当电动汽车在较低速度行驶状态下减速时，再生制动的力矩通常保持在最大负荷状态；电动汽车高速滑行时，由于电动机一般是工作在恒功率状态下，即电动机力矩与转速或者车辆速度成反比。因此，电动机的转速越高，再生制动的能力就越低。另一方面，当踩下制动踏板时，车辆的速度迅速下降。由于在低速时，电动汽车的动能减小，不能为电动机提供能量来产生最大的再生制动力矩，所以再生制动能力也就会随着车速降低而减小。如图4-49所示，电动汽车的再生制动力矩通常不能像传统燃油车中的制动系统一样提供足够的制动减速度，所以，在电动汽车中，再生制动和液压制动系统通常共同存在。不过应该注意，只有当再生制动已经达到了最大制动能力而且还不能满足制动要求时，在驾驶员操纵制动踏板，液压制动才起作用。

再生—液压混合制动系统是电动汽车所独有的，燃油车没有，再生制动与液压制动之间的协调是问题的关键所在。为了使驾驶员在制动时有一种平顺感，液压制动力矩应该可以根据再生制动力矩的变化进行控制，最终使驾驶员获得所希望的总力矩。

利用防抱死制动系统（ABS）扩展的电子稳定系统（ESP）功能来实现再生—液压混合制动，这要求防抱死制动系统（ABS）和电子稳定系统（ESP）模块与整车控制模块（VCU）要进行通讯，要把再生制动软件写在防抱死制动系统（ABS）模块和电子稳定系统（ESP）模块上，然后再与整车控制模块（VCU）通讯控制再生制动的强度即可。

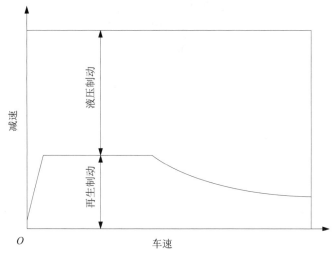

图4-49 再生-液压混合制动关系图

由于防抱死制动系统（ABS）软件不开放，而电动汽车生产厂或改装厂一般不自行重新开发防抱死制动系统（ABS），因此绝大多数电动汽车厂家都把再生制动软件做在整车控制模块（VCU），只是根据汽车减速度进行能量回收控制，通过与驱动轮相连的电动机和整车控制器来实现，这就是电动汽车再生-液压混合制动系统的无奈现状。

在整个再生制动过程中，车辆的动能不可能完全转换为储能器的充电电能。再生制动所损失的能量包括空气阻力损失、滚动阻力损失、制动系统损失、电动机损失、转换损失及充电损失等。尽管如此，现代电动汽车采用再生制动后能节省将近20%的能量。

再生—液压混合制动系统的基本结构设计如图4-50所示。驾驶员踩下制动踏板后，电动泵使制动液增压产生所需的制动力。制动控制与电动机控制协同工作，确定电动汽车上的再生制动力矩和前后轮上的液压制动力。再生制动时，再生制动控制回收再生制动能量，并且反充到蓄电池中。电动汽车上的防抱死制动系统（ABS）及其制动比例控制（EBD）的作用与传统燃油车上的相同，其作用是产生最大的制动力。电动汽车上的总制动力矩是再生制动力矩与液压制动力矩之和。

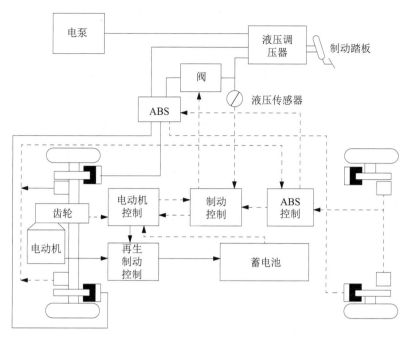

图4-50 再生—液压混合制动系统的基本结构示意图

三、纯电动汽车电子空调系统（ETC）

由于受到电动汽车独特性影响，国内各汽车厂家都是从传统燃油汽车空调的基础上进行部分替换设计，将燃油发动机带动的压缩机替换成直流电动机直接驱动的压缩机，控制上相应改变，来完成空调制冷的功能。

在空调制冷的主要零部件选用上，目前国内的电动汽车除了压缩机和控制模式，其他主要零部件还是沿用燃油汽车空调的零部件；冷凝设备主要用的是平行流冷凝器，蒸发设备主要用的是层叠式蒸发器，节流装置仍然是热力膨胀阀，制冷剂仍然是R134a。客车通常采用变频器控制高压三相交流电动机驱动压缩机；而轿车多采用整体式高压直流电动压缩机。

电动汽车由于无法再利用发动机余热制热，采用电制热方式现在是电动汽车的首选方式。若电动汽车采用加热器的电制热方式时，加热器由可用电发热的正温度系数（PTC）加热器元件，然后直接PTC加热器加热的暖风。因加热器要有较高的制热性，因此，电源使用的是驱动电动机的锂离子充电电池的高压，而非辅助电池（12V）。还有一些电动汽车使用PTC加热散热剂（冷却液），再由鼓风机吹送至车内制热。

1. 北汽EV160/200纯电动汽车电子空调系统（ETC）

北汽EV160/200纯电动汽车的空调系统基于北汽原汽油版车型改制，保留原车冷凝器总成、暖风蒸发箱主体部分，匹配适用于电动车辆的电动压缩机，取消原车所匹配的皮带传动压缩机，如图4-51所示。同时对前机舱内高低压管路进行适应性改制，以满足纯电动汽车重新进行的前机舱布置。暖风蒸发箱总成内取消原车的暖风芯体，以电加热器（PTC）

进行替换，将原车利用发动机冷却水热量进行制暖的原理改变为采用电加热器直接加热HVAC内部空气的方式。

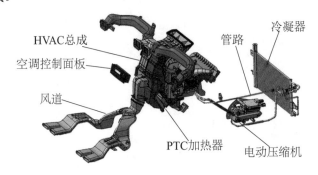

图4-51 北汽EV160/200汽车空调系统基本结构图

北汽EV160/200纯电动汽车采用直流无刷无传感器电机驱动的涡旋式电动压缩机，如图4-52所示，输入电压220～420V DC，转速范围1000～6500rpm，输入功率2437W。

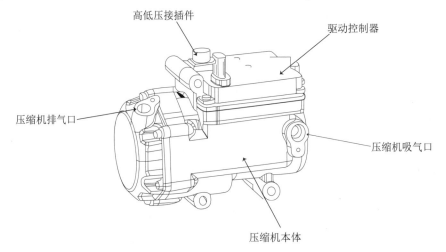

图4-52 北汽EV160/200汽车涡旋式电动压缩机图

涡旋式电动压缩机由一对螺旋线缠绕的固定蜗形管和可变蜗形管、无刷电动机、油挡板和电动机轴等组成。固定蜗形管安装在壳体上，轴的旋转引起可变蜗形管在保持原位置不变时发生摆动，由于这对蜗形管隔开的空间大小发生螺旋式变化，因此可实现制冷气的吸入、压缩和排出等功能。

涡旋式电动压缩机工作过程如图4-53所示。

（1）吸入过程。当电动压缩机中的电机转动时，在固定蜗形管和可变蜗形管间产生的压缩室的容量随着可变蜗形管的摆动而增大，这时，气态制冷剂从进风口被吸入。

（2）压缩过程。吸入步骤完成后，随着可变蜗形管继续摆动，压缩室的容积逐渐减小。这样，吸入的气态制冷剂逐渐压缩并被排挤到固定蜗形管的中间。当可变蜗形管摆动约两周后，随着压缩室越来越小，制冷剂的压力越来越高，压缩完成。

（3）排出过程。气态制冷剂压缩完成而压力较高时，通过按压排放阀，气态制冷剂通过固定蜗形管中心排放口排出，将高压气态制冷剂通过管路输送到冷凝器。

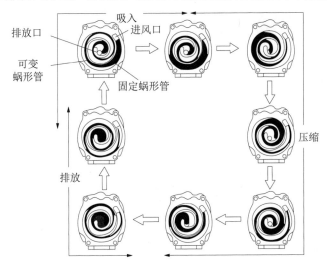

图4-53 涡旋式电动压缩机工作原理

北汽EV160/200纯电动汽车采用电加热器（PTC）制热，其结构与原理示意见图4-54。其外形尺寸与暖风芯体接近，布置于原汽油版车型暖风芯体位置。制热控制是通过电加热器（PTC）控制模块采集加热请求，同时根据整车控制单元（VCU）控制信号、电加热器（PTC）总成内部温度传感器温度反馈等信号综合控制电加热器（PTC）通断，除此以外，电加热器（PTC）控制模块采集信息内容还包括风速、冷暖程度设置、出风模式、加热器启动请求、环境温度等。

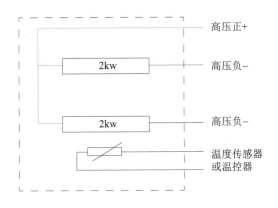

图4-54 电加热器（PTC）结构与原理示意图

2. 荣威E50纯电动汽车电子空调系统（ETC）

荣威E50纯电动汽车的电子空调系统（ETC）中，进气调节、出风温度、空气分配已经鼓风机速度等功能都是手动选择的。但是与传统车辆上配置的空调制冷、制暖、送风等系统不同的是，荣威E50纯电动汽车上使用的是电空调压缩机（EAC）和电加热器（PTC）。

荣威E50纯电动汽车的空调制冷（A/C）系统将车辆内部的热量传递到外部大气中，以提供除湿的凉爽空气给空调箱总成。该系统由电空调压缩机（EAC）、冷凝器、热力膨胀阀（TXV）、空调管路和蒸发器等组成，空调制冷（A/C）系统组成及部件位置如图4-55所示。

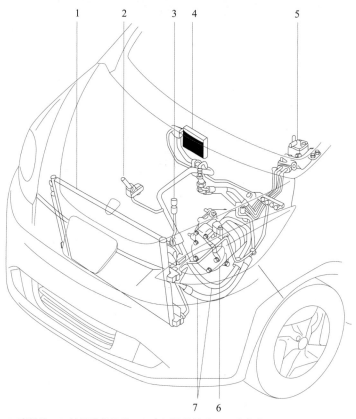

1-冷凝器；2-低压维修接头；3-高压维修接头；4-蒸发箱；5-电池冷却器；
6-电空调压缩机（EAC）；7-空调管路

图4-55 荣威E50汽车的空调制冷（A/C）系统的部件组成图

荣威E50纯电动汽车的空调制冷（A/C）系统制冷原理如图4-56所示。为完成热量的传递，制冷剂环绕系统循环，制冷剂循环时始终经历两种压力/温度模式。在每一种压力/温度模式下，制冷剂改变其状态，在改变状态的过程中，吸收与释放最大限度的热量。

低压/低温模式从热力膨胀阀（TXV）开始，经蒸发器到电空调压缩机（EAC），在热力膨胀阀（TXV）内，制冷剂降低压力及温度，然后在蒸发器内改变其状态，从中温液态到低温蒸汽，以吸收经过蒸发器周围空气的热量。

高压/高温模式从电空调压缩机（EAC）开始，经冷凝器到热力膨胀阀（TXV），制冷剂在通过电空调压缩机（EAC）时，提高了压力和温度，然后在冷凝器内释放热量到大气中，并改变其状态，从高温蒸汽到中高温液态。

荣威E50汽车空调制冷（A/C）系统也参与高压电池包的冷却，用于带走高压电池包工作时产生的热量，将高压电池包维持在一个适当的温度环境中工作。

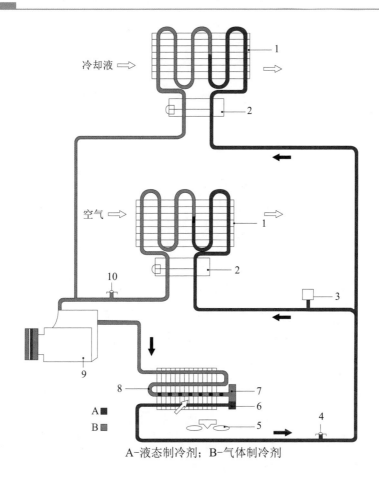

冷却液 ⇒

空气 ⇒

A-液态制冷剂；B-气体制冷剂

1-蒸发箱冷凝器；2-热力膨胀阀（TXV）；3-空调压力传感器；4-高压维修接头；5-冷却风扇；
6-过滤器；7-干燥剂；8-冷凝器；9-电空调压缩机（EAC）；10-低压维修接头

图4-56 荣威E50汽车空调制冷（A/C）系统原理示意图

荣威E50汽车空调制冷（A/C）系统主要部件的特点及控制原理简述如下：

（1）电空调压缩机（EAC）

电空调压缩机（EAC）通过压缩来自蒸发器的低压、低温蒸汽，并将其加载成冷凝器的高压、高温蒸汽的方式，使制冷剂环绕系统循环。

电空调压缩机（EAC）安装在电机和减速器的安装支架下，通过高压电机驱动。该电空调压缩机（EAC）是一个定排量的压缩机，可以通过高压电机转速的变化向空调制冷系统提供所需要的制冷剂量，电空调压缩机（EAC）如图4-57所示。

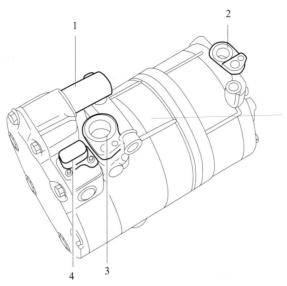

1-高压线束连接器；2-进气口；3-出气口；4-低压线束连接器

图4-57 荣威E50汽车电空调压缩机（EAC）

（2）冷凝器和干燥过滤器

冷凝器和干燥过滤器结构如图4-58所示。冷凝器将制冷剂的热量传递到周围空气中，以使来自电空调压缩机（EAC）的制冷剂蒸汽转变成液体。冷凝器同时还通过其干燥模块去除制冷剂中的湿气及固态颗粒，并作为液体制冷剂的容量调节，以适应蒸发器内的热负荷的变化。

由于冷却风扇的作用，空气通过冷凝器外表面时吸收制冷剂的热量，使制冷剂由气态转变成液态。在制冷剂进入调节腔室前，冷凝器应冷却并液化了制冷剂。在调节腔室内，制冷剂内的大部分剩余气体被分离出来，制冷剂通过干燥剂及过滤器，以去除其中的湿气及颗粒物，进入次级冷却器部分。

当制冷剂经过次级冷却器部分时，制冷剂被进一步冷却，从而使冷凝器出口流向热力膨胀阀（TXV）和蒸发器的制冷剂几乎转变成完全的液态。

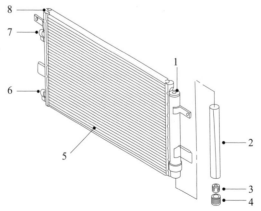

1-调节腔室；2-干燥剂；3-过滤器；4-堵塞；5-热交换器；6-出液接口；7-进气接口；8-端部腔室

图4-58 荣威E50汽车冷凝器和干燥过滤器

（3）热力膨胀阀（TXV）

热力膨胀阀（TXV）可调节制冷剂的流量，使制冷剂与通过蒸发器的空气热负荷相匹配。热力膨胀阀（TXV）安装在蒸发器的进口和出口的接口上。该阀有一个铝制的壳体，壳体内有进口及出口通道。在进口通道内安装有计量阀，计量阀由连接在膜片上的热敏管控制。膜片顶部充有制冷剂可感应蒸发器出口压力，而热敏管感应蒸发器出口温度。通过调整热力膨胀阀（TXV）开度使得受力平衡，保证蒸发器出口的合适的过热度，以达到制冷量与空气热负荷平衡，热力膨胀阀（TXV）结构如图4-59所示。

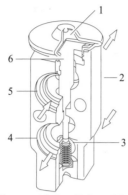

1-膜片；2-壳体；3-计量阀；4-至蒸发器的进口通道；5-自蒸发器的出口通道；6-热敏管

图4-59 荣威E50汽车热力膨胀阀（TXV）

荣威E50纯电动汽车上安装两个带电磁阀的热力膨胀阀（TXV），一个安装在空调箱总成上，是一个带常闭电磁阀的热力膨胀阀（TXV）；另一个安装在电池冷却器总成上，是一个带常开电磁阀的热力膨胀阀（TXV）。带电磁阀的热力膨胀阀（TXV）能根据系统的需要将热力膨胀阀（TXV）接通或断开，当热力膨胀阀（TXV）被接通时，制冷剂可以流经膨胀阀；当膨胀阀被断开时，制冷剂就不能流动。

液态制冷剂流经计量阀，进入蒸发器。通过计量阀的限制使制冷剂的压力和温度降低，同时将制冷剂从固体粒子流变为精细的喷雾流，以改善蒸发效果。当制冷剂通过蒸发器时，吸收流经蒸发器芯周围空气的热量，温度的增加使制冷剂蒸发并增加制冷剂的压力。离开蒸发器的制冷剂的温度和压力作用在膜片及热敏管上，使膜片及热敏管移动，调节计量阀开度，从而控制通过蒸发器的制冷剂的量。流经蒸发器芯的空气越热，可用来蒸发制冷剂的热量就越大，从而允许更多的制冷剂通过计量阀。

（4）空调压力传感器

空调压力传感器的作用主要是监视空调系统制冷剂压力，以调节电空调压缩机（EAC）转速。空调压力传感器如果监测到制冷剂压力超过2.8mPa时，电空调压缩机（EAC）将会被关闭。空调压力传感器还有对制冷剂压力的监测可以通过整车控制模块（VCU）调节占空比（PWM）控制信号，以改变冷却风扇的转速，即改变通过冷凝器芯的空气流速及流量。

（5）电子空调系统（ETC）

电子空调系统（ETC）主要由以下部分组成：电子空调模块（ETC ECU）、空调压力传感器、蒸发器温度传感器、鼓风机控制模块、环境温度传感器、电加热器温度传感器和车内温度传感器。

电子空调模块（ETC ECU）以高速CAN总线网络与其他控制器相互通信，同时以LIN线与电空调压缩机（EAC）进行通信。电子空调模块（ETC ECU）与车身控制模块（BCM）通过CAN通信，以控制后风窗加热器，通过与网关模块通信连接诊断系统。电子空调模块（ETC ECU）还接收来自前保险杠上的环境温度传感器的环境温度信息。

为了运行空调系统，电子空调模块（ETC ECU）与电空调压缩机（EAC）通信，控制压缩机接通高压电池包的高压电运转。电子空调模块（ETC ECU）还控制空调箱总成上的伺服电机、鼓风机速度、空气温度和空气分配的操作。

对于电子空调系统（ETC）操作可以通过空调和娱乐控制面板或显示屏空调系统界面对相应按键进行操作。

第四节 吉利帝豪EV450纯电动汽车结构 特点及控制技术

2015年11月吉利汽车公司开展了一场蓝色吉利活动，帝豪EV系列亮相新能源汽车市场，2016年4月帝豪EV正式上市。

吉利帝豪EV450在80公里/小时的恒定速度下，续航里程超过450公里/小时，该车因此而得名。吉利帝豪EV450在外观设计上沿用了吉利新一代家族设计语言风格，而标志性的涟漪回纹前格栅也变成"封闭式"，并用蓝色装饰点缀，凸显出新能源车的特点。另外，新车的快/慢充电口分别移至前/后翼子板之上，如图4-60所示。

图4-60 吉利帝豪EV450纯电动汽车

吉利帝豪EV450纯电动汽车采用前轮驱动形式，驱动系统（电动机、减速器和电机控制器）和车载充电机被安置在车头前部，高压电池总成置于车身底部稍靠后的位置，交流充电（慢充）口和直流充电（快充）口分别位于车辆左侧的前部和后部，如图4-61所示。

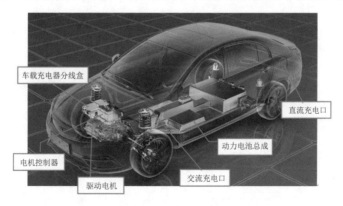

图4-61 吉利帝豪EV450纯电动汽车结构示意图

一、帝豪EV450汽车动力电池总成

帝豪EV450汽车动力电池采用三元锂电池（Lithium Ion Battery），以钴酸锂、锰酸锂或镍酸锂等化合物为正极，以可嵌入锂离子的碳材料为负极，使用有机电解质。

动力电池总成安装在车体下部，（参见图4-61），其组成部件包括：各电池模组、CSC采集系统、电池控制单元（BMU）、电池高压分配单元（B-BOX）以及ITCS电池智能温控管理系统等。

EV450汽车动力电池总成模块的电池模组（Module）是将一个以上电池单体按照串联、并联或串并联方式组合，且只有一对正负极输出端子，并作为电源使用的组合体。每一个电池模组有多个CSC信息采集系统，以监测其中每个电池单体或电池模组单体电压、温度信息。CSC采集系统将相关信息上报电池控制单元（BMU），并根据BMU的指令执行单体电压均衡。

EV450动力电池总成由17个电池模组构成，额定功率50kW，峰值功率150kW（持续10s）；额定容量有150（1C）Ah和126（1C）Ah两种，额定电压都是DC 346V。

动力电池控制单元（BMU）安装于动力电池模块内部，是电池管理系统核心部件，电池控制单元（BMU）将单体电压、电流、温度及整车高压绝缘等信息上报整车控制器（VCU），并根据VCU的指令对动力电池执行控制。

动力电池高压分配单元（B-BOX）安装在动力电池总成的正负极输出端，由高压正极继电器、高压负极继电器、预充电继电器和预充电阻，以及电流传感器等组成。

电池管理系统（Battery Management System，BMS）是对动力电池总成总电压、总电流、每个测点温度和电池单体的电压参数进行实时监控，并进行故障诊断、剩余电量比（SOC）计算、短路保护、漏电监测、报警显示、充放电模式选择等。BMS可以将动力电池相关参数上报整车控制器（VCU），由VCU控制动力电池的充电和放电功率。

动力电池总成（模块）的电气原理框图如图4-62所示，该框图表达了交、直流充电装置与动力电池模块的电气连接方式，也是与北汽EV系列和上汽荣威EV系统车型的不同之处。

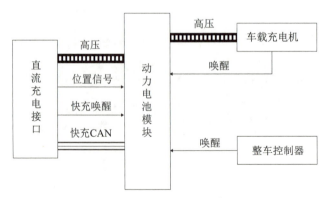

图4-62 动力电池模块电气原理框图

二、帝豪EV450汽车高压配电系统

EV450纯电动汽车有一套高压供电系统。高压供电系统由动力电池为电机控制器、驱动电机、空调电动压缩机、PTC加热器等高压器件提供电能量。此外，动力电池还分别有一套直流快充系统和交流慢充系统。这些所有的高压器件都由高压配电系统连接输送电能。

高压配电系统主要包括下列部件：车载充电器分线盒、直流充电接口、交流充电接口、正、负直流母线以及驱动电机三相线等。

高压配电系统电气原理框图如图4-63所示。

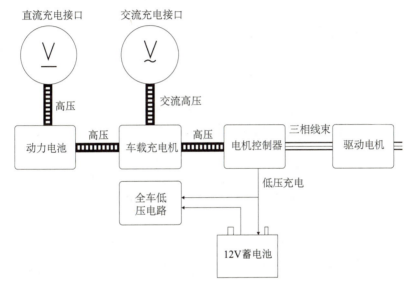

图4-63 帝豪EV450高压配电系统电气原理框图

车载充电器分线盒是集车载充电器与高压接线盒为一体，高压接线盒功能包括：高压导线的连接及电能的分配、高压回路的过载及短路保护等。

车载充电器分线盒将动力电池总成输送的电能分配给电机控制器、空调电动压缩机和PTC加热器。此外，交流慢充时，充电电流也会经过分线盒流入动力电池为其充电。

车载充电器分线盒内对空调电动压缩机回路、PTC加热器回路、交流慢充回路各设有一个40A的熔断器。当上述回路电流超过90A时，熔断器会在15s内熔断；当回路电流超过150A时，熔断器会在1s内熔断，以保护相关回路。

车载充电器分线盒电气原理框图如图4-64所示。

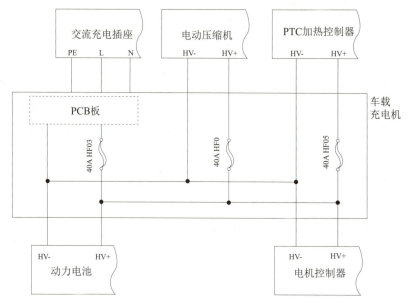

图4-64 帝豪EV450车载充电器分线盒电气原理框图

三、帝豪EV450汽车电机控制系统

EV450纯电动汽车电机控制系统的功能是驱动汽车行驶过程中进行车速（即电机转速）和转矩的控制，以及当车辆减速时实现能量的回收。电机控制系统主要由电机控制器（PEU）、驱动电机、减速器组件和驱动水冷却系统等组成。

电机控制器（PEU）安装在前舱内，采用CAN总线通讯，控制着动力电池模块到驱动电机之间能量的传输，同时采集驱动电机转子的位置信号和三相电流检测信号，精确地控制驱动电机的运行。

电机控制器（PEU）是一个既能将动力电池中的直流电转换为交流电以驱动电机，同时具备将车轮旋转的动能转换为电能（交流电转换为直流电）给动力电池充电的设备。即车辆制动或滑行阶段，电机作为发电机应用，它可以完成由车轮旋转的动能到电能的转换，实现能量回收，给电池充电。

电机控制器（PEU）内部包含1个DC-AC逆变器和1个DC-DC转换器。DC-AC逆变器由IGBT、直流母线电容、驱动和控制电路板等组成，实现直流（可变的电压、电流）与交流（可变的电压、电流、频率）之间的转变。DC-DC直流转换器由高、低压功率器件、变压器、驱动和控制电路板等组成，实现将动力电池的直流高压电向直流低压电（12V低电压系统）的能量传递，提供给整车低电压系统供电。电机控制器还包含冷却器（通过冷却液）给电子功率器件散热。

电机控制系统的工作原理：

1. 转矩控制模式。电机控制系统控制电机轴向四象限的转矩。由于没有转矩传感器，转矩指令（由整车控制器发送）被转换成为电流指令，并进行闭环控制。转矩控制模式只有在获得正确的初始偏移角度时才能进行。

2. 静态模式。静态模式在电机控制器（PEU）处于被动状态（待机状态）或故障状态时被激活。

3. 主动放电模式。主动放电用于高压直流端电容的快速放电。主动放电指令来自整车控制器（VCU）的指令或由电机控制器（PEU）内部故障触发。

4. DC-DC直流转换。电机控制器（PEU）中的DC-DC转换器将高压直流端的高压转换成指定的直流低压（12V低电压系统），低压设定值来自整车控制器指令。

5. 系统诊断功能。当故障发生时，电机控制系统软件根据故障级别使电机控制器（PEU）进入安全状态或限制状态。安全状态包括主动短路等，限制状态包括四个级别的功率/转矩输出限制。电机控制系统软件在提供基于ISO-14229标准的诊断通讯功能。如下表所示。

诊断项目	诊断内容
传感器诊断	电流传感器、电压传感器、温度传感器、位置传感器等诊断
电机诊断	电流调节故障，电机性能检查、主动短路或空转条件不满足，转子偏移角诊断等
CAN通信诊断	包括CAN内存检测、总线超时、报文长度、Checksum校验，收发计数器的诊断
硬件安全关诊断	相电流过流诊断、直流母线电压过压诊断，高/低压供电故障诊断，处理器监控等
DC-DC诊断	DC-DC传感器以及工作状态诊断

电机控制器（PEU）的结构和原理框图，如图4-65和4-66所示。

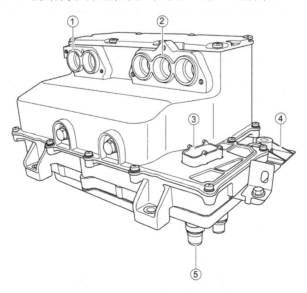

图4-65 电机控制器（PEU）的结构图

1-动力电池高压线束接口；2-驱动电机三相线束接口；3-低压信号接口；4-DC-DC接口；5-冷却管接口

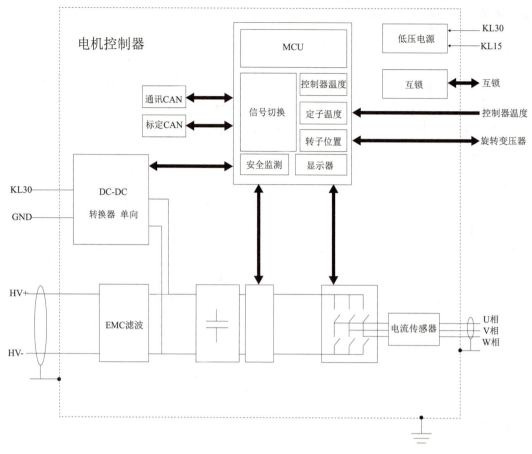

图4-66 电机控制器（PEU）的结构原理框图

四、帝豪EV450汽车驱动电机

帝豪EV450纯电动汽车的驱动电机采用三相交流永磁同步电机，电机额定功率42 kW，峰值功率120kW；额定扭矩105N•m，峰值扭矩250N•m；最高转速12000r/min；从轴伸端看电机为逆时针旋转。

永磁同步电机是在转子的旋转永磁磁场和定子线圈磁场的共同作用下产生扭矩。当三相交流电被接入到定子线圈中，即产生了旋转的磁场，这个旋转的磁场牵引转子内部的永磁体，产生和旋转磁场同步的旋转扭矩。

EV450纯电动汽车驱动电机的电压或频率由脉宽调制信号（PWM）调整。由电机控制器（PEU）的程序软件来控制IGBT的通断，使其输出端得到一系列幅值相等而宽度不相等的脉冲，并可用这些脉冲来代替交流正弦波形。再按照一定的规则对各脉冲的宽度进行实时调制，就可改变逆变电路输出电压的大小，也可改变输出频率，如图4-67所示。这样就可获得输出所需要的脉宽调制信号（PWM），实现对驱动电机的电压或频率的调整。

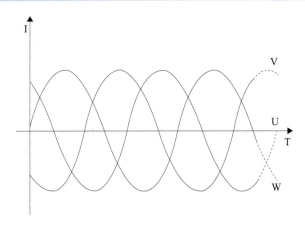

图4-67 驱动电机的脉宽调制信号（PWM）示意图

驱动电机定子上设置有2组温度传感器，温度传感器采用负温度系数（NTC）的电阻，通过传感器电阻的变化，电机控制器可实时监控驱动电机的温度，防止电机温度过高。

EV450纯电动汽车驱动电机使用旋转变压器检测转子的位置和电流传感器检测线圈的电流，从而控制驱动电机的扭矩输出。旋转信号的作用是反应驱动电机转子当前的旋转相位，电机控制器在通过旋变信号计算当前的驱动电机转速。

EV450纯电动汽车旋转变压器采用磁阻式旋转变压器，其结构如图4-68所示。旋变转子与驱动电机同轴连接，随电机转轴旋转。旋变定子内侧有感应线圈，安装在驱动电机定子上。驱动电机旋转时，带动旋变转子旋转。旋变器与电机控制器之间通过6根低压线束连接，2根是从电机控制器激励信号，另外4根分别是旋变器输出的正弦信号和余弦信号。6根线当中任何一根线束出现故障都会导致驱动电机无法正常工作。

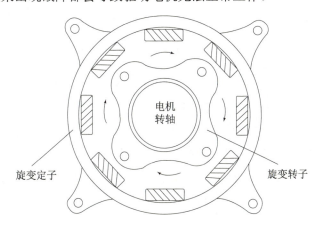

图4-68 驱动电机的旋变示意图

五、帝豪EV450汽车冷却系统

EV450纯电动汽车由驱动电机水冷却系统和动力电池水冷却系统组成。

驱动电机水冷却系统由膨胀罐、电动水泵、电机控制器、车载充电机、驱动电机、散热器、冷却风扇和整车控制器等组成。由于驱动电机转子高速旋转会产生高温；车载充电机工作时将高压交流电转化为高压直流电时会产生大量的热量；电机控制器不但控制驱动电机的高压三相供电，还要将动力电池的高压直流电转化成低压直流电为铅酸蓄电池充电过程中都会产生热量；所以冷却系统就是通过冷却液循环散热为驱动电机、车载充电器和电机控制器进行散热。

驱动电机水冷却系统的电动水泵由低压电路驱动，采用脉宽调制信号（PWM）调速方式，为冷却液的循环提供压力。

在电动水泵的驱动下冷却液在管路中的循环如图4-69所示。

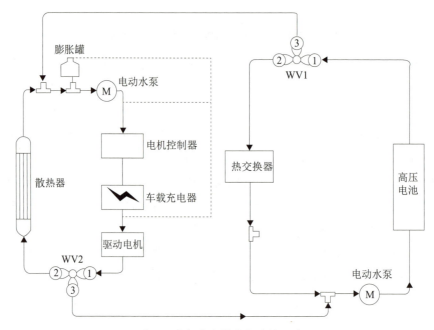

图4-69 冷却液在管路中的循环图

冷却风扇采用双风扇、高低速的控制模式，通过两个不同的电机驱动扇叶。冷却风扇由整车控制模块（VCU）通过冷却风扇低速和高速继电器直接控制。在低速电路中，采用串联调速电阻的方式改变风扇转速。驱动电机水冷却系统维持的工作温度极限是：电机控制器≤65℃、车载充电机≤80℃、驱动电机≤135℃°。

动力电池水冷却系统由电动水泵总成、热交换器、动力电池水冷却系统水管等组成。ITCS动力电池智能温控管理系统具备高温冷却和低温预热功能，以保持动力电池工作时在25℃～40℃区间。

六、帝豪EV450汽车充电系统

EV450汽车充电系统从功能上分为快充、慢充、低压充电、智能充电和制动能量回收。

1. 快充（直流高压充电）

快充功能由以下部件组成：直流充电口（带高压线束）和动力电池等。当直流充电设备接口连接到车辆直流充电口，直流充电设备发送充电唤醒信号给电池管理系统（BMS），BMS根据动力电池的可充电功率，向直流充电设备发送充电电流指令。同时，BMS吸合高压正极继电器和负极继电器，动力电池开始充电。充电时间30min可充电80%。

直流充电（快充）能量传递路线如图4-70所示。

图4-70 直流充电能量传递路线图

2. 慢充（交流高压充电）

慢充功能由以下部件组成：交流充电口（带高压线束）、交流充电插座、交流充电插头、动力电池和车载充电器等。当车辆处于交流充电模式下，车载充电机检测交流充电接口的充电枪插入的导通信号（CC、CP信号）并唤醒BMS，BMS唤醒车载充电机并发送充电指令，同时吸合高压正极继电器和负极继电器，动力电池开始充电。充电时间约13h～14h可充满。

交流充电（慢充）能量传递路线如图4-71所示。

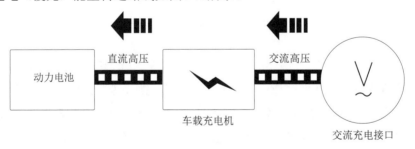

图4-71 交流充电能量传递路线图

3. 低压充电

低压充电功能由以下部件组成：12V铅酸蓄电池、电机控制器、车载充电器分线盒和动力电池等。EV450纯电动汽车高压上电前，低压电路系统依赖12V铅酸蓄电池供电。当高压上电后，集成在电机控制器内的DC-DC转换器将动力电池的高压直流电转换成低压直流电为12V铅酸蓄电池充电。

低压充电能量传递路线如图4-72所示。

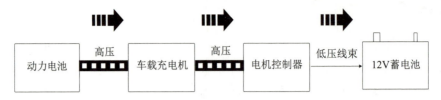

图4-72 低压充电能量传递路线图

4. 智能充电

智能充电功能由以下部件组成：12V铅酸蓄电池、电机控制器（PEU）、车载充电器分线盒、动力电池和整车控制器（VCU）等。长期停放的车辆容易造成12V蓄电池馈电，当12V蓄电池严重馈电将会导致车辆高压电系统无法启动上电。为了避免这一问题，EV450具有智能充电功能。车辆停放过程中，整车控制器（VCU）将持续对12V蓄电池电压进行监控，当电压低于设定值时，VCU将唤醒动力电池管理系统（BMS），同时VCU也将控制电机控制器通过DC-DC转换器对12V蓄电池进行充电，防止铅酸蓄电池馈电。

智能充电能量传递路线如图4-73所示。

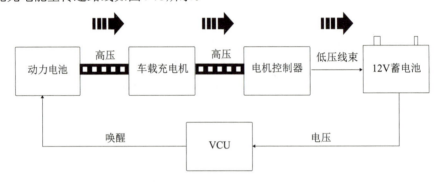

图4-73 智能充电能量传递路线图

5. 能量回收

能量回收功能由以下部件组成：制动开关、动力电池、驱动电机、整车控制器和高压线束等。能量回收系统是在车辆滑行或制动过程中，驱动电机从驱动状态转变为发电状态，将车辆的动能转换为电能储存在动力电池中。车辆在滑行或制动时，VCU根据当前动力电池状态和制动踏板位置信号，计算能量回收扭矩并发送指令给电机控制器，启动能量回收，电机控制器将交流电转换为直流电给动力电池充电。但是，当动力电池电量过高，车速较快或过慢以及车辆发生故障时，VCU可能会停止能量回收。此时，车辆减速感觉可能变弱。

能量回收传递路线如图4-74所示。

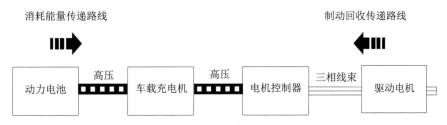

图4-74 能量回收传递路线图

EV450纯电动汽车为防止车辆过程中充电枪丢失，车辆具有充电枪锁止功能。充电枪插入充电接口后，只要驾驶员按下智能钥匙闭锁按钮，充电枪防盗功能即开启。BCM收到智能钥匙的闭锁信号后通过CAN总线将该信号传递到车载充电机，车载充电机控制充电枪锁止电机锁住充电枪，此时充电枪无法拔出。若要拔出充电枪，需先按下智能钥匙解锁按钮，解锁充电枪。如果电动解锁失效，可通过机舱左前大灯附近的机械解锁拉索解锁充电枪。

充电枪锁止（锁止电机）控制流程如图4-75所示。

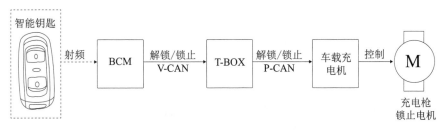

图4-75 充电枪锁止电机控制流程图

练习题

一、判断题

1. 北汽EV160/200纯电动汽车的新能源系统可分为四个子系统：电能源系统、电驱动系统、整车控制系统和辅助控制系统。（　　）
2. 纯电动汽车的电能源系统都是由主电源蓄电池和充电系统构成。（　　）
3. 高压控制盒主要实现对动力电池的电能进行配电及保护作用。（　　）
4. 荣威E50汽车高压电池包.电机控制器和驱动电机采用同一水冷却系统。（　　）
5. 纯电动汽车的电驱动系统由驱动电机、电机控制器、变速器和减速器总成构成。（　　）

二、选择题

1. 北汽EV160/200纯电动汽车的新能源系统主要高压电器控制设备是（　　）。
   A. 电机控制器、高压控制盒、DC-DC转换器、直流充电机等
   B. 电机控制器、高压控制盒、逆变器、直流充电机等
   C. 电机控制器、高压控制盒、DC-DC转换器、逆变器等
   D. 电机控制器、高压控制盒、DC-DC转换器、车载充电机等
2. 新能源汽车交流充电接口充电控制确认的方法是（　　）。
   A. LINE确认　B. CAN确认　C. MOST确认　D. 一般导线确认
3. 三相交流永磁同步电机的主要传感器是（　　）。
   A. 旋转变压器、电压传感器
   B. 电压传感器、温度传感器
   C. 旋转变压器、温度传感器
   D. 电流传感器、温度传感器
4. 荣威E50纯电动汽车电力电子箱智能化集成的电路有（　　）。
   A. DC-AC逆变器电路、AC-AC变压器电路、AC-DC整流器电路等电路
   B. DC-AC逆变器电路、DC-DC转换器电路、AC-AC变压器电路等电路
   C. AC-AC变压器电路、DC-DC转换器电路、AC-DC整流器电路等电路
   D. DC-AC逆变器电路、DC-DC转换器电路、AC-DC整流器电路等电路
5. 纯电动汽车电动力转向系统（EPS）的组成主要有（　　）。

A. 转向机总成、扭力传感器、减速机构、助力电机、电动力转向控制模块等

B. 转向机总成、扭转传感器、减速机构、助力电机、电动力转向控制模块等

C. 转向机总成、转角传感器、减速机构、助力电机、电动力转向控制模块等

D. 转向机总成、扭矩传感器、减速机构、助力电机、电动力转向控制模块等

三、简答题

1. 纯电动汽车的电能源补充方式有哪些？

2. 简述纯电动汽车DC-DC转换器工作过程及作用。

3. 简述新能源汽车整车控制器的主要功能。

4. 简述荣威E50纯电动汽车高压电池包的电池冷却器结构特点和原理。

5. 简述新能源汽车空调制冷压缩机的结构特点。